菅原 祥［著］

ユートピアの記憶と今

―――― 映画・都市・ポスト社会主義

REMEMBERING UTOPIA

Film Representations, Nowa Huta Narratives, and Postsocialism in Poland

京都大学
学術出版会

目次

はじめに……社会主義の過去を「掘り返す」

二〇一六年三月のある晩、私はポーランドのクラクフ市、ノヴァ・フータ地区にある「ＰＲＬ博物館」にいた。「ＰＲＬ」とは「ポーランド人民共和国」（Polska Rzeczpospolita Ludowa、すなわち社会主義時代のポーランドの正式名称）の略である。ちょうどこの晩、ポーランドの社会主義時代の農村を研究している若手歴史学者のトークショーがここであるというので、当時クラクフに滞在中だった私は興味を惹かれて足を運んだのだった。

ＰＲＬ博物館は、かつて社会主義体制下のポーランドで「ポーランド最初の社会主義の町」と謳われたノヴァ・フータ地区の映画館「シフィアトヴィド」の跡地を利用している。このノヴァ・フータという場所は本書第2部で扱う主要なテーマであるので詳述はそちらに譲るが、ここでひとつだけ紹介しておきたいのは、社会主義から資本主義への「体制転換」後に衰退の一途を辿ったこのノヴァ・フータという場所にあって、映画館という施設はその衰退の象徴的存在だということである。かつてこの地に複数存在していた映画館は、体制転換後のノヴァ・フータのコミュニティの衰退や、郊外型のシネマコンプレックスの進出などに伴ってその需要が激減し、現在では全てが閉館してしまった。ＰＲＬ博物館は、それらの跡地に残った建物のひとつを再利用したものである（図1）。ちなみに、ノヴァ・フータに存在した別の映画館「夜明け」の建物には、現在は世界規模で事業を展開するスーパーマーケットチェーン「テスコ」がテナントとして入っている（図2）。

トークショーに集まったのは、学生風の若者の他、近隣に住むと思われる高齢者男性などだった。トークショーが始まり、司会の歴史学者がゲストの歴史学者と「社会主義時代の農村の生活は？」「人々の生活水準は？」などの話を始めると、すかさずそうした高齢者の一人が口を開く。「それは違う」「わしは当時の農村に住んでいたがそんなことはなかった」「昔はひどかったとあなたは言うがじゃあ今はどうなんだ！」。若手歴史学者の方は（恐らくこうした場面に慣れているのか）うんざりしたように言い返す。「文献ではこうなっている」「それはあなたの記憶違いだ」「その議論はここでは関係ない」。感情的な応酬がしばらく続いた後、もはや歴史学者のトークなどそっちのけで高齢者たちがてんでばらばら自由に話をし始め、場の収拾がつかなくなってくる。やがて主催者側の歴史学者たちは諦めたように席を立ち、閉会の挨拶もなく混乱のままその場はお開きとなる。

私がこの奇妙な現場で興味を引かれたのは、議論の内容よりも、そこでの人々の態度だった。若手歴史学者は、恐らく私と同年代くらい、すなわち三〇代中盤くらいの年齢だったろう。世代的には、一応まだ社会主義体制が存続していた末期の頃に生まれたものの、実際の生活がどうだったかについては子供の頃の記憶があるだけという世代である。ましてや当日話題となったような、社会主義体制初期のポーランドの農村生活について、当然彼女は何か直接経験・体験したことがあるわけではない。ところが彼女は、「自分は実

図1（上） かつてノヴァ・フータに存在した映画館「シフィアトヴィド」Światowidの現在の姿（2016年3月撮影）。現在は「ポーランド人民共和国博物館」が入っている。

図2（下） 同じく，かつてノヴァ・フータに存在した映画館「夜明け」Świtの現在の姿（2014年2月撮影）。2013年になって大手スーパー「テスコ」がテナントに入り，改修が行われた。

際にそれを見た、経験した」と主張する高齢男性たちの主張を一顧だにせず、私はその時代についての「権威」なのだ、私はただ学術的証拠に基づいて客観的に議論しているにすぎないのだ、社会主義時代が今より良かったか、悪かったかなどという主観的議論をするつもりはない、という超然とした態度を最後まで崩さなかった。彼女から見れば社会主義時代の過去を「あの頃のほうが今より良かった」と主張する高齢世代は、自分が若かりし頃の過去を過度に美化してそれに囚われてしまった人間、過去を客観的・学術的にではなく主観的にしか見られない「素人」、そして未だに社会主義体制を肯定し続ける時代に取り残された老人に過ぎないのだろう。他方彼女の方はといえば、いかに彼女自身が自分は「学術的」で「客観的」な議論をしているだけなのだと主張したところで、実際のところは現在のポーランドにおける主流言説、すなわち社会主義体制は絶対的な悪であり、そこには良いことなど一つもなかったのだという立場を体現していたのであり、それこそがまさにその場にいた高齢者たちをいらだたせたものだった。

このシーンが私の印象に強く残ったのは、それが世代間のギャップ、アカデミズムと一般とのギャップ、社会主義時代を「悪」とする主流言説とそれに対する違和感を表明する人達との間のギャップなど、現在のポーランドにおける「社会主義時代」の評価をめぐる様々なギャップを象徴するようなシーンだったからである。そして私が本書で試みるのは、まさにそれら様々なギャップを乗り越えるような作業、すなわち、社会主義体制の過去を「絶対的な悪」として忘却の彼方に捨て去るのでもなく、逆に過度に美化・理想化するのでもなく、社会主義の過去をある種生産的な方法で想起するということ、過去の「失敗」に終わったユートピアをアクチュアルな形で想起するという行為を通じて、現在の中にある種の「解放」の契機を持ち込むということである。

本書でも何度も言及するポーランドの国民的映画監督、アンジェイ・ヴァイダの代表作に、『大理石の男』(1976)[1]という作品がある。上で紹介した「ポーランド初の社会主義都市」ノヴァ・フータを舞台としたこの作品が表現しているのは、まさにそうした過去の創造的な想起を通じた現在の再活性化である。『大理石の男』のストーリーは、ある若き女性映画監督、アグニェシュカが、博物館の倉庫に眠る巨大な大理石像に象られたある英雄的労働者に興味を抱くところから始まる。一九五〇年代の「社会主義建設」当時に偉大な記録を達成した模範的レンガ積み工(レンガ積み工は当時の代表的な労働者の仕事のひとつだった)として称えられたその労働者、マテウシュ・ビルクート(図3)は、しかしある時期に突如として表舞台から姿を消し、今ではすっかり忘れ去られた存在である。栄光の頂点にいたはずの当時のビルクートの身に一体何が起こったのか? ビルクートはどうして、表舞台から去らなければならなかったのか? 映画学校の卒業制作としてビルクートのドキュメンタリーを制作することを決意したアグニェシュカは、ビルクートを知る当時の関係者に話を聞いて回ることで、この労働者の実像に迫ろうとする。当時についてあまり語りたがらない関係者たちからの話を、それでもなんとか聞き出していくうちに徐々に明らかになるのは、最初は党と映画メディアによるお膳立てを受けて労働英雄になった、いわば「作られた英雄」でしかなかったビルクート(図4)が、当時のポーランドの社会的現実と矛盾に苦悩する中でついには党に反旗をひるがえすようになり、それによって表舞台から消し去られていった顛末だった。最初は党によって「作られた英雄」だったはずのビルクートは、やがては自身の純粋さ、実直さ、正義感によって「真の英雄」へと変容していくのであ

---

(1)『大理石の男』*Człowiek z marmuru*, Andrzej Wajda, 1976.

図3(上)　『大理石の男』の労働英雄，マテウシュ・ビルクート。レンガ積み工は当時の代表的な労働者の仕事だった。
Copyright: Studio Filmowe "Zebra"

図4(下)　ビルクートは党と映画メディアの全面的バックアップを受けた，いわば「作られた英雄」だった。
Copyright: Studio Filmowe "Zebra"

り、そうしたビルクートの真実の姿を一九七〇年代という「現在」において掘り起こすアグニェシュカの営為は、やがては現在そのものを変容させていくようなポテンシャルを有したものとなっていく……[2]。

私がこの映画を初めて見たのは確か一〇代の頃だったと記憶しているが、その時の私に感銘を与えたのは、この映画で描かれた、「過去」を探求し、それを現在によみがえらせるという行為が持つ、ある種の非常に創造的な力だったのではないかと思う。主人公のアグニェシュカは、この映画の中では一九七〇年代当時の「現代の若者」のいわば代表として描かれている。若い彼女には、自分が生まれるか生まれないかの五〇年代初頭のポーランド、スターリニズムによるプロパガンダと大衆動員、そして抑圧が頂点に達していた当時のポーランドについて、何の記憶も知識もない。ただ彼女にあるのは、若々しく時にアグレッシヴとも言えるほどのエネルギッシュな姿勢であり、そのエネルギーを持って彼女は、戦後ポーランド社会の中に隠され、

（2） 実はこのマテウシュ・ビルクートというキャラクターには、実在のモデルが存在している。ピョートル・オジャンスキ（Piotr Ożański, 1925-1988）という名のその男は、一九四九年〜五〇年頃にポーランド南東部の故郷の農村から出てZMP（ポーランド青年同盟）の第五一番労働部隊に参加し、ノヴァ・フータでの建設作業に従事することになる。一九五〇年の七月から九月にかけて、彼は矢継ぎ早に当時のポーランドのレンガ積み記録を更新し、一躍「英雄」として祭り上げげられるが、だがそれは党による入念な事前準備と最高のお膳立てを受けてのものだった。やがて周囲のやっかみや自身のアルコール依存などによって身を持ち崩したオジャンスキは急速にその名声を失い、ついには誰からも忘れ去られた存在となってしまう（Wróblewski 1964; Wilk 2009）。

アンジェイ・ヴァイダがこの「忘れ去られた労働英雄」の話を映画にしようと思いついたのは一九六〇年代中頃、友人の映画監督イエジー・ボッサクがたまたま読んだオジャンスキに関する新聞記事の話を耳にしたことがきっかけだった（Wajda et al. 1996: 68）。その後様々な紆余曲折を経て、この映画は一九七〇年代に『大理石の男』として日の目を見ることになる。

今では誰も思い出すことのない「過去」を必死に探求し、掘り返そうとする。それらの、今ではすっかり忘れ去られ、何の重要性も持たなくなったはずの「過去」はしかし、アグニエシュカという存在によって見出され、想起されることによって、現在において新たな意味と力を獲得する。過去から切り離され、安息の中にあったはずの「現在」は、そうした過去からの呼び声によって大きく突き動かされていくのである。

本書が試みるのもまた、この映画のなかでアグニエシュカが試みたのと同様の作業である。すなわち本書は、今や忘却に沈もうとしている過去、すなわち東欧の社会主義体制下における人々の生の経験に新たな光を当てることで、それを現代という時代の中で呼び覚まそうと試みる。そうした作業は、現代のグローバル化と後期資本主義の波に飲み込まれた世界秩序に対する変革の契機を必ずや孕むはずである。

第1章 社会主義の過去を現在において考えるということ

1……「全体主義」か「古き良き社会主義」か？

本書は、二〇世紀後半から二一世紀初頭の社会主義時代およびポスト社会主義時代のポーランドを舞台として、社会主義体制の過去と記憶を、現在において今なお汲み尽くされていない可能性の領野として再考することを目的としている。この目的のために、本書の第1部では社会主義体制下の「雪どけ」期（一九五六年ごろ）を中心としたポーランドの映画文化を、第2部では、かつて社会主義体制下のポーランドにおいて「社会主義のユートピア都市」として建設された製鉄都市、ノヴァ・フータの過去と現在のありようを描く。

多くの読者にとってすでによく知られていることと思うが、そもそも二〇世紀の東欧、特にポーランドという場所は、第二次世界大戦とナチス・ドイツの侵略、ホロコースト、独ソ戦、社会主義体制下におけるソ連支配、一九八〇年代の「連帯」運動とその後の社会主義体制の崩壊など、他に類を見ないほどの様々な試練と苦難の経験と記憶に彩られた場所であった。日本で「ポーランド」という国に興味を持った人々がまず連想するのが、こうした長い「抑圧」と「受苦」の末に立ち上がり、困難に満ちた闘いの末にようやく「自由」と「独立」を勝ち取った勇気ある民衆のイメージだろう。だが、本書は逆に、そのように最終的に人々によって打倒され、「過去の遺物」になったはずの「社会主義体制」における人々の想像力と記憶に新たな光を当てることを試みる。このような試みは、日本の多くの読者にとって奇異なものと映るかもしれない。なぜとりわけ、東欧の社会主義体制について今考えることが必要なのだろうか。

日本の多くの読者にとって、ソ連・東欧の社会主義体制についての最も一般的なイメージは、最終的に西側資本主義陣営に敗北し、またそこに暮らす人々自身の抵抗によって「失敗」に終わった、抑圧的で非人間的な「全体主義国家」の暗いイメージであろう。こうしたイメージは、何も日本や西側だけでなく、現在の東欧の人々にとってもやはり最もなじみの深い「共産主義」のイメージだといえる。とりわけ、反体制派の取り締まりや秘密警察による人権抑圧、市民への弾圧などといった社会主義体制の「負」の記憶は、これらの国々において今なおその「清算」が求められているホットなトピックであり、こうしたテーマについては日々おびただしいほどの本や映画、研究書が世に出ている。そうした状況の中、かつての社会主義体制とそこで人々が育んだ生のありさまは、良くてせいぜい「失敗に終わった非現実的なユートピア」あるいは「価値のない時代遅れのがらくた」程度の扱いであり、あえてそのポジティヴな側面に再び目を向けたり、そこに帰りたがったりする者など誰もいなくて当然のように思われる。

ところが逆説的にも、社会主義体制崩壊後の旧ソ連・東欧地域においては、そうした過去の社会主義体制に対する否定的なまなざしとは相反するまなざし、すなわち、これら過去の「抑圧的」で虚偽に満ち溢れていたはずの社会主義体制に対する、奇妙にノスタルジックな視線もまた存在している。そこでは、自由がなく非効率的だったはずのかつての社会主義体制は、その時代遅れな風俗と共に奇妙な懐かしさを伴って回想されるものとなるのであり、こうした社会主義体制に対する（しばしばエキゾチシズムを含んだ）ノスタルジアは、統一後のドイツでは「オスタルギー」Ostalgie（Ost（東）＋Nostalgie）として大きな文化現象にすらなった（Berdahl 2010: 48-59; 123-134）。日本でも話題になったドイツ映画『グッバイ、レーニン！』[3]などは、まさにこの「オスタルギー」的感性を非常によく表した作品だといえるだろう。この映画の中では、ベルリンの壁崩壊の前後、一〇ヶ月間にわたって昏睡状態に陥り、壁崩壊のことも体制転換のことも何も知らない「熱心な共産主義者」の母親が登場する。主人公の青年、アレックスは、昏睡からは目覚めたもののまだ病状が安定しない母親にショックを与えないようにと、あたかもまだ東ドイツがそのままの状態で続いているかのように必死で演技をし、母親をだまそうとする。ところが、母親向けの演技を続けているうちに徐々に彼の眼前に立ち現れてきたのは、体制転換に翻弄される人々の苦境と、現実には存在しなかったかもしれないが少なくとも人々の心の中には存在したかもしれない「理想の東ドイツ」の姿だった。こうして、最初は単に母親にショックを与えないようにという目的で始められていたアレックスの「演技」は、いつの間にか失われた「東ドイツ」そのものを現在において救い上げるという目的へとすり替わっていく……。

こうした、社会主義体制による抑圧への批判と、それにもかかわらず多くの人々によって感じられる、時に奇妙で強烈な愛着という相反する現象の錯綜を、われわれはどのように理解すればいいのだろうか。多く

（3）『グッバイ、レーニン！』*Good Bye, Lenin*, Wolfgang Becker, 2002.

の場合、そうした愛着やノスタルジアは、われわれが「はじめに」で紹介した若手歴史学者が示したような態度、すなわちそうしたノスタルジアは単に自分の若かりし頃を美化したがる老人による退行的な過去の理想化に過ぎず、そこには何の意味もないのだ、という冷たい拒絶にぶち当たり、無力化されてしまう。だが、そのようなそっけない過去の拒絶、過去の忘却によって、何か見落とされ、掬い上げられないまま失われてしまうものがあるのではないだろうか。それは一言で言えば、社会主義という「失敗に終わったユートピア」の試みの中で、人々が実際に何を考え、何を願い、どのような希望・欲望を抱き、そしてどのように生きていったのかという、社会主義体制下における人々の想像力と生の経験の総体である。

「西側」に住む我々がしばしば見落としてしまうのは、壁の向こうの「東側」の「彼ら」にもまた、日々の喜びや悲しみ、人生の成功や失敗、栄光の瞬間と挫折の瞬間といった普通の生活、普通の人生があったのだという「あたりまえ」の事実である。長年ポスト社会主義期のブルガリアをフィールドとして調査を行ってきたアメリカの文化人類学者K・ゴドシーに初めてこの「あたりまえ」の事実への気づきをもたらしたのは、彼女がまだ研究者を志す以前の若い頃、体制転換直後のブルガリアを初めて旅行した際に電車の車窓から目にした、民家のバルコニーに干してあった洗濯物の靴下であったという。

私は車窓から外を見ながら、これらの衣類の所有者である人々に思いを馳せた。これら洗濯物を外に干したであろう女性について考えた。それは普通の人々であった。たぶん男性と女性、そして二人の子供がいて、彼らは他の誰とも同じように洗濯を必要としているのだ。彼らは靴下を履き、その靴下が臭うようになれば洗う必要があるのだ。

私に雷のような衝撃をもたらしたのは、この全く凡庸な事実であった。（……）全体主義の抑圧の只中にあっても、人々はやはり靴下を洗濯しなければならなかったのである。（Ghodsee 2011: 10-11）

過去の社会主義体制下の人々の経験を全て「抑圧的な全体主義体制」がもたらした悲劇として切り捨て、忘却してしまうことで見逃されてしまうのは、まさにこうした「あたりまえ」の人々がそこで積み重ねてきた人々の生の総体である。そしてその社会主義体制下における人々の生の経験は、現在において人々によって想起されることで、新たな創造的可能性を時に生み出しうる。例えば、文化人類学者のD・ベルダールによれば、統一後のドイツにおける「オスタルギー」の噴出は、体制転換による価値観や生活の激変に苦しむ旧東ドイツ住民による、支配的言説に対する抵抗の契機を時に孕むことになる。そうした抵抗や対抗言説の背景にあるのは、西側的な「勝者の歴史」においてかつての東ドイツ体制が「抑圧的な全体主義」として一方的に否定されている、現在のドイツ社会におけるヘゲモニーの布置と、そこにおける旧東ドイツ住民の挫折感である（Berdahl 2010: 55-58）。社会主義という「過去」は、このように現在において積極的に想起されることで、現在の支配的秩序を相対化し、それに対するオルタナティヴの構想を可能にするような、すこぶる生産的なものとして利用されうるのである。

その意味で、冷戦崩壊と「民主化」によって到来し、今まさに生きられている「ポスト社会主義」を、単なる「正しくない状態」（社会主義体制）から「あるべき状態」（民主主義）への、苦痛は伴うけれども本来的には喜ばしい「移行」transitionとしてのみ捉えることは不十分であるといわざるを得ない。冷戦終結による「歴史の終わり」（Fukuyama 1992=1992）が叫ばれ、世界秩序がますますグローバルな単一の「帝国」へと収束していき、そうした支配秩序へのオルタナティヴを見出すことがますます難しくなりつつある今、過去の失敗に終わった「ユートピア」に今一度光を当て、それを現在の中に持ち込むことで、現在においても新たなユートピア的想像力を再生することが可能なのではないか。ちょうど、「はじめに」で紹介したアンジェイ・ヴァイダの『大理石の男』が、過去の「社会主義建設」の記憶を一九七〇年代のポーランドで取り上げることによって、後に二〇世紀最大の労働運動である「連帯」を準備したように。

より一般的な形で言い換えるならば、近代における「ユートピア的想像力」を現代的な意義と可能性を持ったものとして今あらためて再考する、ということが、本書の最大の関心である。この「ユートピア」という語は、とりわけ近年ではもっぱら、「実現不可能な妄想」といったネガティヴなイメージとともに人々に連想されることが多いのかもしれない。そして、そうした「ユートピア」にまつわるネガティヴなイメージの形成に、二〇世紀のユートピア的プロジェクトの最も代表的な試みである、ソ連・東欧の社会主義体制の「失敗」が大きく寄与していることは疑いようがない。ありもしない理想郷や実現不可能な夢物語に夢中になり、失敗に終わることを運命づけられたプロジェクトに我が身をささげてきた近代の多くのユートピア主義者の姿というものは、現代から過去をまなざすわれわれにとってはある意味で滑稽なものであり、また同時に哀れを誘うものでもある。しかし、そのようにしてわれわれが過去の失敗に終わったユートピア的プロジェクトを、ある時は苦笑とともに、また別の時には哀れみとともに振り返るとき、まさにそうした失敗に終わった様々なユートピア的プロジェクトこそが、われわれの生きる社会そのものを形作ってきたのだということは、往々にして忘れ去られている。ユートピアというものがもはや無効に、あるいは不要になったと思われる現在においてこそ、あえて過去のユートピアの「失敗」に目を向け、そこから何らかの創造的な可能性を汲み出すことが、現在におけるわれわれの生をより豊かなものにしていくことにつながるのではないだろうか。本書が東欧の社会主義体制の記憶に着目する理由は、このようなインスピレーションから来ている。

本書の以上のような問題関心は、「過去」と「現在」を共に、両者が絡まりあった状態のままに取り扱うことを要求した。より詳しく述べるならば、本書の目的として挙げることができるのは次の二つである。

①「過去」に生きた人々の多様な想像力の中から、いまだ十分に汲みつくされていない革新的可能性を持ちうるものを掘り返し、それに「現在」において新たな光を当てること。当時の人々の社会的想像力の中に胚胎されていた、様々な萌芽的試み、実現しなかった可能性、失敗に終わったユートピア、それらを、あくまで「現在進行形」で、すなわち現在を基準点としてそこから過去を評価・断罪するような目的論的歴史観からではなく、それらが当時有していた潜在的可能性そのままに「現在」の中で考察すること。

②「現在」において「過去」を想起することの意味と可能性を明らかにすること。現在を生きる人々の多様な実践の中で、「過去」は様々な形で、ポスト社会主義の現在を生き抜くための重要な資源として利用されている。「過去」はどのような形で想起されたときに、現在を変革するような新たなユートピア的可能性をもたらしうるのか。

この二つの目的は、それぞれ本書の第１部（一九五〇年代のポーランド映画文化の分析）、第２部（ポーランドの製鉄都市ノヴァ・フータでのフィールドワーク）に対応したものである。以下では、その各々が目指すところについてもう少し詳しく説明してみたい。

2……第1部への覚え書き

(1)「全体主義批判」を超えて

ここまで本書を読んできた読者の多くは、例えばこう反論したくなるかもしれない。そうは言っても、かつてのソ連・東欧の社会主義体制は、人々を抑圧し、深刻な人権侵害を行った「全体主義体制」ではなかったか、と。そのような抑圧的で非人間的な体制を今あらためて振り返って、そこに何らかの「可能性」を見出そうとしたりすることに、いったい何の意味があるのか、ましてや、そのような体制を、何かポジティヴな側面を持っていたようなものとして「美化」するのは、歴史の教訓に学ばない愚かな態度ではないのか、と。以下では、この問題についてもう少し踏み込んで考えながら、社会主義ポーランドの「雪どけ」(一九五〇年代後半)を扱う本書第1部の意図を明確にしておきたい。

確かにこれまで多くの論者が、旧ソ連・東欧の社会主義体制を言わば近代の「鬼子」として、すなわちイタリア・ファシズムやナチス・ドイツなどとも共通するような「抑圧的」で「非人間的」な特徴を持った「全体主義体制」として批判的にとらえてきた。西側における全体主義理論の古典とされるC・J・フリードリッヒとZ・ブレジンスキーの『全体主義的独裁と専制体制』は、全体主義体制とは一見古代の専制体制に外面上似ていながらも、実は近代のテクノロジーと民主主義を必須の前提として生まれてきた、これまでの歴史上にない全く新しい現象であると指摘する(Friedrich and Brzezinski 1965: 23-27)。ファシズム、ナチズム、そしてソ連などに共通して見られる「全体主義体制」の基本的特徴として彼らが挙げるのは、市民生活を隅々まで覆うイデオロギーの存在、一人の独裁者に率いられた一党制、秘密警察などの抑圧組織の存在、体制によるマス・コミュニケーション手段の独占、などである（Friedrich and Brzezinski 1965: 22）。ただし、注意しなければならないのは、こうしたいわゆる「全体主義図式」は、あくまで冷戦下の特殊な政治的環境の中から生まれたものであり、しばしば西側陣営にとっての「敵」としての共産主義圏への攻撃の手段として用いられてきた、それ自体すこぶる政治的に偏った見方であった、ということである。それゆえ、この「全体主義図式」は、少なくとも現在の学術的な議論の場においてはそれ自体あまりにイデオロギー的な概念であるとして、その適切性が疑問視されるようになって久しい(4)。

しかしながら、現在の見地から見てより重要なのは、西側の政治的環境で発達したそれら「全体主義」論が、後には社会主義体制下の反体制的知識人層へといわば逆輸入されることで、当時の社会主義体制の社会システムに対する多くの鋭い批判的考察を導きだしてきたということである。例えばチェコのV・ハヴェルは、ソ連・東欧の社会主義体制を、直接的な強制によって人々を支配・抑圧するような古典的な独裁体制とは区別し、より精緻なメカニズムによってあらゆる人々を自らの権力の網の目の中に取り込む「後期全体主義体制」として描き出した（Havel 1990）。そこでは、例えば八百屋が店先に掲げる「全世界の労働者よ、連

（4）「全体主義」概念の変遷についてはトラヴェルソ（Traverso 2002=2010）に詳しい。冷戦下の西側における全体主義理論の古典としては、本文中でも紹介したブレジンスキーとフリードリッヒの一九五六年（初版）の著作（Friedrich and Brzezinki 1965）以外に、一九五一年のH・アーレント『全体主義の起源』（Arendt 1951=1981）が挙げられる。

帯せよ！」などといった共産主義のバナーが、システムの自己保存にとって大きな意味を持つ。このバナーが実際に伝えているメッセージは、その文字通りの意味内容（「全国の労働者よ、連帯せよ！」）とは何の関わりもないし、ましてやこの八百屋がそうした意味内容を道行く人々に訴えかけたいと思っているというわけでもない。そうではなく、このバナーは実際には、八百屋の体制に対する忠誠と従属を表す「記号」として機能しているのである。そして多くの市民が互いにこの八百屋のようなメッセージを発することで、システムの強制性が維持される。こうして、社会は「儀礼」と「見せかけ」に覆われ、そこでは人々は自律性と人間としての尊厳を喪失し、「嘘の中で」生きることを余儀なくされる。ハヴェルの議論の中で重要なのは、ハヴェルが「後期全体主義体制」を、単に東側の社会主義ブロックのみに特異な現象としてではなく、近代という時代そのものに内在する潜在的危険性として、すなわち「独裁制」と「大衆消費社会」の歴史上の出会いから発生したものとして描いている点である。この意味で、東側の後期全体主義体制の存在は、西側資本主義圏に対する一種の警鐘でもあるとハヴェルは主張している。

こうした、かつての反体制的知識人による全体主義社会への評価は、なるほど確かにかつての社会主義体制が孕んでいた矛盾や、その非人間性に対して、多くの知見をもたらしてくれる。だが、こうしたかつて一定の有効性を有していた「全体主義」観が、そのままポスト社会主義期の現代の東欧をめぐる現状分析に転用されてしまう時、そこにおいてしばしば帰結してしまうのは、現在の新自由主義的グローバル秩序の単なる追認であり、肯定である。例えばポーランドを代表する社会学者Ｐ・シュトンプカは、ポーランドをはじめとした東欧諸国の人々には体制転換後も、四〇年間の社会主義体制下の経験を通じて培われた「社会主義的メンタリティ」の残滓とでも言うべきものが残り、それが社会主義体制から自由主義・民主主義へのスムーズな移行を阻害していると論じている（Sztompka 1993=2005: 228-233）。彼に言わせると、社会主義体制下の四〇年の経験で、ポーランド人のメンタリティは公的領域におけるそれと私的領域におけるそれがバラバラに分裂した「統合失調」状態になってしまった。それゆえ、社会主義体制下のポーランド人のメンタリティにおいては公的領域における責任感の欠如、怠惰、エゴイズム、野心の欠如、コンフォーミズム、政治に対する不信感・シニシズム、公共道徳の欠如などが、私的領域における規律や責任感、冒険精神、自己実現への欲求、相互信頼の精神などと著しい対照をなしている。現実の行動においてそうしたメンタリティがもたらすのは、言行の不一致、儀礼主義、ダブルスタンダード、公的システムを個人的利益のために「利用」してやろうという態度、「責任」を果たさずに国家から一方的に種々の福祉や社会保障を受け取ろうという態度、そして成功者の足を引っ張るような「嫉妬的平等主義」といった一連の病的行動である。シュトンプカは、こうした公的領域の機能不全とそこにおける問題行動は、ポスト社会主義期の旧東欧諸国においてもしばしば後遺症として残り、スムーズな体制転換の障害になりうる、と結論づけている（Sztompka 1993=2005: 228-233）。

だが、一見説得力があるようにみえるこうした議論には、実は大きな陥穽があるのではないだろうか。それは、「西側」の「市民社会」モデルや「民主主義」モデル、さらには新自由主義的なグローバル経済秩序を、あたかもどこででも適用可能な普遍的原理であるかのように一方的に押し付けてしまうことの危険性であり、「体制転換」というプロセスが時に孕む暴力性である。

アメリカ人人類学者のＥ・ダンがその秀逸なポーランドの国有企業「民営化」に関するモノグラフで明らかにしたのは、まさにこうした問題、すなわち、自分たちの「グローバル・スタンダード」をどこでも普遍的に適用できると信じて疑わないアメリカ人経営者たちと、そうした経営者のもとで新たに働くことになったポーランド人労働者コミュニティとの間の軋轢、およびそこに生まれる新たな「権力」と「統治性」のありかたであった。「労働者のための国家」を標榜していたかつての社会主義体制下において、まがりなりにも理論上は国有企業の「真の所有者」であったはずの労働者たちは、それら国有企業を買収した西側の経営者たちにとっては、もはや単なる「資産」あるいは「負債」としてしかみなされなくなってしまう。新自由主義的な商慣習やビジネス規範、そして何よりも、そうした規範が想定する「フレキシブル」で「セルフ・マネージング」で「査定可能」な「主体」のあり方そのものが無条件に歓迎すべきものとして強制され、そうした規範的モデルに適合しない古い労働者や経営者たちは「社会主義的メンタリティ」の持ち主との烙印を押され、新自由主義的な自己モデルに適合するための様々な規律―訓練のプレッシャーにさらされることになる（Dunn 2004）。

このように、後期近代におけるグローバルな政治・経済システムは、かつてあれほど恐怖の対象となった「全体主義的抑圧」とは異なった、しかしはるかに巧妙な目に見えない形で、新たな支配と抑圧を日々生み出している。そのような中で、かつて社会主義体制下に生きた人々によってより「人間的な」「真実の」社会をつくるためのものとして見出されたはずの「反体制的」思想もまた、先に紹介したシュトンプカの議論に典型的に見られるように、しばしば新自由主義における国家の公共的役割からの後退を補完し、それによって新しい支配秩序の再編を支えるような理屈に成り下がってしまう危険性がある。その意味で、かつての社会主義体制下におけるいわゆる「反体制的」な思想や想像力は、現在の社会秩序を無批判に正当化するものとして利用するのではなく、むしろ、「東側（抑圧）」対「西側（自由）」という、二項対立的な枠組みを超えたところにある「自由」や「解放」をあらためて思考するためのものとして考える必要があるのではないだろうか。こうした、社会主義体制の内部に胚胎されていた、抑圧的な体制のシステムそのものへの批判や、それを超え出る想像力や社会構想の地平は、全体として「挫折」と「失敗」に終わってしまったかつての「抑圧的な」社会主義体制の中において、今なお真剣に検討されるべき可能性の領野をなしている。

（2）戦後ポーランド小史――「雪どけ」への着目

こうして、本書は旧ソ連・東欧の社会主義体制に様々な抑圧や非人間性が存在したことを認めつつも、それを一枚岩の「全体主義体制」として単純に捉えることで単なる現状追認に陥ってしまうことをまずは避け、むしろ社会主義体制内に存在していた（国ごとの、あるいは時代ごとの）「多様性」を強調したいと考える。例えばポーランドという一国を取り上げた場合でも、そこに存在していた体制の支配のあり方はポーランド人民共和国が存続した四〇年以上にわたってずっと同じだったわけではなく、むしろその時々の状況に応じて、比較的上からの統制が強い時代とそれが緩んだ時代とが振り子のように行き来していたと言える。中でも本書が着目する一九五〇年代中盤から後半にかけての「雪どけ」の時代は、それまでの強権的な「スターリニズム」の時代が去り、政治的・文化的自由が広がると同時に一挙に様々な新しい実践や想像力が生まれた時代であるという意味で、戦後ポーランド文化史の中でも特異な地位を占めている。本書がこの時代に着目するのもまさにこうした理由によるものである。さしあたってここでは、戦後ポーランドで社会主義体制が導入された当時の状況と、「雪どけ」に至るまでの経緯について簡単に説明しておきたい。(5)

まず、ポーランドという国の位置関係と成り立ちを把握しておこう。現在のポーランドは、西をドイツ、東をリトアニア・ウクライナ・ベラルーシ、南をチェコ・スロヴァキア、そして北をバルト海に接した、ヨーロッパ中・東部の国である。西にドイツ、東にロシアという二つの強大な勢力に挟まれた場所であるというこの位置関係こそが、特に近代以降のこの国の歴史に大きな影を落としてきた。一〇世紀ごろにはじめての統一国家を形成したポーランドは、一四世紀のポーランド＝リトアニア連合王国の成立を経て、一六世紀ごろには中・東欧の一大強国として最盛期を迎えた。だが、時代が近世・近代へと突入するに従って、周

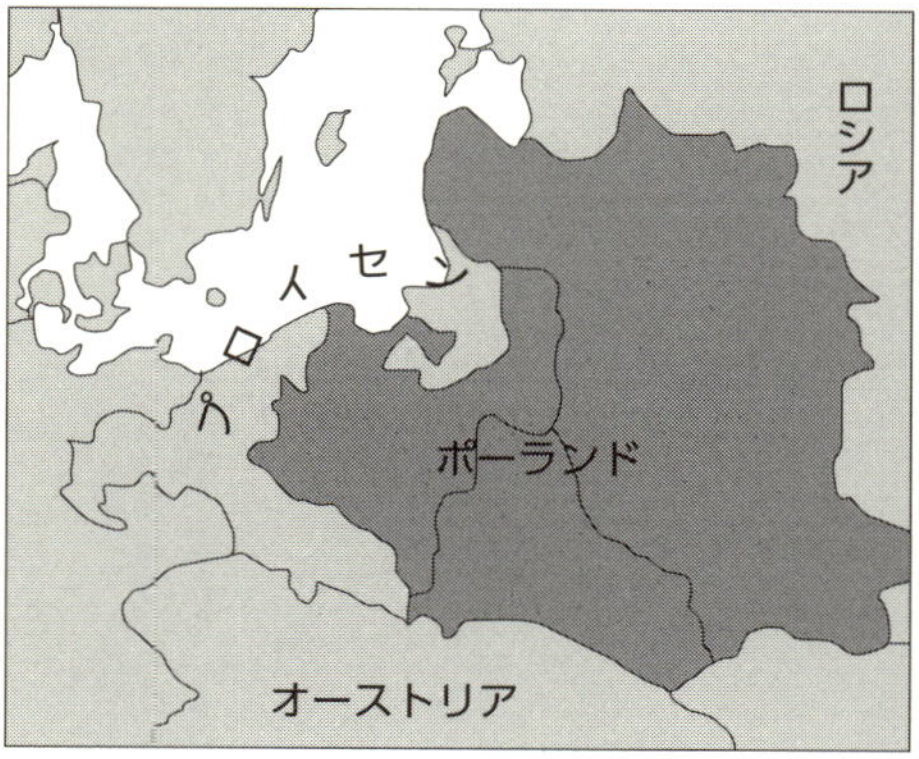

分割前のポーランド王国と分割線（1772-1795）

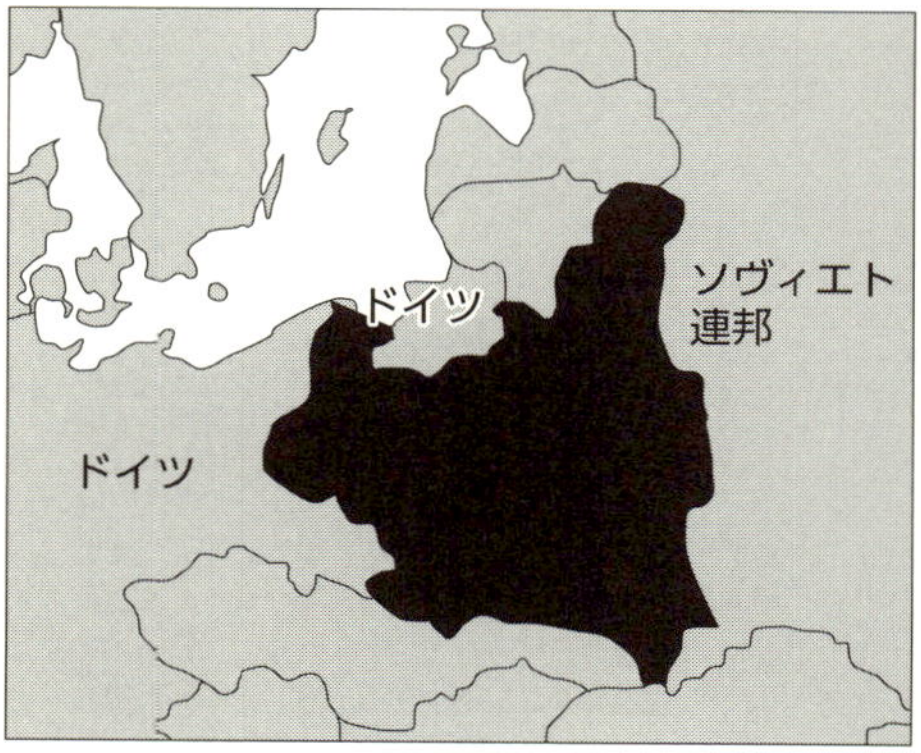

両大戦間期のポーランド共和国（1920-1939）

冷戦期のポーランド人民共和国（1945-1989）

図5　ポーランドの国境の変遷（1772-1989）

辺の列強と比べて近代化と中央集権化が著しく遅れていたポーランドは徐々に衰退していくことになる。その結果、一八世紀末にはロシア・ドイツ・オーストリアの三国がポーランド分割を行い、ポーランドという国は一旦世界地図上から姿を消すことになる。その後、最終的にポーランドが再び独立を果たすのは、第一次世界大戦後のヴェルサイユ体制下でのことだった。

だが、この念願の独立も長くは続かず、一九三九年九月の第二次世界大戦の始まりによって、ポーランドはドイツとソ連の二国によって再び「分割」の憂き目に遭い世界地図上から姿を消した。大戦の初期、ポーランドが戦っていた「敵」はドイツだけではなく、独ソ不可侵条約に基づいて東からポーランドに侵攻してきたソ連もまたポーランドにとって明白な「敵」であった。ところが、一九四一年の独ソ戦の開始によって、国際社会でのポーランドの立ち位置は大きく振り回されることになる。連合諸国とソ連の同盟によって、それまでソ連と対立していたロンドンのポーランド亡命政府もまた、ソ連と和解することを余儀なくされたのである。そして最終的にポーランドは、東からポーランドへと進撃してきたソ連軍によってドイツから解放されることになる。このような経緯から、戦後のポーランドではロンドン亡命政府は主導権を発揮することはできず、他の東欧諸国と同じく、ソ連の影響下で社会主義国家「ポーランド人民共和国」としての国家再建が進められることとなったのである。

この大戦で主要な戦場となったポーランドが被った人的・物理的被害は甚大なものであった。人口は戦前

(5)　以下、ポーランド史に関する記述については、特に断りがない限り伊東（1988）、伊東・井内・中井編（1998）、Roszkowski（2011）に準拠した。

（一九三八年）の三四五八万人から二三九三万人（四六年）にまで激減し、さらには主要な都市の多くが戦火による破壊を被った。特に首都ワルシャワは、大戦末期の失敗に終わった「ワルシャワ蜂起」による戦闘によって文字通りほぼ完全に灰燼と帰した。[6] カーゾン線以東の領土のソ連への割譲と、それへの補填としてのドイツからの新領土の獲得によって、国境線の位置までが戦前とは全く別物になってしまっていた。大戦中のユダヤ人の虐殺と戦後に生き残ったユダヤ人の国外脱出、そして国境線の変更とそれに伴う住民交換によって、民族構成も劇的に様変わりした。その結果、戦前のポーランドは人口の約三〇パーセントをウクライナ人、ユダヤ人などの少数民族が占める多民族国家だったのが、戦後には人口の約九八パーセントをポーランド人が占める、いわば「単一民族国家」に変貌してしまった。ドイツから新たに獲得した西方領土（「回復された領土」Ziemie Odzyskane と呼ばれる）にもともと住んでいたドイツ人住民はドイツへと強制的に退去させられ、かわりに東側の戦前はポーランド領で現在はソ連領となった土地（辺境地帯、クレスィ Kresy）から帰還してきたポーランド系住民がそこに入植した。ポーランドが、ソ連の援助のもと、「社会主義建設」によって国家再建の一歩を踏み出したのは、このような国土の破壊と大量の人的損失、および住民と領土の大規模な移動・変動という、文字通りの混沌の真っただ中からだったのである。

このように、ポーランドの社会主義体制は、そもそものはじめから、外国（ソ連）から強制的に移入された「輸入文化」としての側面を強く持っていた。実際、戦前のポーランドにおいては共産主義勢力は決して強いものではなかったし、また戦後の国民の間における新政府への支持も、必ずしも広範なものであるとは言えなかった。特に激しい抵抗を示したのが「国内軍（ＡＫ）」などの共産党とは対立する亡命政府系の旧対独レジスタンスの残党で、反共分子として当局からの厳しい弾圧に晒された彼らは、大戦終結後も数年間にわたって森林地帯に潜んで反政府武装闘争を続けた。だが他方、この新しい社会主義体制の導入が、「完全に」国民の意思や感情に反していたと言うことも、また同様に不正確の誹りを免れないであろう。現在の我々が理解しなければならないのは、当時のポーランドの置かれた状況において「社会主義」は、戦前のポーランドにおける貧困や社会的・経済的不平等の解消、そして何よりも、大戦によって完膚なきまでに破壊された国土と国民生活の再建といった当時のポーランドに山積していた課題に対する一つの答えだったのだということとである。「連帯」運動の知識人側の指導者の一人であったJ・クーロンは、ポーランド人民共和国の歴史を一般向けに解説した著書の中で、当時若かりし頃の自身が社会主義体制の導入を歓迎した理由について以下のように回想している。

私もまた、次のような信念のもとで育った人間だった。すなわち、常に被害者の側に立つことが自分の義務であり、弱者が打たれているときはその弱者と共に自分も打たれなければならない、無関心にそれを見ているよりは自分も弱者と共に頬を張られたほうがよい、なぜなら、最大の罪は誰かの不幸に対する無関心なのだから、という信念のもとで。私たちが〔戦前〕ルヴフで住んでいた家の隣には失業者のためのバラックが立ち並んでいた。なるほど確かに私はそれらのバラックで遊んだが、それらのバラックが存在するということは私の恥であり、良心の呵責を生んだ。その良心の呵責を私は絶えず自分の中に持ってきたし、またその良心の呵責こそが、労働者のために明るく清潔な家を建てていた新しい体制を私に支持させたものであった。新しい体制を受け入れるよう私を促したもうひとつの事情は、反ユダヤ主義の問題だった。戦後の反ユダヤ主義を私は嫌悪と恐怖

(6)　本書第3章を参照。

と共に眺めていたが、新しい権力は反ユダヤ主義を帝国主義や搾取、社会的不公平などと同様の敵とみなしてそれと明白に対立していたからである。（Kuroń i Żakowski 1995: 43）

後にポーランドから亡命し、イギリスを中心に活動を行って世界的な社会学者となったジグムント・バウマンもまた、この頃はポーランド労働者党（ＰＰＲ、後のポーランド統一労働者党（ＰＺＰＲ））の党員であり、若く熱意に燃える社会主義体制の熱心な信奉者であり、公安警察の秘密協力員であり、また軍の内務治安部隊（Korpus Bezpieczeństwa Wewnętrznego）の将校として国内の不穏分子を取り締まる立場にあったと言われている（Gontarczyk 2006）。彼はイギリスの『ガーディアン』紙の二〇〇七年の取材に次のように答えている。

戦前、ポーランドは非常に遅れた国で、ドイツの占領によってそれはさらにひどくなりました。非常に貧しい国で窮乏、屈辱感、人間の尊厳の剥奪などの現象が見られるのはよくお分かりでしょう。解決しなければならない複雑に絡まりあった社会的・文化的問題が山ほどあったのです。もしあなたが当時のポーランドの政治的スペクトラムを見たならば、共産党が最良の解決策を約束していたことが分かったでしょう。共産党の政治的プログラムはポーランドが直面していた問題に対してもっともふさわしいものでした。そして私は共産党に熱心に入れ込みました。共産主義のアイデアは啓蒙のプロジェクトの続きに他ならなかったのです（Edemariam 2007）

このように、戦前の資本主義体制への幻滅、戦後の国土の荒廃や国内に蔓延していた反ユダヤ主義、そして国際情勢の現実の中、ポーランドが取りうる唯一現実的な路線は、「社会主義建設」による国家再生に他ならないという意識は、恐らく当時のかなりの人々（特に戦前からの左派知識人層）に共有されていたものであったと思われる。事実共産党は、一九四七年の得票数操作が行われたとされる議会選挙においても、公正な選挙であれば確かに過半数は取れていなかったはずであったとはいえ、国民の三分の一程度の支持は現実に受けていたと言われているのである（Kuroń i Żakowski 1995: 39）。そして実際、新しい体制は国家再建において目に見える一定の成果をあげてもいた。一九四七年に始まる「三カ年計画」のもと、ポーランド社会の経済的状況は急速に改善していった。戦前にあった賃金格差はなくなり、食料の供給も豊富になった。農地改革によって戦前の大地主の土地が貧農へと分配され、戦前の農村の貧困も緩和された。失業者は激減した。それまで教育の機会を与えられなかった多くの者が専門教育を受け、社会的上昇を果たすチャンスを与えられた。

もっともこの時期、多くの人々、特に戦前からの左派知識人層がソ連や共産党と何らかの形で相容れようとしていたのは、ソ連の支援のもとで社会主義国家として歩みつつも、政治的にはソ連から「自由な」ポーランドを建設できるはずである、という楽観論に彼らがいまだ希望を託していたからに他ならない。しかし、先に述べた一九四七年の議会選挙によって、そうした希望は絶たれ、ソ連をうしろだてとしたポーランド統一労働者党（ＰＺＰＲ、日本では俗に「ポーランド共産党」と呼ばれることもある）の事実上の一党独裁が明確になった。以後、体制側の締め付けと恐怖政治は徐々に激しさを増し、公的空間からは自由な議論や活動の余地が急速に失われていく。一九四九年～五五年頃は、俗にポーランドの「スターリニズム」と呼ばれる、最も過酷で厳しい支配と抑圧の時期であった。この時期、絶大な権力を握った「公安局」（ＵＢ）による監視と抑圧のもと、政治的な自由の余地はますます狭められていくことになる。

それと同時に、この時代は大規模な「社会主義建設」のプロパガンダとそれによる国民の動員を通じた、ユートピア的な国家建設の試みの時代でもあった。社会に最も大きな影響を与えたのは、一九五〇年から五五年の「六ヵ年計画」である。依然として遅れた農業国だったポーランドを先進的な工業国にするというこの壮大な計画に基づいて、重工業を中心に急速な投資・建設・開発が行われた。「ノルマ越え」と「生産性向上」が当時の典型的なスローガンとなり、農村から都市へと大量の人口が労働者として流入した。六カ年計画は、たとえ不完全でいびつな形ではあっても、戦後ポーランドにおける国家の「近代化」の第一歩をなしたという評価も可能なのである（伊東 1988: 210-216）。

文化的な領域においてもこの時代は、これら「社会主義建設」の輝かしいプロジェクトをたたえ、その先に到来するであろう未来の社会主義国家とそこに生きる「新しい人間」を高らかに称揚するような表現が、ほとんど強制的なものとして支配することになった。全ての作家・芸術家は、一九四九年頃に各芸術分野の公式教義として定められた「社会主義リアリズム」に従って作品を作ることが求められ、それ以外の手法による芸術活動はほぼ不可能になってしまったのである（Haltof 2002=2006: 96-97）。

しかし、一九五三年のスターリンの死によって、ポーランドにも少しずつその影響が波及し始めた。本書第１部が扱う主要な時期である「雪どけ」の始まりである。この時点ではまだ表立った社会的変化はあまりなかったものの、党の上層部や知識人層・文化領域などにおいては新しい現象が徐々に現れはじめた（Codogni 2006: 128-146; Kurz 2005: 27-34）。ポーランドにおいてより大規模な政治的変化が起こるのは一九五六年のことである。まず、一九五六年二月のソ連共産党大会の秘密部会において、フルシチョフが公式にスターリン批判を行った。この報は四月にポーランドにも届き、党は大きく動揺した。第一書記ビエルトはソ連共産党大会出席のためモスクワ訪問中に客死する。六月にはポスナン市で、賃金不払いをきっかけとした労働者のデモと暴動が起こり、一〇〇名以上の死者を出した。政治的混乱が続く中、共産党内では改革派が勢力を拡大し、スターリニズム時代に失脚していた元第一書記ゴムウカの名誉回復と第一書記への復帰を模索し始める。ついに、十月の第８回党中央委員会総会で、ゴムウカの党第一書記への復帰が決定し、ポーランド全国民は政治的熱狂の渦に巻き込まれた。いわゆる「ポーランドの十月」である。この政変はポーランド社会に大きな影響を与えた。国民の多くは（少なくとも当初は）熱烈にゴムウカを支持した。政府による締め付けは著しく弛緩し、「自由」な空気が社会にあふれた。だが、こうした外面的な政治的・社会的変化以上にここで注目したいのが、より深いレベルでの文化的想像力や欲望のあり方における変化である。それまでの社会主義リアリズムへの反発から、様々な新しい表現や想像力のあり方が生まれ、文学・芸術の領域は活況を呈した（Codogni 2006: 297-298）。

こうした、「雪どけ」の大きな文化的沸騰とそこでの様々な言説や想像力の交錯については、次の第１部でより詳しく概観することになるが、さしあたってここでは、本書が戦後のポーランド史の中でも特にこの時期に焦点を当てる理由を簡単に確認しておこう。本書が「雪どけ」期の様々な文化現象に特に注目するのは、それらがいわば当時のポーランドにおいて来るべき「ポーランドのモダニティ」がいかなるものなのか、ということに関する国民的・社会的な議論の場を提供していたと言えるのではないかと本書が考えるからである。そこにおいては、それ以前の社会主義イデオロギーに基づいたオフィシャルな言説と、それへの対抗として登場した新しい批判的言説、さらには西側から流入したポピュラー文化といった様々な要素が渾然一体となって、そこから新しい想像力や欲望のありかた、そして新しい社会へのまなざしなどが生まれつつあったのである。こうした言説の絡まりあいは、一方ではそれ以前の社会主義的ユートピアの楽観的な未来像を否定して、それへの幻滅や批判を表明するものであったが、他方ではそれに代わる、あるいはそれを補う新しい価値や想像力を絶えず希求していたという意味で、一種のユートピア的な世界観を有していた。そこでは、まさに本書が注目するような「必ずしも実現しなかった可能性」あるいは「明白に意識されることのなかった欲望」といった、曖昧で不定形なものが未だ先行き不透明なまま蠢きつつ、社会主義ポーランドの未来像を模索しあっていたと言えるのである。それらは、なるほど必ずしも実現しなかった可能性ではあるかもしれないが、他方まさにそのことによって、現在においてもそのアクチュアルな潜勢力を失わないまま、オルタナティヴな思考のための豊かな土壌を提供してくれるのである。

現在の視点から見れば、この五六年という年は、六八年（プラハの春）や八〇年（「連帯」運動）などを経て、その後最終的に八九年の「東欧革命」へと至る、東欧の脱ソ連化と脱社会主義化の長いプロセスの、端緒をなすものであったと位置づけることもできる。ただし、先にも確認した通り、本書の意図はそのような事後的な目的論的歴史観から社会主義体制の「過去」を評価・断罪することではない。逆に本書が目指すのは、ポーランドの「雪どけ」を、様々な可能性が混沌と渦巻いていた当時の状況そのままに「掬い出す」ことにある。そうした試みを通じてこそ、本書が一貫して目指す「過去のユートピアを現在において想起する」という目的が十全に果たされることになるであろう。

その後のポーランド人民共和国の歴史については、ごく簡単に紹介しておくにとどめよう。「雪どけ」の興奮はその後やがて収束し、一九六〇年代にはゴムウカ政権のもと「小康状態」と呼ばれる比較的平穏な「現状維持」の時期がやって来るが、その「小康状態」も六八年の学生デモに端を発した「三月事件」と呼ばれる騒乱によって破られることになる。この大事件を経てもなおゴムウカはかろうじて政権を維持するが、それもごくわずかの間のことだった。一九七〇年にはグダンスクで労働者のストが暴動へと発展、軍によって鎮圧される事件が起き、この事件が引き金となってゴムウカはついに失脚を余儀なくされる。後を襲ったギエレク政権のもと、一九七〇年代のポーランドは外資の導入による積極的な消費刺激と投資拡大を行い、それによって一九七〇年代前半のポーランド経済は急速に成長するが、この政策はやがて破綻、一九七六年以降は反体制運動が激しさを増していく。一九八〇年にはグダンスク造船所でのストライキから「連帯」運動が起こり、ポーランドの社会主義体制は末期を迎える。事態収拾を託されて党第一書記の座についたヤルゼルスキは「戒厳令」を発令、「連帯」指導者たちを多数逮捕するなどして体制の引き締めをはかるものの自由化への流れは止められず、最終的に一九八九年の「円卓会議」によってポーランド人民共和国の歴史は幕を閉じることになる。その後相次いで他の東欧諸国でも雪崩を打つように続々と社会主義体制が崩壊し、二年後にはソ連そのものが解体することになる。それは、「労働者のための平等な国家」というユートピアが最終的に終焉を迎えた瞬間だった。

(3)映画──「もっとも重要な芸術」

前節で紹介した「雪どけ」期のポーランドの文化現象のなかでも、映画産業は最も活況を呈したもののひとつだった。本書が「雪どけ」という時代にアプローチするにあたって、特に「映画」というメディアを中心に据えるのはひとえにこれが理由である。この時期、アンジェイ・ヴァイダ、アンジェイ・ムンク、イエジー・カヴァレロヴィッチといった才能あふれる映画監督たちが続々とデビューを果たし、それまでの「社会主義リアリズム」に則った映画製作では不可能だったような意欲作を続々と発表したのである。これら若い世代の映画監督たちは「ポーランド派」と総称されて一大潮流を形成し、彼らの作品は海外の映画祭などでも高い評価を獲得した。彼らの映画が、ここまでの影響力を発揮した理由はどこにあったのだろうか。

そもそも、映画というメディア自体、二〇世紀に登場したメディアの中でも最も影響力の大きかったもののひとつであり、それゆえ、時の体制・権力側から絶えず規制や統制のまなざしを注がれるものであったといえる。また、とりわけ映画製作に対する大きなイデオロギー的圧力が存在したような条件においては、ナチス・ドイツや日本の国策映画などの例におけるように、いかに観客に体制側から見て望ましいメッセージを伝え、それによって国民を「教化」していくかという、プロパガンダ的意図が明白に表れることがしばしばであった。本書が扱う、ポーランドの社会主義時代の映画も例外ではない。レーニンが、「すべての芸術の中で、もっとも重要なものは映画である」と言ったとされている逸話にも端的に現れている通り、ソ連・東欧の社会主義体制は、映画が観客に対して持つ大きな影響力と、そのプロパガンダ的可能性に早くから注目していた。また、制作に多額の資金が必要となる映画という芸術は、それだけに国家の介入の余地も大きく、例えばポーランドの社会主義時代の映画は全て国の資金によって制作が行われ、また脚本や試写の段階で必ず検閲が入り、場合によっては内容の修正や、時には公開そのものが禁止されるなど、国家からの大きな統制を受ける環境において制作されていた。

それでは、このような環境下で作られたポーランドの社会主義時代の映画の中から、いったいどのようにして「ポーランド派」の作品のような挑戦的な作品が生まれ得たのだろうか。当時作られた有名なポーランド映画を実際にいくつか見ていただければただちに分かることだが、これらの作品は、日本の観客がしばしば「社会主義体制下の映画」といわれて連想しがちな、無味乾燥で陳腐なプロパガンダ映画とは程遠い。それどころか多くの場合、これらの映画の意味内容・表現技法は非常に複雑かつ精緻で、当時のポーランドの文脈を解さない普通の日本人観客には全く理解不能であることもしばしばであろう。白状すれば、実のところ私もまさに、こうしたポーランド映画の摩訶不思議さにまんまと幻惑され、魅了されたくちである。初めてポーランド映画を本格的に見始めた頃の気持ちを、私はいまでもよく覚えているが、その時の私の偽らざる感想は、「何が何だかさっぱりわからないけど、すごい」というものだった。さらに驚くべきことに、これらの映画はしばしば、時に明白な反体制的・逸脱的な内容を含んでさえいるのである。当時、ポーランドや東欧の社会主義体制に関してほとんど何の知識も持たない私ではあったが、そこで何か「すごい」ことが映画というメディアを使って行われているということだけは、それでもはっきりわかったのだった。

いったいどうして当時のポーランドでは、このような映画製作が可能だったのだろうか。そしてなぜ、これらの映画は、こんなにも強く見る者を惹きつけるのだろうか。ここでは、やや個人的な「思い入れ」も交えながら、本書が扱う一九五〇年代当時のポーランド映画を、当時の社会的文脈の中で論じることの魅力について簡単に触れておきたい。

そもそも、なぜ当時のポーランドでこれほど大胆な映画製作が可能だったのかという問題を考えるには、まず、映画というもののメディアとしての特性を考える必要がある。観客=国民を教化・統制するものとしての映画を考える際に、時の体制・権力の側からしてもっとも重要なのは、映画によって伝達される意味内容の「正しさ」と、その「一義性」であろう。映画は、体制側から見て好ましいメッセージを観客に伝えるものでなければならない。そしてそのメッセージは、誤読や曲解の余地がないようはっきりと、明確に伝えられるものでなければならない。「体制―製作者―観客」という三者の間のコミュニケーションの透明性・一義性が、そこでは何よりも重要となってくるのである。

ところが、映像というメディアは、原理的にこうしたコミュニケーションの透明性・一義性に抗する特徴をそもそものはじめから持っていたものでもあった。長谷正人が指摘しているように、そもそも、初期映画からいわゆる「古典映画」へと至る映画表現の進歩と完成の歴史は、「映画」というメディアからそれが本来持っていた「多義性」を排除し、唯一のはっきりとした意味を固定できる「物語映画」へと切り詰めていくプロセスだったと言える。というのも、映像とは本来、多義的でしかありえないものであり、製作者の意図から外れたものを否応なしに表現してしまうメディアであったからだ。映像は、それが光学的・機械的に外部のイメージを、直接人間の手を介さずに写し取るものである以上、どうしてもそこには製作者が意図しなかったもの、偶然に移りこんだもの、映画の本来の主旨から外れたものが移りこんでしまう。そして初期映画の観客たちが楽しんだのはまさに、現代の映画を見ることに慣れた現代の観客からすればどうでもいいような、映画のそうした「細部」であったのである（長谷 2010）。モンタージュやズーム、パンなどの撮影技法によって徐々に洗練され、「古典映画」として完成することになる物語映画の歩みは、そうした雑然とした細部というノイズを極力排除し、ある一定の読みへと観客を誘導していくプロセスであった。だからこそ、これもまた長谷が日本映画の初期の「検閲」を論じた興味深い論考で紹介しているように、大正期日本の初期の映画検閲の形態は、映画そのものの表現内容以上に、しばしば映画の「上映形態」および「享受形態」を規制するものであったのである。そうした規制は、映画というメディアからこうした上映の際に作られる様々な偶有性や猥雑性を排除し、映画製作者の「表現」がなるべくニュートラルな形で観客に届くようにするためのものだったのである。それによって体制側は、検閲という観客から見て「不可視」の場において映画表現をコントロールし、観客同士の交流を断たれ孤独な個人となった観客に直接その表現内容を届けるという、パノプティコン的な権力の発動を行うことが可能になったと長谷は論じている（長谷 2010）。

長谷の議論にそのまま乗りかかる形でポーランドの映画監督たちが取った戦略を表現するとすれば、それは映像本来の「多義性」をフルに活用することによって、この「検閲」のパノプティコン的な権力をうまくかいくぐり、あるいは逆手に取ることで、検閲では捕まえきれない「裏の意味」を観客に向けて送り届けるという戦略に他ならなかった。これらの監督たちは、表面的には当時の政権の路線に忠実なメッセージを作品に込めながら、しかしながらその裏ではしばしば当時の政治的状況の中で表だって表現することができないようなメッセージを、脚本やセリフの中で明白に語るのではなく、映像の中に巧みに滑り込ませることによって、いわば「言外の意味」として観客に伝えようとしたのである。ポーランド映画史の文脈でしばしば「イソップ的」とも呼ばれるようなこうした独特の表現戦略は、ポーランドで最も有名な映画監督であり、本書でもたびたびその名が言及される巨匠、アンジェイ・ヴァイダにとっては特に自家薬籠中のものであった。ヴァイダによれば、映画はまさにその表現手段が映像であるということによって、主に脚本のテクストの検閲に頼っていた当時の言語的な検閲をすり抜け、映像に含まれた暗喩やほのめかしといった「裏の意味」を観客に伝えることが可能だったのであり、当時の映画監督と観客は、まさにそうした手段を用いることで、いわば検閲の頭越しに「暗号」を用いて「会話」していたようなものだと言えるかもしれない。アンジェイ・ヴァイダ自身、以下のように説明している。

厳しい監視の下で作り出されたポーランド映画は、自らの過去を恥じる必要はありません。というのも映画というのは映像の芸術であるからで、他方イデオロギーとは言葉によって表現されるものだからです。そこにわれわれの自由が存していたのです。検閲は個々の言葉を追いかけたのですが、映像に対してはなすすべがありませんでした。映像が意味するところの内容をはっきりさせることは時に困難だったのです。しかし映像は影響力を有していました――必要なのはまさに受容、映像を理解してくれる受け手だったのです。(Wajda 1991; Dabert 2003: 88 より引用)

この「イソップ的」戦略によって、当時のポーランドの映画監督たちは、検閲当局によってテクスト的に同定される映画の「意味」からズレた、まったく別の意味を映像の中に滑り込ませ、そうした映像が本来持つ多義性をうまく利用することによって、観客に「表の意味」とは全く別の意味を伝えることができた。こうした「裏の意味」を読み解く作業の面白さというのが、当時のポーランド映画が現代の我々に対して持つ大きな魅力の一つの要因である。しかし、こうした当時のポーランド映画の「イソップ的」な戦略だけでは必ずしも掬い上げることができないような、またさらに別の次元における映画の意味の多義性の存在も、ここでは指摘しておくべきだろう。というのも、先の「イソップ的」な図式においては、なるほど確かに映画監督は検閲が同定する映画の「意味」とは別の「意味」を映像に滑り込ませることによって、観客とじかにコミュニケーションをとることができるのだが、そこでは監督―観客間のコミュニケーションの透明性は依然として維持されているからである。しかし、映像というメディアは、時にそれを作った当の監督すらも意図していなかったような、いわば「第三の意味」をも、否応なく喚起してしまうメディアであった。一九五〇年代の「雪どけ」という混沌とした社会状況のなかにおかれていた当時のポーランドにおいて、映画とは、作り手にも、また観客自身にも、いまだ完全に言語化することが不可能なような、当時生まれつつあった漠然とした欲望や想像力が隠然と渦巻く場であったはずだ。当時のポーランドにおいて映画とはまさに、こうした観客の側の不定形な想像力や欲望の領域を最もよく映しだすメディアであったのである。ポーランド映画研究者I・クシュも論じているように、一九五六年という大きな社会的変動の時期にあった「雪どけ」期のポーランドにおいては、モダニティに関わる人々の感情・欲望の領域は多くの場合、それを表現するための適切な語彙、適切な言語表現を欠いたままであった（Kurz 2005: 58）。映画というメディアこそは、そのようないまだ言語化されざる曖昧な想像力や欲望の領域に敏感に反応し、それを映像に映し出された表情、声、ファッション、イメージなど、多くの微視的な要素を通じて表現することによって、人々にそうした想像力や欲望のありかを指し示すのに大きな役割を果たしたのである（Kurz 2006a: 3）。

繰り返しになるが、重要なのは、こうした言語化不可能な様々な欲望や想像力といったものが、必ずしも作り手によって明白に意識されることがないまま映画の微視的な要素として表現されていた可能性である。それだからこそ、本書で映画を論じた各章の分析においては、そこで論じられている映画そのものと同程度に、あるいはそれ以上に、レビューや評論、観客の声といった、その映画を取り巻く多くの言説を重視した。それら多くの言説は、それ自身が映画に描き出された当時のポーランドにおける社会的想像力への議論や注釈をなしているものとして読むことができる。こうして、われわれは当時の映画とそれを取り巻く言説を共に分析することを通じて、潜在的なものとしての社会的想像力が徐々に言語化され、議論の対象となるそのプロセスを垣間見ることができるのである。そのプロセスの中で映画は、様々な互いに対立して錯綜しあう言説を互いに引きつけ、結びつける、一種の議論のアリーナとしてみることができるだろう。それゆえ、本書は映画を単にその表現内容だけを取り出して分析するのではなく、具体的な社会関係や生産・消費・言及のプロセスの中に置かれた、社会的生産物としての映画に注目することを目指しているのである。

このように、我々が当時のポーランド映画を見るときにしばしば感じる強烈な摩訶不思議さや魅力は、恐らくある部分は作り手たち自身が自覚的に用いた「イソップ的」な戦略を我々が主体的に読み解かなければならないという、いわば作り手との間の「暗号ゲーム」とも言えるような面白さから来ているものであろうが、しかしこれらの映画の魅力はそれだけではない。時にこれらの映画は、そうした作り手の自覚的な意図さえ外れた、作り手自身すら明確には自覚していないような、当時の社会に対するある精妙なイメージを与えてくれるものなのである。当時の映画を見ることでわれわれは、当時の体制側の意図、作り手の意図、そして映画を見る当時の観客たち自身の欲望が複雑に絡み合った、いわば「雪どけ」当時のポーランド社会の混沌とした縮図を目の当たりにすることができる。

3……第2部への覚え書き

(1) ポスト社会主義と後期近代の受苦

一九八九年の「円卓会議」と共に、ポーランドで四〇年以上にわたって続いた社会主義体制は崩壊し、ポーランドは突如としてグローバリゼーションと後期資本主義の荒波に投げ出されることとなる。社会主義体制の崩壊は多くの人々によってそれまでの長い抑圧からの解放として祝福されたが、だがしかしそれは同時に多くの人々に新たな形での受苦をもたらすものであったとも言える。新しく国のトップに立った指導者たちは急速な新自由主義的改革と市場民営化を推し進めた。バルツェロヴィチ財相の「ショック・セラピー」と呼ばれる一連の過激な新自由主義的改革は、確かにポーランドが「資本主義国」として再出発するための重要な素地を作りだしたという評価もできるが、先に紹介したＥ・ダンの論考でも明らかにされていた通り、他方では多くのポーランド国民に多大な経済的・精神的苦痛と屈辱感をもたらすものでもあった。この変化は、人々の生にとっていったいどのような意味を持っていたのだろうか。そして、人々が急激に投げ出された新しい状況の中で、かつての社会主義の「記憶」は、人々にとってどのような意味を持っているのだろうか。

近代という潮流のより大きな流れに着目するなら、この社会主義からポスト社会主義への「体制転換」は、前期近代から後期近代へ、「古い」近代から「新しい」近代へ、「第一の近代」から「第二の近代」へ、という、ここ数十年来の社会学において盛んに論じられてきたモダニティの大きな質的転換とそのまま重なり合う。この変化をＺ・バウマン（Bauman 2000=2001）は「重い」近代から「軽い」近代へ、あるいは「固体的な」近代から「流動的な」近代へ、という表現によって説明する。秩序と計画に基づいた社会の中央的統制・支配によって、明確な目標への「進歩」を目指していた前期近代に対して、「軽い」近代においては、こうした明確な「中央」による「規制」はますます姿を消すようになり、社会関係はますます流動化・個人化するようになる（Bauman 2000=2001: 39-40）。だが、こうした規制の撤廃による個人の選択の自由の拡大は、単純に抑圧からの解放をもたらすわけではない。バウマンによればむしろ、この変化はより「柔軟」で「流動的」な、新しい支配の戦略（「逃避、回避、不介入」〔Bauman 2000=2001: 52〕）の登場に他ならない。それまで社会を支配すると同時にそれに対して責任を負っていた支配権力がますます公的な課題や責任から撤退し、姿をくらますようになるにつれて、それまで支配権力が担っていた選択の責任やリスク、コストはますます個人の「能力」や「資質」に任されるようになっていき、それに伴い「自己実現の権利」と実際に自己実現を行うための能力や資源の間のギャップはますます拡大していく（Bauman 2000=2001: 42-51）。こうして、個人の行動や選択を束縛する規制が希薄になったにもかかわらず、実質的な個人の自由はますます失われていく、という逆説が生まれる。また、それらバラバラになった個人をかつてのように「共通の大義」によって集団行動へ向かわせることも不可能なため（Bauman 2000=2001: 46-47）、全体的な秩序はますます硬直化していき、それを変化させるための手立ても失われる（Bauman 2000=2001: 8-9）。

バウマンのこのような診断が、現代のポスト社会主義の諸国の現状に最も端的にあてはまることは、直感的に理解されるだろう。それまで社会を一元的に支配・統制していた「党＝国家」が消え去ったことで、これらの国々では確かに個人の選択の自由は拡大したが、それまで国民生活全般の面倒を見ていた国家が背後にしりぞいたことで、それまで当然のように享受されていた生活の様々な保障や安定は失われた。こうした生活上の不満はかつての「社会主義文化」においては「システムへの非難」という形で表現されるのが普通であったが、自己責任の論理が押し寄せた現在のポスト社会主義においては、そうした「システムへの非難」は単なる「逃避」としかみなされないのである（Sztompka 2000: 37）。グローバリゼーションの波が急激に押し寄せた現代のポスト社会主義諸国において、「軽い近代」におけるこうした自己責任と自己リスクの論理への抵抗感は、日々の生活の中で強く感受されている。

重要なのは、第2部で詳しく見るように、こうした「軽い近代」の論理への抵抗は、しばしばかつての社会主義時代の日常生活を重要な参照項とすることによって成り立っているということである。ここでは社会主義の記憶は、人々が日々の日常生活に立ち向かい、それを解釈したり、あるいはそれに異議を申し立てたりする際の重要な資源として機能しているのである。だからこそ、近年のポスト社会主義研究の多くが指摘しているように、ポスト社会主義の現在を十全に理解するためには、社会主義という「過去」の文脈を理解することが必要不可欠なのであり、また過去の社会主義時代における体験は、現在の状況を住民たち自身が解釈したり、新しい環境の中で自らの生存戦略を組み立てていったりするための重要な参照項として未だアクチュアルなものなのである。

このような意味で、これらの旧東欧・ソ連のポスト社会主義社会を、西側的な自由主義経済モデルへとへと機械的に「体制転換」できるものと考えることは、すこぶる不適切であると言わざるを得ない。むしろ、社会主義時代からの生きられた経験とそれをめぐる記憶や言説、想像力が、ポスト社会主義の現在へといかに受け継がれ、それが現在の言説空間の中でどのような位置をなしているのかという、ローカルな文脈における複雑な文化布置への理解が必要不可欠なのである。そこでは、かつての社会主義プロジェクトの失敗への幻滅およびその抑圧性への批判が、それにもかかわらず多くの人々に感受される「体制転換」への幻滅と社会主義体制へのノスタルジアなどと複雑に絡み合っている。そうした中で、現在のグローバルな世界秩序に対する安易な現状追認に甘んじることなく、また、美化された理想的な「過去」への無批判なノスタルジアに堕することもなく、ポスト社会主義における新たな社会的条件の中で、新たな社会構想と想像力を生み出していくためには、どのような可能性が存在するだろうか。こうした問題関心は、ポスト社会主義の現代において社会主義時代の記憶が人々の生とどのように関わっているのかを明らかにするという、最初に述べた本書の第二の目的と対応するものであり、とりわけ本書第2部の、ポスト社会主義における「社会主義都市」ノヴァ・フータの分析において十全に展開されることになるであろう。

(2) 場所と記憶——計画都市における社会主義の記憶とポスト社会主義

このように、本書はポスト社会主義のポーランドを舞台として、人々による「過去の記憶の想起」が現在においていかなる意味を持ちうるかを検討するものであるが、その際本書が特に着目するのが、具体的な「場所」や「人々」に強固に結びついた記憶、ローカルな「場所」やコミュニティのなかで生起する記憶のありかたである。

よく知られているように、社会学的記憶論の始祖と目されるモーリス・アルヴァックスは、それまで個人的なものと捉えられてきた記憶を、他者との関わりの中で想起される集団的・社会的なものとして捉える視点を提示した（Halbwachs 1950=1989; 1952=1992）。アルヴァックスによれば、我々は他者とともに構成する「集団」の観点に何らかの形で身をおくことによって、はじめて過去を「思い出す」ことができる。その意味で、完全に個人的な記憶というものは存在し得ない。逆に、「忘却」は多くの場合、個人がある集団から離脱することによって、もはやその集団に関連した記憶を思い出せなくなることから生ずるものである。アルヴァックスが挙げている例は、教師と彼がかつて受け持ったクラスの卒業生の例である。卒業生の方は、かつてクラスの中で起こった細かな出来事をすべて覚えているのに対して、教師の方はそれらを全く覚えていないばかりか、その卒業生を識別するのにすら苦労するほどである。これは、卒業生の方が他の同級生たちとささやかではあれある程度永続的な「共同体」を作っているのに対し、毎年似たようなクラスを似たような仕方で卒業へと送り出す先生の方は、個々のクラスにいちいち思い入れを持っていないため、卒業生が作っているこうした共同体から除外されているからなのである（Halbwachs 1950=1989: 7-10）。

こうした、記憶というものを社会的な枠組みの中で捉える視点を、社会主義からポスト社会主義へという大きな社会変化を経験した東欧社会に適応してみるとどうなるだろうか。アルヴァックス曰く、「社会が根本的な手直しをこうむった時には、記憶は二つの異なった経路を通ってこうした二つの継起する時期に対応する思い出に到達するのであり、一つの時期から他の時期へと連続的に移るのではない。実際には、二つの思考の枠が保持されるような二つの時間があるのであって、思い出が位置づけられている枠のおののの中にこれらの思い出を再び見出すためには、時にはひとつの時間に、時にはもう一つの時間に、身をおいてみなければならない（Halbwachs 1950=1989: 156-157）」。体制転換後の東欧諸国、そしてポーランドに起こった記憶の枠組みの変化は、まさにこのような視点からとらえられるのではないだろうか。「社会主義の最終的勝利」という、それまで支配的だった公的な記憶・歴史の枠組みは一夜にして無効となった。かわりに登場したのは、「ヨーロッパへの回帰」という物語、すなわち、それまで西側資本主義圏から切り離されてきたポーランドがソ連による過酷な支配から自由になって、再び第二次世界大戦以前の「正常な」歴史の道筋、ヨーロッパの一員へと戻ってきたのだという、全く別の記憶の枠組みだった。事実、体制転換後のポーランドの公的空間からはかつての記憶の枠組みに基づくシンボルの秩序が体系的に抹消されていった。かつて多くの都市に建てられていたレーニンなどの社会主義の指導者の像は、体制転換後続々と撤去されていった。

「マルクス通り」「十月革命通り」など、社会主義に関わる人物や出来事にちなんだ通りの名前もまた続々と廃止され、かわりに社会主義到来以前の偉人や出来事にちなんだ名前に置き換えられていった。

では、現在のポーランドにおいて、社会主義時代から続く記憶の文脈や枠組みは、もはや何の意味も重要性も持たないのだろうか。そうではない、というのが、本書の視点である。むしろそうした社会主義時代からの記憶の枠組みは、ナショナルなレベルにおける記憶の枠組みとは別のところで密かに沈潜しつつも、今なお人々の生にとって大きな意味を保持し続けているのではないだろうか。例えば、より小規模な地域コミュニティや家族といったローカルなレベルにおける集合的記憶の枠組みは、このようなナショナルなレベルにおける記憶とはまた別の位相において存在しているものである。そこにおいては例えば、ナショナルなレベルにおいては一見完全に断絶してしまったようなかつての記憶の枠組みが、より具体的かつローカルな文脈において強固に残存・継続しているような場合もあるのではないだろうか。アルヴァックスがいみじくも述べた通り、ポスト社会主義の現在を生きる人々は「時にはひとつの時間に、時にはもう一つの時間に」身を置きながら、複数の記憶の枠組みの間を行き来しているのではないだろうか。そこにおいては、支配的なナショナルな記憶の枠組みからはこぼれ落ちてしまうようなよりローカルで隠微な記憶の枠組みこそが、時には支配的な記憶の枠組みを覆し、その根本的な再解釈を迫るような力を発揮する場合もあるはずである。

このような観点から、本書は特に社会主義体制というものがその地域コミュニティに深く影響を及ぼしたような、そしてその意味で、ポーランドにおける社会主義的近代化の代表的・典型的事例でもあるような、具体的でローカルな「場所」を通じて社会主義の記憶にアプローチすることを試みた。以下では、本書がこうした探求の場として選んだフィールド、ノヴァ・フータについて少しだけ説明しておこう。

ノヴァ・フータとは、一九四九年にポーランド最大級の製鉄所およびそれに付随する労働者用住宅として建設された町であり、行政的にはクラクフ市の一部をなしている。ノヴァ・フータは、単に当時の社会主義体制が目指していた国土の工業化・産業化において重要なプロジェクトだったのみならず、「ポーランド最初の社会主義の町」として、未来の社会主義の理想社会を体現する、理想的な計画都市となるはずだった。ノヴァ・フータは、そこに生きる人々をどのように啓蒙・強化し、そこからどのような新しい社会環境を作っていくかという、大きな社会実験の場であったのである（Marykiewicz 2006: 405; 409-410）。それゆえノヴァ・フータは、そこに生きた人々が社会主義体制の呈示する社会像・ユートピア像をどのように受け止め、そこにおいてどのように自らの生を紡いできたかという、「現実に生きられた社会主義」の体験を検討する意味で非常に重要な場なのである。

だが、一九八九年の体制転換と共に、こうしたユートピアとしてのノヴァ・フータ像は一変する。社会主義体制がもはや過去のものとなることによって、その象徴的存在だったノヴァ・フータは、「社会主義の遺物」として非常に否定的なイメージを担うことになったのである。こうしたイメージ上の変化に加えて、体制転換に伴う製鉄所の業績悪化と、新自由主義・グローバル化の波が押し寄せる中での住民生活の急激な変化により、人々はもはやかつてのような恵まれた福利厚生や安定した社会環境の恩恵を享受できなくなり、新たな受苦や挫折を味わうこととなった（Stenning 2005a: 128）。ここに来て、ノヴァ・フータが呈示してきた社会主義の「ユートピア」像は、ポスト社会主義の到来と共に文字通り崩壊したのである。

こうして、かつて「社会主義建設」というユートピアがまさにそこで育まれ、また崩壊した場所であるノヴァ・フータという場所は、社会主義の過去を想起することがそこに生きる人々にとってどのような意味を持つのかを考える上で絶好の場所である。このノヴァ・フータに関する考究において、私が主に頼ったのは地元住民へのインタビュー調査という手法であった。[7] ノヴァ・フータでの調査を始めるまでは比較的若い世代のポーランド人と話す機会が多かった私にとってとりわけ強烈な印象を与えたのは、ノヴァ・フータ建設初期から当地に暮らし、町の発展と変化をじかに見てきた、高齢者世代の語りであった。彼らが語るノヴァ・フータの過去と現在、そしてポーランドの過去と現在のありかたは、それまで若い世代から聞かされてきた「ＰＲＬ」（ポーランド人民共和国）のイメージとは全く異なったものだった。特に、彼らの語りのなかに頻繁に垣間見える「今のポーランドより社会主義体制のほうが暮らしやすかった」「昔のノヴァ・フータは素晴らしい場所だった」といった、ある意味でかつての社会主義体制を「懐かしがる」ような語りのあり方を現在のポスト社会主義のポーランドでいかに位置づけたらよいのかという問いは、本書全体を貫くテーマのひとつとなった。「はじめに」でも述べた通り、こうした社会主義の過去に対するノスタルジックな語りは、現在のポーランドでは退行的で不毛な「懐古主義」として一笑に付される場合がほとんどであるが、私はそうした過去を現在において想起するという人々の営みの中に、「現在」のありようを変えていくことにつながる批判的・創造的な力を見出そうと試みた。それはすなわち、過去の「ユートピア」が崩壊し、無効になった地点において新たなユートピア的想像力を復活させるような語りの可能性であると言い換えられるだろう。この「ユートピア」という論点については、次節において改めて論じておきたい。

4……ユートピアという視点の導入

これまで、本書が進むべき二つの方向性を、それぞれ第1部と第2部の内容に沿って示してきた。第1部は主に社会主義時代の一九五〇年代のポーランド映画を分析することで、社会主義体制内に内包されていた様々な対立する欲望やユートピア的想像力のダイナミズムを掘り返し、それらを現在においてもなお意義のあるものとして見出すことを目的としている。他方第2部では、ポスト社会主義と「過去」というテーマに焦点を移し、過去を現在の中においていかに捉え直すことができるか、そこにどのような創造的な実践や想像力の可能性があるかということを、社会主義時代に建設された都市ノヴァ・フータの住民の体験や記憶に寄り添う形で検討する。これら、一見時代的にもテーマ的にもバラバラに見える二つのパートをつなぎ、本書全体の導きの糸となっているのが、既に本書で何度か言及した通り「ポスト・ユートピア研究」という観点であり、言い換えれば「ユートピア的なるもの」の現代的な意義を再考する、という問題関心である。

(7)　インタビューに際しては、通訳は一切用いず全て私が直接ポーランド語でインタビューを行った。一回のインタビュー時間は、短いものでは約三〇分から、長いものでは約三時間にもわたる。インタビューに快く応じ、私のつたないポーランド語に辛抱強く付き合っていただいたインフォーマントの方々には、どれだけ感謝してもしたりない。場合によってはネイティヴの通訳や調査協力者を通したほうがより正確な質問ができ、またそれに対して精緻な回答が得られたのかもしれないが、私にとってはたとえつたないポーランド語越しであっても、こういった形で直接相手と向き合って、私の発した「ことば」に相手が直接答えを返してくれるという時間が、何にもまして重要なものだった。

いったいなぜ、ユートピアなのか。そして現代においてユートピアについて考えることにはどのような意味があるのか。以下では、「ユートピア」について考える際の本書の基本的な立場を確認しておきたい。

(1) ポスト・ユートピア研究の可能性

いうまでもなく、二〇世紀の社会主義体制は、それ自体ひとつの壮大なユートピア建設の試みであった。そしてまた、近代という時代そのものが、様々な形で理想の社会のありかたとして何らかの「ユートピア」を志向し、様々な試みが行われた(そして失敗した)、絶えざる試行錯誤のプロセスに他ならなかったとも言える。社会主義をはじめとした「大きな物語」が崩壊し、こうした「ユートピア」への希求がもはやアクチュアルなものとはみなされなくなった中で、今あらためて「ユートピア」を問い直す意味とは何だろうか。

先に述べたとおり、二〇世紀の社会主義体制の崩壊という「大きな物語」の終焉は、そのまま近代のユートピア的希求の終焉とも読めるわけだが(Winter 1993=2007: 354-365)、他方近年一部の研究領域において、二〇世紀のユートピア的プロジェクト、とりわけ社会主義的ユートピアが人々の生と意識にとってどのような意味を持っていたのかをあらためて問い直すような動きが盛んであるように思われる。「ポスト・ユートピア」という言葉にも表されるように、これらしばしば研究領域の異なる一連の研究は、二〇世紀のユートピア的プロジェクトが全て今ではその希望が最終的に挫折した「過去のもの」であるということを出発点としながらもなお、現在においてそこに生きた人々の生をどう捉え、さらにそこからどのような新たな可能性を探っていくことができるか、という問いをその中心に据えているものと言えるだろう(石塚・田沼・冨山編 2008: 7-9)。

例えば、S・バック‐モースは、ベンヤミンの「夢の世界」という概念に寄り添いつつ、「社会的なユートピア、歴史の進歩、そしてすべての人々にとっての物質的豊かさ」といった、二〇世紀の東西を貫くユートピアの「夢」が、ソ連の終焉によって「ばらばらに粉砕」されてしまったと論じるが、それでもなお、「かつて存在したことのない全体性を過去に与えて、夢の失敗を夢の実現の失敗と混同」することや、「変化の可能性を否定することで変化を阻止する」ような「政治的シニシズム」を否定し、ユートピアの「希望を救い出すために、その残骸を徹底的に取り上げ」ることを提唱する（Buck-Morss 2000=2008: 87）。バック‐モースによれば、そうした目的論的・進歩的歴史観を離れた夢の断片のような過去のかけらを掘り起こし、現在という時間と並置させることこそ、現代のグローバルな世界秩序に抗する可能性を生み出しうる（Buck-Morss 2000=2008: 89）。それは例えば、ソ連末期の「ソッツ・アート」と呼ばれる芸術・文学作品が、スターリン主義を単純に否定したり乗り越えようとしたりするのではなく、むしろそれの執拗な反復と再神話化を通じて、ソ連国民の集合的な夢の領域を救い上げたのと同型の試みかもしれない（Groys 1988=2000: 143-207）。

S・ボイムが論じるように、こうした「過去の断片」を拾い上げる試みは、二〇世紀の近代におけるいまだ汲み尽くされていない多くの可能性や脇道といった、近代のもうひとつの「異端の伝統」に目を向けることをわれわれに促すだろう。そうした、近代のメインストリームからはずれた様々な「異端」の近代における創造的・批判的思考や実践（ボイムはそうした近代のあり方を、「オフ・モダン」Off-modern と呼ぶ）を掘り起こすことは、「近代」や「自由」といった理念のあり得たかも知れないもうひとつの形、近代の「実現しなかった可能性」を探求するという使命を我々に課すのである（Boym 2002: xvi-xvii）。

このように、ユートピア研究およびポスト・ユートピア研究は、単なるノスタルジックな過去の掘り返しを目指しているわけではなく、むしろ現代においてすこぶるアクチュアルかつ根本的な社会秩序の問い直しを自らのうちに含んでいると言えるだろう。いや、それはある意味でノスタルジックかもしれないが、ただしそれはボイムが「反省的ノスタルジア」reflective nostalgia と呼ぶもの、すなわち、超歴史的な「伝統」や「起源」への無矛盾的で無批判な回帰を望む「回復的ノスタルジア」restorative nostalgia とは区別される、より創造的かつ倫理的な想像力としてのノスタルジアであるという意味において、ノスタルジックなのである（Boym 2002: 41-55）。私がここで論じるポスト・ユートピア研究は、失敗に終わってしまったユートピアの「一歩手前の場所にユートピアを差し戻し、そのいまだ決着がついていない手前の場所から、別の線を引きなおすこと」（冨山 2008: 344）を、すなわち、過去の失敗したユートピアのプロジェクトを、その歴史的な結果からのみ見るのではなく、それが依然として潜在的な可能性を有していた地点に立ち返って考え直すことを試みる。そこでは、ユートピアとその失敗というテーマを、歴史的過去としてではなく、今なおアクチュアルなものとして現在の只中においていかに問い直すかということが、決定的に重要なのである。

（2）ユートピアからポスト・ユートピアへ

こうした近年の一連の研究において、「ユートピア」および「ポスト・ユートピア」という語は、必ずしも明確に定義づけられているわけではない。多くの場合、ポスト・ユートピアという語は、二〇世紀末期、とりわけソ連・東欧の社会主義体制の崩壊後の社会的・文化的状況と関連づけられて漠然とした形で論じられるのみであり、それゆえ場合によってはそれは「ポスト社会主義」や「ポストモダン」といったより一般的な語に置き換え可能であるように思われる。他方「ユートピア」そのものの指示対象もまた、論者によってまちまちであることは明らかである。最も一般的な意味における「ユートピア」とは、言うまでもなくトマス・モアを源流とする西欧近世・近代に固有の一連の文学的・思想的概念や想像力のあり方、およびそれに影響を受けて近代に登場した様々な社会構想や社会実験の試みを指す。本書のトピックに関連して述べるとすれば、とりわけ二〇世紀の社会主義体制における国家建設・社会実験の試みはしばしば、現代におけるユートピア的試みの代表例としてみなされてきたのであり、本書もこのような視点から構想されたものである。だが他方、ユートピアという語をより広く漠然と、近代における人々の一種の社会的想像力や希求のかたち、あるいは、ここ数十年盛んに論じられてきた、近代の「大きな物語」とほぼ同義語として捉えることで、より多様な様々な現象を論じることも可能であるし、あるいはまたより抽象的・概念的なレベルにおいて「ユートピア」とは何かということを「社会学的に」考えることも可能であろう。

こうして、近年における「ユートピア」および「ポスト・ユートピア」という語には様々な含意があり、その指し示すところは必ずしも明確ではないし、またそれは必ずしも悪いことではない。だが少なくとも、本書が「ユートピア」および「ポスト・ユートピア」という語を使う場合、その意味するところに大きな誤解が生じないよう、たとえゆるやかにではあれ、その含意をあらかじめ明確にしておいた方が賢明だろう。以下では、本書において「ユートピア」および「ポスト・ユートピア」という語が使われる際に含まれる意味と含意を説明しておきたい。

第一に、最も一般的な意味において、「ユートピア」という語は西欧近代に固有の歴史的文脈の中から生まれたある特殊な思考の一様式のことであると同時に、より抽象的・構成的なある概念のことでもある。これら二つの「ユートピア」は、互いに解きほぐし難く深く関連している。前者について言えば、それはトマス・モアの有名な小説『ユートピア』を語源として、その後繰り返し西欧近世・近代社会の中で描かれ、構想されてきたある特殊なイメージであり、またそうしたイメージを可能にした社会的想像力のあり方である。こうした、西洋固有の「夢」としてのユートピアのあり方を、M・ヴィンターは、「国家によって永遠に保証された非偶然性の夢」（Winter1993=2007: 4）として描く。すなわち、自然が人間にもたらす偶然性と無秩序を克服し、全てを計算可能・予測可能な人間の判断の支配下に置くことによって、理想的で幸福な社会を作り出すことが可能であるという夢である。この意味で、ユートピアへの憧憬は「近代」の進展そのものと深く結びついている。と同時に、ユートピアというものをより抽象的・概念的なレベルにおいて、超歴史的なものとして考察することも可能である。例えば、現代ならば「ユートピア的」と呼ばれるであろうような概念やイメージは、プラトンの昔から、洋の東西を問わず、人類史に存在し続けてきたのであるし、そうした古代の「ユートピア」と近現代のユートピアとに共通するような人類にとってのある普遍的な思考様式や、ユートピア的思考というものが人類にとって有している普遍的意味なるものを考察することももちろん可能であろう。

私見では、少なくとも社会学的なレベルにおいてユートピアというものが論じられる場合、この「西欧近代固有の現象としてのユートピア」という側面と「抽象的・概念的なものとしてのユートピア」という、二つの観点を共に踏まえた上での議論が必要不可欠であろう。ここではさしあたっての考察の手掛かりとして、K・マンハイムの（およびそれを受けたP・リクールの）古典的な「イデオロギーとユートピア」に関する議論、およびZ・バウマンのユートピアと社会主義に関する議論を参照してみよう。

まずK・マンハイム（Mannheim [1929] 1952=1979）の議論を見ていこう。彼によれば、イデオロギーとユートピアは、共に「存在を超越した」あるいは「非現実的」という観点から、共通の枠組みの中で捉えることができるが、イデオロギーとは現実には決して「実現不可能な」概念であるがゆえに、現存の支配的秩序を覆い隠し、それゆえそれを保持するものであるのに対し、ユートピアは逆に、自らに合わせて現実を変形させる力を持つ、すなわち実現可能性を持っているがゆえに、現在の秩序を破壊するものである。こうして、イデオロギーおよびユートピアの問題は、現存の秩序を代表する階層とそうした秩序に反対する階層との対立、という形で、社会階層および支配の問題と密接に関わることになる（Mannheim [1929] 1952=1979: 309-327）。

さらに現在の状況に目を向けると、多くのユートピアがかつての歴史を超越した立場からだんだんと下降し、「可能なもの」となっていくにつれて、ユートピアがかつて「現実」と有していた緊張関係はますます失われていってしまうという状況が見られるようになる。また、このようにユートピアが姿を消すのと並行して、かつて存在していた全体を見通すような視野は失われ、無数のばらばらな部分的見解へと解体してしまう。現代では、こうした「ユートピアの消滅」と共に、人間はますます貧弱で無味乾燥な「即物性」へと化し、歴史を作ろうとする意志、歴史を洞察する力をなくしてしまうのではないかと、マンハイムは危惧している（Mannheim [1929] 1952=1979: 366-380）。

リクールはマンハイムの議論の不備を批判しつつ、この議論をさらに発展させている。リクール（Ricoeur 1986=2011）によれば、イデオロギーとユートピア双方の根底にあるのは、人間の社会的生活を根底において構成している「社会的想像力」のはたらきに他ならない（Ricoeur 1986=2011: 48）。それゆえリクールは、イデオロギーとユートピアを共に客観的に判断された現実との「不一致」として定義付けるマンハイムを批判し、むしろユートピアを、「どこでもない場所」からの視点によって日常生活のシンボル体系を破壊し、変更するものであると主張する（Ricoeur 1986=2011: 389）。イデオロギーが、ひとつの「絵画」として、社会のアイデンティティや秩序の保持に関わっているとするならば、ユートピア的想像力は「フィクション」として、今目の前にある秩序を疑問に付し、何か他のものへの可能性を開くものなのだ（Ricoeur 1986=2011: 444-446）。この意味で、イデオロギーとユートピアは円環を構成する相補的な実践的概念である（Ricoeur 1986=2011: 279）。こうしてリクールは、個々のイデオロギーを批判するいかなる超越的立場もそれ自体イデオロギー的である、という「マンハイムのパラドクス」への回答として、われわれはひとつのユートピアを受け入れ、それに立脚してはじめて、意味のある判断を行うことが可能なのだ、と断言する（Ricoeur 1986=2011: 270）。

Z・バウマン（Bauman 1976）もまた、ユートピアというものを「今ここにある現実の相対化」という観点から特徴づけた上で、そこに社会変革のポジティブな可能性を見出しているという点では上述のマンハイム＝リクールの議論と共通点を有しているが、バウマンの議論の大きな特徴は、彼がさらにそこから一歩進んで、「可能なもの」（the possible）というユートピア特有の存在様態に着目することで、従来の近代的理性を特徴づけてきた科学的・合理的世界観の根本的な問い直しを行っているという点である。バウマンによれば、既に起こったこと、実証された「事実」を扱い、それゆえ人間の手では変えられないものしかその考察の対象とできない科学的理性が、未来に関して「蓋然的なもの」（the probable）というカテゴリーに基づいてしか思考できないのに対して、ユートピアが扱うのはそれとは根本的に異なる「可能なもの」というカテゴリーである。「可能なもの」は、まだ起こっていない出来事であり、それが未来に本当に起こるかどうかということは、科学的に検証された経験的事実を基盤としたデータによっては検証できない。なぜなら、ある可能性を提唱するということ、ある可能性の実現可能性を名指すという行為そのものが、ひいてはその可能性の実現に向けた人々の行動を活性化させるからである。ユートピアにとって決定的に重要なことは、このようにユートピアが人々にインスピレーションを与え、実際の行動を促し、それによって現実を改変していく力があるということなのである。こうして、ユートピアというものの存在は、自由意志を持つ人間が自らの行動で「今ここにある現実」と「それとは別の現実」の間のギャップを埋めようとするという、人間特有の「未来」との関わりのあり方を示しているのであり、そこにこそ従来の科学的人間観が捉えきれていなかったような真の「理性」の働きがあるとバウマンは論じる[8](Bauman 1976 : 33-36)。

リクールやバウマンのこれらの分析は、もともとは一九七〇年代に行われたものだが、こうした分析の多

（8）だが、バウマンによればこのような「可能性」としての「ユートピア」のあり方は、同時にユートピアの弱点でもある。というのも、あらゆるユートピアはあくまで「可能性」の領域にとどまっているからこそ現実の人々の行動を活性化させるからであり、ユートピアがひとたび「実現」されてしまうと、それはそのような創造的力を失ってしまうのである。「実現されたと認識されることによって、理想は理想ではなくなる」。社会主義というユートピアに起こったのはまさにこの、あらゆるユートピアに共通の運命であった。社会主義の力の源泉というのは、それが資本主義の「対抗文化」として自らを位置づけていたことであり、それによって社会主義は今ここにある現実の相対化を行っていたのだが、「現存社会主義」という形でひとたびそれが実現されてしまうと、今度はそれ自身が「今ここにある現実」としての限界を明るみにしてしまい、さらなる変革への激烈な要求を生むことになってしまう（Bauman 1976）。

くの部分は現在においても有効であると筆者は考える。ただし、筆者は同時に、我々が現在においてこのように「ユートピア」について語る場合、一九七〇年代の時点ではまだ完全には明らかになっていなかった、ある重要な留保が必要であると考えている。それが、本書がユートピアという言葉を使う際の、第二の含意として提唱するものである。すなわち、本書においては、上記で説明したようなものとしての「ユートピア」は、社会主義体制の崩壊と共に既に完全に終わったものとして捉えられており、それゆえユートピアに関する議論および新たなユートピアの構想は、この点を前提にしなければならない、ということである。東側の社会主義建設というユートピアが、社会主義体制の崩壊と共に終わったことは誰の目にも明らかだったが、それに対応し、二〇世紀の大部分を通じてそれと競い合っていた西側のユートピアもまた、終わりを迎えた(Buck-Morss 2000=2008: v-vi; Winter 1993=2007: 354-365)。無論、我々は今なお、マンハイムやリクール、そしてバウマンがそうしたように、近代的な概念としての「ユートピア」について語ることは可能である。して、西欧固有の思考のあり方としての「ユートピア」が、その最終的な集大成である「社会主義体制」の崩壊とともに完全に終わりを迎えた今、ユートピアについて考えるということは、たとえこうした概念的なカテゴリーとして考える場合であっても、一貫してこの「既に終わった」ということを前提としなければならないだろう。かつてのリクールやマンハイム、そしてバウマンにとって、ユートピアとは実現されることを求める「未来」についての想像力であったが、現在においてユートピアについて語るということは、「未来」について語るのと同じ程度かあるいはそれ以上に、既に終わったものとしての「過去」について語ることであるべきだ。(9)

第三に、これが一番大事なことでもあり、また本書の議論の一番の特徴でもあるが、本書が「ポスト・

ユートピア」という語を用いる際、それは単なる「ユートピアの後」あるいは「社会主義体制の崩壊後」といったような時代区分、あるいは社会状況を指すというよりも、上記に述べたような、ユートピアがもはや完全に終わったという認識を前提としつつも、それでもなおユートピア的な次元を追い求めるような、ある創造的な力のありかたとして用いる。先のリクールの議論に戻れば、ユートピアとは、想像力のはたらきによって「どこでもない場所」の理想を設定することで、既存の秩序のあり方を破壊し、日常実践の新しいシンボル的秩序を創り上げるものである。だが、本書が述べる「ポスト・ユートピア的」想像力は、このリクールのユートピア的想像力の定義に新たな要素を付け加える。もはや、参照点となるのは無限遠の未来に設定された「理想」のみではない。さらに重要なのは、過去の失敗に終わった「ユートピア」、無数の可能性を残しながら、完全に展開されることなく袋小路に終わってしまった無数の道筋、それらを、もはやそこに回帰不能であるということを冷徹に認識しつつも、なお寄せ集め、現在においてアクチュアルなものとして新たな光を当てること、すなわち、過去の「失敗に終わったユートピア」から希望を掬い上げる作業なのである。

無論、現在のポスト社会主義の世界においても、本書で論じるようなポスト・ユートピア的次元を持たないような、素朴なユートピアには事欠かない。実際、L・レイ（Ray 2009）は、一九八九年以降の多くの出

（9）もっとも、マンハイムもバウマンも、既に彼らの時代において「ユートピア」というものが徐々に衰退し、終わりつつあるということを認識していたということは、既に紹介したとおりである。本書の視点は、彼らの認識をさらに深化させたものにすぎないとも言えるかもしれない。

来事が、一種のユートピア的な次元を有していたと指摘している。そこで見られるのは例えば、私有化・市場化・民主化という「三つのマントラ」を通じた「涅槃」としての西側への回帰というユートピア（Ray 2009: 325）であったり、またあるいはポーランドにおける「ルストラツィア」lustracja（かつての共産主義体制への協力者に対する弾劾裁判）の例が明白に示しているように、社会主義体制が侵入する前の「純粋な国家」という、あり得ない想像上の「過去」への回帰を志向するユートピアであったりするだろう（Ray 2009: 329-331）。本書が論じるポスト・ユートピア的な想像力は、このような形で無邪気にユートピアというものを考えることができないということを前提としている点で、これらの素朴なユートピアとは明白に異なるものである。ここで、ポスト・ユートピアに関する議論は先に紹介したボイム（Boym 2002）の「反省的ノスタルジア」という概念と深く関わることになる。ボイムが「回復的ノスタルジア」に対抗するものとして「反省的ノスタルジア」を強調したように、そこにおいて目指されているのは、単なる理想的な「未来」への進歩でもなく、また全てが幸福だったと措定される、あり得ない「過去」への退行でもなく、他ならぬ「現在」の只中において、「現在」の秩序を覆すような創造的な想像力を、過去の道筋の中から見出すことなのである。

本書が定義する「ポスト・ユートピア」のあり方は、その最も純粋な形においては上述のような形をとりうるものであるが、ただし本書が以降の各章で「ポスト・ユートピア的」なものとして紹介するような現実の人々の実践や想像力・表現においては、そこに含まれる「ポスト・ユートピア」性はしばしば部分的なものでしかなかったり、あるいは萌芽的・潜在的な段階にとどまっていることが多く、必ずしも上記で挙げたようなポスト・ユートピア的想像力の特徴を十全には備えていない、ということに注意が必要である。例えばそれらは、確かにある特徴的なやり方で既存の秩序を破壊するものでありつつも、他方ではそれに代わる明確なユートピア的ヴィジョンを呈示できないままにとどまっていることもあろう。また例えばそれらは、一面では既存の秩序を破壊して新しいヴィジョンを開くような創造的な方向性を示すものでありつつも、それと同時に他の面においては、単なる素朴なノスタルジアやナイーヴな現状否認へと容易に転落しうるような、多義的なものであったりすることもあり得る。その意味で、本書が「ポスト・ユートピア的」な可能性があるものとして呈示する様々な想像力のあり方は、上述のような形で完全に定義されるようなものではなく、むしろ様々な揺らぎや危険性・ナイーヴさを孕みつつも、大きな方向性としては、過去を忘却することによって成り立つ現状追認的な態度を否定し、そこから新たな可能性を生み出しうるような、ある種の方向性・傾向性をとして捉えられるものである。このように、厳密な定義のもとに限定するというよりはむしろ、広くゆるやかに様々なものを含み込むような形で「ポスト・ユートピア」というものを提起することは、一面では語の意味を曖昧にし、「ポスト・ユートピア」的な可能性という概念そのものを陳腐化してしまう危険性を伴うのであり、そうした危険性に関しては常に注意が必要であろう。しかし他方では、このように様々な萌芽的な可能性や方向性を含み込むようなものとして「ポスト・ユートピア」を捉えることには、既存の秩序に対するオルタナティヴな可能性をできる限り広く汲み尽くすことを可能にするという利点もあるのである。

5……各章の構成と内容

本章を終えるにあたり、本書全体の構成について述べておきたい。

第1部では、ポーランドの「雪どけ」期を舞台にして映画とそれをめぐる当時の言説を分析する。まず第2章は、第1部全体の狙いを紹介すると同時に、「雪どけ」期のポーランドにおける文化変容とその特徴について予備的な概略を紹介する、導入的な章である。とりわけここでは、当時の「雪どけ」期における人々の意識のあり方を強く映し出している代表的な言説として、当時の文学誌に掲載された匿名の女子生徒の日記「女生徒の日記」(“Pamiętnik uczennicy” 1953)を紹介する。こうして、当時の「雪どけ」においていったいどのような想像力のあり方が問題になっていたのかを明らかにした後、続く第3章・第4章では、具体的なテーマに焦点を絞った上で、当時の映画文化におけるその描かれ方を見る。第3章では、アンジェイ・ヴァイダの映画『地下水道』を中心に、当時のポーランドにおける性愛関係に関する想像力と言説の錯綜を見る。性愛関係は、雪どけ期のポーランドにおいてとりわけ議論の余地のある繊細なトピックとしてまなざされていたが、ここではとりわけ個人的な性愛とそれを越える国民的な「大義」との対立関係が大きなテーマとなる。

第4章と第5章は、どちらもドキュメンタリー映画を中心に扱っているが、なかでも第4章は、当時のポーランド社会における「非行少年」の形象と、その映画での取り扱われ方を分析するという点で、第3章と同様に、当時の社会的想像力に関する具体的な各論を意図したものである。本章で論じられるのは、「非行少年」という存在が当時の社会的想像力の中で一種の把握不可能な可能性を持ったものとしてまなざされていたということだが、こうした非行少年のイメージの中に含まれていた可能性は、それが言語化され、社会学的・合理的な説明によって既存の秩序の中に整合的に収められてしまうと、徐々に弱まっていくことになってしまう。こうして、われわれはこの章で当時のユートピア的想像力の可能性と同時に、それが十全に展開されることのないまま消えていったという意味で、その限界も見ることになるだろう。

第5章は、それまでの3つの章の各論を踏まえた上で、より一般的な見地から、当時のドキュメンタリー映画におけるポーランドの「現実」の描かれ方の変容を見る。例として、「ポーランド最初の社会主義の町」ノヴァ・フータの建設に関する二つの映画を比較しながら、そこにおけるユートピア的な社会像の変容を検討する。本章は、雪どけ期に登場したのが、それまでの「社会主義建設」のユートピア的な想像力に代わる、「ポスト・ユートピア」的な想像力のありかただったことを説明し、そうした既存の秩序を越えるような想像力が当時のポーランドに胚胎されていたことを示す。

本書の第2部である第6章・第7章では、この第5章で扱われたノヴァ・フータという町が主人公になる。第2部では、これまで映画という表象の中において検討されてきた社会主義体制下におけるユートピア的なプロジェクトとその想像力が、そこに現実に生きた人々によって実際にどのように体験され、どのように捉えられたかということが具体的に検討されると当時に、現在のポスト社会主義のポーランドにおいて、そうしたかつての「ユートピア」の記憶がどのように想起され、またそのイメージがどのように表象・消費されているのかということが明らかにされる。こうして、第2部は第1部においてもっぱら想像力のなかで捉えられていた社会主義のユートピア的想像力が、現実においてどのように体験され、今を生きる人々にとってどのようなものとして振り返られ得るのかを検討する場となっているとも言えるだろう。第6章は、社会主義時代のノヴァ・フータの歴史とそこにおける生活、およびノヴァ・フータをめぐる当時の言説を紹介する、後の第7章への導入的な役割を果たす章である。第7章は、第2部の中心となる章であり、現在におけるノヴァ・フータ住民へのインタビューやノヴァ・フータをめぐるさまざまな実践・表象を検討することで、ポスト社会主義において社会主義の過去を想起することの創造的可能性を探求する。

最後に終章では、これまでの内容を踏まえつつ、再び第1章の問題関心に立ち返り、現代においてユートピアを再考することの可能性と限界が述べられる。

第1部

ポーランドの雪どけと社会的想像力
——映像文化を中心に

第2章

ポーランドの「雪どけ」——社会的想像力の変容

1……「スターリニズム」から「雪どけ」へ

第1章で概観した通り、一九四九年ごろを境としてポーランド社会は本格的にスターリニズムの時代に突入する。ソ連式の政治体制・経済体制が確立され、政治・社会の一元化、「スターリニゼーション」Stalinizacja が進んだこの時期は、「六ヵ年計画」などを通じた大規模な近代化・工業化のプロジェクトの時代であり、同時にまた、そうしたプロジェクトを通じた「社会主義建設」と、その先に登場するであろう未来のユートピア国家とそこに生きる「新しい人間」の育成の時代でもあった。文学、美術、演劇などの文化領域においても、ソ連を範とした「社会主義リアリズム」が倣うべき教義とされ、そこにおける特異な詩学のあり方は、まさにこうした「新しい人間」のエートスを生み出すことに向かっていた(10)。

こうした「社会主義建設」とそこに生きる「新しい人間」というユートピア的世界観に基づいた社会的想

像のあり方は、一九五六年前後の「雪どけ」の時期において大きく変容し、それまでとは大きく異なる新しい社会的想像力が登場することになる。この、それまでの「社会主義建設」のユートピア像の崩壊と、それに代わる新しいユートピア的想像力の噴出が、本章および続く三つの章のテーマになる。ここで重要なのは、「雪どけ」と呼ばれるこの時期の変化が、単に政治的領域にのみとどまらなかったということである。そもそも、戦後になってソ連主導の社会主義体制が導入されたポーランドにおいて、当時の体制はこの外部から新しく輸入された「社会主義的近代化」によって、それまで遅れた農業国だったポーランドに進歩的な「社会主義国家」を建設しようとしていた。それは、単に経済的・制度的な領域のみにとどまらず、社会全体の慣習や文化・自己意識、そして主体のあり方までをもその射程に含んだプロジェクトであったのである（Kochanowicz 2000: 24)。本書の観点から見て特に重要なのが、まさにこの部分、すなわち、単なる政治的・経済的な「社会主義体制」の制度的側面にとどまらないより広く抽象的なレベルにおいて、当時の体制および社会に生きる人々が、みずからの目指すべき社会のあり方、およびそこに生きる「主体」のあり方を、どのように「想像」していたかという、「社会的想像」（Taylor 2004= 2011）の次元である。集団主義や公的生活の称揚、私的領域・私的感情の存在の否定、英雄的な労働による「社会主義建設」の達成、そして、そうした自覚的労働や教育を経ることによって誕生する、社会主義的な「新しい人間」という主体のイメージ、これらが、当時プロパガンダされた典型的な社会的想像力のあり方であった。そうした社会の自画像や未来像は、社会とそこに生きる人々が、自らのあり方をどうイメージし、それがどのようなものであるべきかと考えていたかという点に関わっている。

そうした、社会的自意識あるいは想像力といったものが、根本的な変容を被ったのが、ポーランドの「雪どけ」という時期であった、というのが、本書の仮説である。戦後になって外部から押しつけられた社会主義的近代化のプロジェクトは、それによってはどうしても汲みとることのできないような様々な対立する意識や意味、実践を、オフィシャルな言説・制度の下に数多く沈潜させたままであった。一九五六年の「ポーランドの十月」は、スターリニズムの「過誤」が公然と批判の対象となる一方で、それまでこうしたオフィ

(10) 社会主義リアリズム (realizm socjalistyczny、略して socrealizm「ソツレアリズム」) とは本来、一九三〇年代にソ連の公式美学とされた文学・芸術上の表現方法である。そこで要請されたのはまず何よりも「社会的現実」への積極的関与、すなわち階級闘争の理論に従って現実社会における諸問題を分析・呈示し、そこにおける労働者階級の勝利と社会主義国家建設を謳いあげることであったといえる (Zblewski 2001: 133)。他方、社会に対するコミットメントが強く要請されたことで、作品の「理解しやすさ」が求められたこともあり、抽象芸術、アヴァンギャルド芸術、象徴主義などといった手法は「形式主義」「資本主義的・ブルジョワ的」「退廃的」などとして否定された (Łapiński and Tomasik 2004: 70-72)。

この「社会主義リアリズム」は戦後東側ブロックに入ったポーランドにも当然もたらされることとなった。当初存在していた、ある程度の範囲における自由な創作の許容や、あるいは社会主義リアリズムへの賛否をオープンに議論する余地は徐々に狭まり、一九四九年ごろには社会主義リアリズムが「唯一正当な」表現技法として、ほぼすべての文化領域において強制化されるに至った。すなわち、この年に各文化領域の製作者会議において、社会主義リアリズムが公式美学であると宣言され、その遵守すべき原則が示されたのである (映画分野におけるこうした製作者会議に関しては、A・マデイ (Madej 1997) を参照)。それ以後作家にとってこの社会主義リアリズムの枠組みに従わないことは、作家としての地位を剥奪され、自分の作品の発表の機会も奪われるという、一種の職業的死を意味した。熱狂的に社会主義リアリズムを信奉した作家・芸術家たちに加え、他の多くの作家たちも、この公式教義に従わざるを得なかったのである。一方で、こうした職業的作家・芸術家に、体制は相応の地位と収入を保証したので、そうした立場を甘んじて引き受ける作家・芸術家も多かったという。当時の芸術家・作家が置かれた状況と、彼らが採った戦略についての詳細なドキュメントとしては、ミウォシュ (Miłosz 1953=1996) が名高い。

シャルな言説の下に埋もれていた様々な意味や実践、そして感情が、一挙に公的言説の中に噴出してきた時期であったのである。

第1章でも既に述べたとおり、この「雪どけ」期の文化的・社会的変容と、そこにおけるこうした多様で多義的な様々な実践や想像力の噴出は、それまでの「社会主義建設」のユートピア的世界観を否定するものであったが、それを他方ではそれ自体ひとつの「ユートピア的」な次元をもっていたものとして捉え返すのが、本書第1部を貫く目標である。その具体的な諸相については、後の第3章・第4章で検討するが、本章ではさしあたって、この「雪どけ」期の文化変容を論じる際に本書が採用する立場を明らかにすると同時に、「雪どけ」がどのようなものであったのか、そこでは一体何が問題になっていたのかという概略を、大枠において指し示すことを目指す。

2……社会主義的近代と「自己」

まず、上に述べたような社会主義体制下における社会の自意識、あるいは社会的想像力の領域を探求する上での本書の基本的な立場を確認しておこう。社会主義体制下におけるイデオロギーと主体の問題を現代の我々が検討する際にしばしば犯されがちな過ちは、イデオロギーの抑圧的でネガティブな影響力を過大視し、それが主体に対して有していたかもしれない、ある意味で「生産的」とも言える側面を見過ごしてしまうことである。このような見方のもとでは、社会主義体制下に存在した人々は、体制の歯車と化した哀れなイデオロギーの犠牲者か、あるいは勇気を持って体制に反抗した自由の闘志か、という単純な「黒」と「白」の二元論に還元されてしまう。第１章で紹介したＶ・ハヴェルの「後期全体主義論」のような、社会主義体制下における抑圧と不自由のメカニズムを精緻に分析したと言えるような議論でさえも、このような弱点を有している。ハヴェルの議論における東側ブロックの一般市民は、体制側のイデオロギーを心から信じているわけでもなく、ただ体制への忠誠を示す「記号」として体制側のスローガンを儀礼的に表明することで、自らの尊厳と主体性を失って体制に奉仕する歯車の一部と化し、「真実の生活」から疎外されて「虚偽」と「みせかけ」の中で生きることになってしまう。こうして、後期全体主義体制に生きる市民は、一人一人がシステムの犠牲者であると同時にシステムのエージェントでもあるのである（Havel 1990）。

ハヴェルの議論は、「後期全体主義体制」（と彼が呼ぶもの）において人々がいかに巧妙にシステムの網目に取り込まれていくかということについて一面の真実を表しているのかもしれないが、他方、権力や規範と主体の問題を「虚偽の中に生きる」「真実の中に生きる」などといった単純な図式で割り切ってしまうハヴェルの議論は、現代の我々から見るとあまりにナイーヴにも見える。彼が見逃しているのは、Ｍ・フーコー（Foucault 1975=1977; 1976=1986）が指摘したような、権力というものが持つ一種の生産的な力の働き、すなわち、支配・従属を強いると同時に一種の主体化をも伴うような、より複雑な主体と権力の関係性ではないだろうか。いずれにせよここで重要なのは、「体制のシステムに対する服従」かあるいは全面的な「抵抗」か、という、一面的・表層的な二項対立図式に還元してものごとを捉えるのではなく、むしろより複雑で精妙な形で存在している人々の社会的想像力のあり方を再考することである。

実際、近年の歴史学の分野における社会主義・スターリニズム研究においては、こうした当時の人々の複雑な意識や想像力のあり方を詳細に明らかにする興味深い研究が多く存在する。たとえば、ソ連のスターリニズム時代に書かれた多くの日記を分析することで、スターリニズムにおける「自己」self の問題系を明らかにしようとしたＪ・ヘルベック（Hellbeck 1996; 2006）の研究においては、もはやかつての全体主義論に見られたような、体制から一方的に抑圧・支配・操作されるような、受動的で従属的な主体は想定されない。それどころか、これらの人々は自らの日記の中で、当時のスターリニズムのイデオロギーに積極的に呼応し、それに基づいて自らの主体を作り替え、構築しようと真剣にもがいていたのである。同様に、後に本書でも扱うことになるポーランドのノヴァ・フータ建設を扱ったＫ・ルボウのモノグラフにおいてもやはり、ノヴァ・フータ建設に従事した労働者たちは単に権力側からのイデオロギー的働きかけに受動的に反応したり、あるいは逆に単にそれに一方的に抵抗感を示したりするだけの存在ではなかった。むしろ、ノヴァ・フータの労働者たちは、スターリニズムのイデオロギーとの「出会い」を通じて、権力側の想定を完全に逸脱した、独自の豊かで「自由」な思考や実践の土壌を作り上げていったと言えるのである（Lebow 2013）。

注意しなければならないのは、ここで問われているのが単に社会主義体制のイデオロギーがどの程度当時の民衆に対して影響力を持ったか、あるいは持たなかったか、といったような表層的な問題ではないということである。むしろここで問われているのは、二〇世紀の社会主義的モダニティの進展の中で、「自己」や「主体」というものが体制側の提示するモダニティとどのような関係を切り結び、そこでどのような社会的想像力が育まれてきたのかという、「社会主義的モダニティ」における「モダニティと自己」とでも呼びうるより大きな問題系である。アンソニー・ギデンズによれば、近代において「自己」はますます「再帰的なプロジェクト」として、すなわち個人が一貫した「物語」や「ライフスタイル」に基づいて責任を持って自覚的に「選択」し、作り上げていくべきものとして構成されるようになっていく（Giddens 1991=2005）。そのようなものとしての自己は、社会主義体制のオフィシャルなイデオロギーが呈示する「新しい人間」という自己像とどのような関係を切り結んでいたのか。そしてその関係は、ポーランドの「雪どけ」という巨大な文化的激変期においてどのような変容を遂げたのだろうか。

ギデンズをはじめ、これまでの主流の社会学の近代化論・モダニティ論は、主に西側資本主義圏をモデルとして論じられてきた。他方本書が目指すのは、旧ソ連・東欧の社会主義体制という「もうひとつの近代」が、そこにおいてどのような社会的想像力を胚胎していたのか、その一端を明らかにすることである。

3……「雪どけ」――「意味づけられない」領域の発見

政治・文化の領域において、一九五六年の「ポーランドの十月」とともにほぼ完全に放棄されることになるスターリニズム及び社会主義リアリズムの言説に最初のひびが入ったのは、一九五三年末から一九五四年初頭のことであるといわれている。この最初の変容の象徴的な兆しとなったのが、政治的言説の領域においては一九五四年半ば以降頻繁に放送された「自由ヨーロッパラジオ」[11]によるラジオ放送「公安と党の舞台袖から」であり、他方文化の領域においては、一九五三年一一月に文学雑誌『新しい文化』*Nowa Kultura* 紙上に掲載された「女生徒の日記」であったといわれている（Codogni 2006: 130-133; 138）。前者は西側に亡命し

（11）「自由ヨーロッパラジオ」とは、アメリカによる民主主義・自由主義の宣伝のためのラジオ放送である。冷戦中、東欧・ソ連向けに放送されていた（清水 2007）。

たポーランド公安警察の幹部、ユゼフ・シフィアトウォ中佐によるポーランド公安警察及び党の最高権力者の私生活の実態の暴露の録音であり、後者はタイトルから分かるとおり、実在する匿名の女子中学生の日記を雑誌上に掲載したものである。

これら二つの事件は、政治・文化といったそれぞれの領域において、当時人々の新しい想像力や欲望のあり方が、いったいいかなる形をとりつつあったのかを如実に示している（Lubelski 1992: 113-115）。「公安と党の舞台袖から」においては、公安機関における反体制派の取り締まりの実態の暴露と共に、党の最高幹部、とりわけビエルトのプライベートのスキャンダラスな暴露がその内容の大きな部分を占めたとされる。他方、「女生徒の日記」において何よりも読者に衝撃を与えたのは、プライベートな日記帳の中における一女生徒の言明の驚くほどの「素直さ」「率直さ」であり、そこから来る「真正さ」のオーラであった。このように、当時の人々の意識において高まりつつあったのは、それまで社会主義体制が積極的にプロパガンダしてきた「パブリックな」言説が何らかの意味で「虚偽に満ち溢れている」、あるいは「真正ではない」という意識である。「社会主義建設」という輝かしいヴィジョンの虚偽的な表面の背後に隠れた「現実」を暴くこと、あるいは、そこにおける「新しい人間」を称揚するようなオフィシャルな言説の中にくみとられることのない「私的なもの」「真正なもの」を再発見することこそが、人々の主要な関心の対象として形をなしはじめていたのである。

この二つの象徴的な事件を始まりとして、その後のポーランドにおける文化領域においては、徐々にそれまでの言説の中では明確に意味づけられていなかったような感情や想像力の領域を積極的に扱うような表現・出来事が現れ始める。それはある時は、輝かしい「社会主義建設」の影に隠され、それまで語られることのなかった社会の暗部に対する弾劾という形をとり、またある時は、当時のシステムが汲み取ることができなかったような欲望・快楽の噴出として立ち現れた。以下、そのいくつかをざっと紹介してみよう。

まずこの時代を特徴付ける大きな現象として、雑誌[12]の活性化が挙げられる。中でも代表的な存在が、若者向け雑誌『直言』*Po Prostu*だった。一九五五年九月に編集部が変わったことによって、それまでのポーランド青年同盟（ＺＭＰ）の機関紙という位置づけからより広く「学生と若いインテリ層」を対象とするようになったこの雑誌は、雑誌上で野心的な議論・ルポルタージュを次々と掲載し、当時のポーランドの「暗部」を次々と暴きだしていった。それら「暗部」は、公的な言説の中では決して語られることがなかったけれども、当時のポーランド社会に広く蔓延していた現象だったのであり、そうした現象を公的な言説ではじめて取り上げたのがこの雑誌『直言』だったのである。雑誌上で取り扱われた問題は、教育問題（とりわけ教条化したマルクス・レーニン主義の教え方）、非行・犯罪、戦後政府によって弾圧された、西側系の旧対独パルチザン「国内軍」ＡＫの名誉回復問題など多岐にわたった（Władyka (ed.) 1989）。「ポーランドの十月」が近づくにつれて、記事のテーマは徐々に緊急の政治的課題と密接に関わるようになり、そこではポーランドの社会主義システムをより改良し、民主的にすることが求められるようになっていった（Codogni 2006: 165-169）。

（12）以下で紹介する『直言』や後に登場する『新しい文化』は、雑誌というよりも外見としては新聞に近いものであるが、ポーランド語の慣習においては「雑誌」czasopismo と表記され、また内容的にも雑誌のそれであるため、本書でも「雑誌」と表記する。

『直言』を特徴付けるのはそのジャーナリスティックで政治的な性格であったが、一方ではこの頃それとはまったく違った性格の雑誌も登場していた。一九五四年創刊の若者向け雑誌『世界をめぐって』*Dookoła Świata*がそれである。カラー写真やエキゾチックな内容、エンターテインメント小説や「社会主義ポーランドで最初の」マンガ作品などで彩られたこの雑誌は、創刊当初から大きな人気を博したが、その人気の理由は、この雑誌のこうした娯楽性の高さと、そこに含まれる明白な政治的メッセージの少なさだった（Codogni 2006: 139）。I・クシュによれば、この雑誌はそうした直接的な方法によって若者を方向付けるのをあきらめ、若者の興味や関心に応えるという、より間接的な方法によって、教育的目標を達成しようとしたのであった（Kurz 2005: 31）。

最終的に、これら一連の変化を象徴するような出来事として、当時の人々の想像力に大きな影響を与えたのが、一九五五年八月にワルシャワで開催された「第五回世界青年・学生フェスティバル」[13]であった。P・オセンカ（Osęka 2001）によれば、当初政府によってイデオロギー的宣伝のためのイベントとして考えられていたこの祭典は、しかしながらそれがもたらした効果においては結果的に当初の計画・意図を大きく逸脱し、そこではそれまで語られることのなかった「意味づけられない領域」が文字通りシステムの表層にあふれ出してきたのである。そもそも、世界各地から約二万六六〇〇人もの若者が招かれた[14]このフェスティバルは、外国との往来が極端に厳しく制限されていた当時のポーランドにおいては、多くの若者にとって初めての「外部の世界」との接触であり、この体験は当時のポーランドの若者の意識、とりわけ「世界」や「西側」へのまなざし・憧れに大きな影響を及ぼした（Osęka 2001: 363）。加えて、このフェスティバルの期間中、政府当局はそこで起こる出来事に対するコントロールを文字通り失っていた。オセンカによれば、けばけばしく飾り立てられた町、ごった返す群集、さまざまの娯楽、規則違反と乱痴気騒ぎ、「出会い」を求める若者同士の性的行為、といった、フェスティバルを特徴付けたもろもろの出来事はすべて、それまでのワルシャワという町の風景を一変させる「新しい現象」だったのであり（Osęka 2001: 359-365）、しかもそれらはスターリニズム時代の他の多くの儀式・祭典と違って、イデオロギー的・政治的にまったく意味づけ不可能な出来事だった。実際、ポーランド統一労働者党の機関紙だった『人民新聞』*Trybuna Ludu* 紙でさえもが、このフェスティバルの「意味づけ不可能性」と、それを前にしたオフィシャルな言語の無力さについてすでに以下のように認めていたのである。

「少し前まではまだ偉大な思想の要約、象徴、シンテーゼをなしていた命題や合言葉が、われわれの目の前

(13)「世界青年・学生フェスティバル（世界青年学生祭典）」とは、「反戦・平和」などをスローガンとする世界の左翼系の若者・学生によるフェスティバルである。第一回は一九四七年、チェコスロヴァキアのプラハで開催され、以後、一九五〇年代は隔年開催、その後は間隔を空けつつも、現在まで続いている。世界民主青年連盟の公式ホームページの「フェスティバル」の項（http://www.wfdy.org/festivals/）参照。

(14) Krzywicki（2009）によると、第五回ワルシャワ大会には、世界一一四カ国から約二万六六〇〇人の参加者があった（Krzywicki 2009: 310）。その内訳は、ヨーロッパ諸国がその大半を占めたが（二万二三一六人）、アジア（二七〇七人）やアフリカ（九一一人）をはじめとして世界中から参加者があった（Krzywicki 2009: 63）。ヨーロッパ内での参加者数は、一位ポーランド（二五〇〇人）、二位東ドイツ（二一九六人）、三位フィンランド（二〇三三人）、四位チェコスロヴァキア（一六九四人）、五位フランス（一三六三人）などである。このように、主要参加国はいわゆる当時の東側諸国が多かったが、当時中立的とされた国々（フィンランドやスウェーデン（一〇五六人）、オーストリア（一一四四人）など）や西側諸国（フランスや西ドイツ（一二四四人）など）からも一定数の参加があった（Krzywicki 2009: 303-305）。

で陳腐なスローガンに変わってしまった。にもかかわらずそれは毎日頑固に新聞、ラジオ、演説に〔現れる〕（……）〔フェスティバルの参加者たちは〕パニックの中、陳腐な言い回しを前にして〈自分自身の言葉〉へと逃げ出すのだ。」（*Trybuna ludu*, 八月四日、[Osęka 2001: 358] より引用）

4……「女生徒の日記」――私的な「声」の侵入

このように、一九五四年から五五年にかけて、それまで語られてこなかった「意味づけられない領域」とでも呼べるようなものが、次々とオフィシャルな言説の中に侵入し始めた。本節では、こうした一九五〇年代半ばのポーランドで現れ始めていた文化的変化の代表的なものとして、先に紹介した「女生徒の日記」を取り上げてみたい。ここで重要なのは、それらの徴候の多くが共有していた、それまでの社会的想像力の枠内では表現できないような新しい想像力の特徴、すなわち、「現実の暴露」への強い欲望や、「外部の世界」への憧れ、様々な意味のレベルの混合、そして何よりも、「真正性」への大きな価値付けといったものを、この「日記」のなかにも読み取ることができるということである。

一九五三年一一月、週刊の文学誌『新しい文化』*Nowa Kultura* 誌上に、「女生徒の日記」と題されたひとつの文章が発表された（"Pamiętnik uczennicy" 1953）。一六歳の匿名の女生徒の日記をそのまま掲載したとされるこの文章は、後の「ポーランドの十月」における文化・意識面での変容の最初の現われだったとされている（Codogni 2006: 138, Kurz 2005: 27-28）。この「日記」は、現代に生きるわれわれの眼から見ればごく普通の女子中学生の感情、悩み、希望などを表現したあたりまえの日記にしか見えないかもしれない。しかしこのごくあたりまえの「日記」は発表後、『新しい文化』の読者の間に少なからぬ議論を巻き起こしさえしたのである。[15] 一体この「日記」の何がそこまで衝撃的だったのだろうか?

まず指摘したいのは、この「日記」が全体として、当時の公式イデオロギーの方針から大きく外れたり、時にはそれとあからさまに対立・否定しあうような内容を含んでいたということである。そうした内容は当時の公的言説においては表立って表現することが不可能な事柄だったのであり、それゆえ匿名の女子学生の日記という形を取ることで初めて公的言説の中に居場所を見出すことができたのである。例えばこの「日記」の中には、彼女が行った多くの「非行」の描写、社会主義リアリズムの性愛観と対立するような、男性に対する熱烈な恋愛感情、そして時には、反体制活動家や西側の「スパイ」、アメリカ文化全般に対する好意的感情や「憧れ」を数多く見出すことができる。

(15)　一九五三年一二月の「女生徒の日記」発表後まもなく、『新しい文化』誌には、「日記」を読んだロジニツァ Rożnica という町に住む高校の生徒たちから編集部へ送られてきた、「ロジニツァの私たちのところではそんなことはありません」と題した手紙が掲載され (Uczennice i uczniowe Liceum Instruktorów Świetlicowych i Teatralnych w Rożnicy 1953)、さらにそれに応答する形で「ロジニツァの友へ」と題した編集者からの手紙が掲載された ("Do przyjaciół w Rożnicy" 1953)。その後議論はより広く当時の若者教育そのものに関するものへと広がっていく。一九五四年に入ると、ＺＭＰの機関誌『若者の旗』*Sztandar Młodych* 編集長であるスタニスワフ・ルトキエヴィチから編集部に宛てた手紙「若者の問題について」が掲載され (Ludkiewicz 1954)、さらに一九五四年一月四日には、『新しい文化』編集部主宰による若者教育に関する討論会が開催され、その議論の一部が『新しい文化』一九五四年五号に「若者に関する議論」("Dyskusja o młodzieży" 1954) として掲載された。

（……）私たちは長いことパーティをする場所について相談した。〔その結果〕全ての計画がおじゃんになってしまった。場所がなかったのだ。この時私のヴィテクに対する愛はさらに膨れ上がっていった。彼もまたパーティに来るはずだったのだ。私は長いこと考えて、ついに教室でパーティをすることを思いついた。（……）私とマージャはパーティ用の服に着替えて、一五時に私たちの昔の学校に忍び込み、屋根裏に誰にも気づかれずに隠れた。（……）

〔パーティの〕最初は、ほとんどヴィテクと遊ぶ機会がなかった。私がその場にいた女の子の中で最初にタバコを吸ってようやく、彼は私を気にしはじめた。（……）ヴィテクはダンスの時最初に私を強く抱きしめて――気絶するかと思ったわ――私にキスしたの。この時から私たちはいっしょに踊り始めた。踊りながら彼は私の唇に、頬に、額にキスをした。（……）彼は私を抱きしめながら訊いた。「僕を愛してるかい?」。私は当然こう答えた。「とっても」。この時私はとっても幸せだった。（"Pamiętnik uczennicy" 1953: 3）

パパとロージャと一緒に「DEFA」〔東ドイツの映画制作所〕制作の映画『女優の結婚』を見に行った。素敵な映画。もちろん。この映画を見て元気が出た。映画の中では東と西のベルリン区域が映し出されていた。もし私が選べるとしたら――西ベルリンを選ぶわ。（"Pamiętnik uczennicy" 1953: 3）

通り過ぎるとき、「これがアメリカだ」という展示[16]のネオン広告を見つけた。最寄りの停留所で降りて行く。展示はもちろんすごくよくできていた。でも一番わたしの趣味に合ったのは大展示室で、そこにはアメリカ合衆国の地図、ニューヨークの写真、そして、一一月四日にポーランドに送られてきたスパイたちが着ていた服が展示されていた。ソスノフスキとクシショフスキ。それから、スパイたちが連絡を取り合うのに交わした手紙があった。その中のひとつは例えばこんな風だった。「木曜日に都心で会おう」。ああ神様・・・（……）（"Pamiętnik uczennicy" 1953: 3）

昨日私はとても遅く帰った。一騒動あったのだ。マージャのところでも同じ。私たちはララと一緒に、シュチェチンまで家出をする決心をしたのだ。残念なことにワルシャワで私たちは捕まって、家に帰ってきた。悪いことをしたにも関わらず、何の騒ぎにもならなかった。（"Pamiętnik uczennicy" 1953: 3）

新聞にはまた公安当局による、いわゆるスパイ組織の検挙の記事[17]があった。この一味の構成員の中にはクラクフ教区の高い地位に就くであろう司祭たちがいるはずだ。とっても気の毒——彼ら〔当局〕はきっとすぐに「針小棒大」に言いだすに違いないわ。（……）（"Pamiętnik uczennicy" 1953: 3）

ここで重要なのは、こうした、内容からすれば一見明白に「反体制的」ととられかねないような言明にもかかわらず、作者の少女自身は必ずしも明確に「反体制」を志向してはいなかったということである。ス

（16）「これがアメリカだ」*Oto Ameryka* とは、一九五二年当時ワルシャワで催されていた展示の名前である。この少女の憧れや熱狂とは正反対に、この展示の本来の目的は、「敵国」アメリカの悪事と退廃を糾弾することであったと思われる（Kurz 2005: 234）。

（17）日記の日付（一九五二年一二月一日）および内容から、クラクフ教区の司祭数名が後の一九五三年一月に見世物裁判にかけられ、首謀者と目された司祭が死刑になった事件のことと思われる（伊東 1988: 209-210）。

ターリンの重病の報に接した彼女は、その日の日記に次のように記している。

家に帰った私を悲しいニュースが待っていた。ユゼフ〔ヨシフ〕・スターリンが大変ひどい病気だということだ。[18]（……）とても悲しかった。わたしは彼を愛していたけれど、彼の何を愛していたのかは自分でも分からなかった。彼の非凡な知性を、明快な理性をだろうか?・わからない。（"Pamiętnik uczennicy" 1953: 3）

また、別の日の日記には、以下のような記述がある。

レシエクの名前の日〔名前にちなんだ聖人の記念日のこと〕だった。私は彼が共産主義的な考え方を深めることができるよう、彼に『タンカー《デルベント》号』という本をあげた。（"Pamiętnik uczennicy" 1953: 3）

このように、彼女の「日記」の中では、オフィシャルな言説によっては「反体制的」としか意味づけられないような言明と、そのオフィシャルな言説によって回路付けられた「スターリンに対する熱烈な愛情」や「共産主義的な考え方を深めること」への価値づけが何の矛盾もなく同居している。こうした言明の多義性・二重性は、それまでの公的な言説における「社会主義―その敵」という「善―悪」の二項対立図式によっては説明のつかないものである。そうした、それまでの二項対立的な図式から外れたところにある言明の率直さ、真正性といったものは、それまでの戦後ポーランドの公的言説の中ではほとんど言語化されたことがない種類のものだったのである。

今日のわれわれの眼から見れば、彼女の一見「反体制的」な言明を支えているのは必ずしも明白な「反体制的」感情ではなくむしろ、アメリカ文化・スパイ活動など、あらゆる「外部の世界」「別の人生」に対するナイーヴなあこがれであるように思われる。その裏にあるのは、西側へはもちろん東側ブロック内でさえも外国への移動が厳しく制限され、西側からの情報すらもあまり入ってこない、スターリニズム下のポーランド社会における重い閉塞感であった。次の「日記」のある一日の記述は、この生活全体を支配する閉塞感と、その閉ざされた生活の「外部」への激しい渇望を端的に伝えている。

両親とワルシャワに行った。とっても素敵な「ビキニっ子」[19]達を見かけた。セデット〔ワルシャワにあるデパートの名前〕に向かう途中、突然空に恐ろしい爆音と共に爆撃機が現れた。残念——ポーランドの爆撃機だわ。
（"Pamiętnik uczennicy" 1953: 3）

このように、「日記」の言明が特徴的なのは、単に当時の公式イデオロギーにおいて「タブー」とされていた内容が多く語られていたからというだけにとどまらない。何よりも特徴的なのは、その言明とそこに表された感情の率直さであり、「真正さ」である。そこに見出される様々な憧れ、希望、怒り、喜びなどに共

（18）　スターリンの死去は一九五三年三月五日。
（19）　「ビキニっ子」とは、当時の西側文化などの影響を受けた特徴的な服装をした若者たちのことである。詳しくは本書第4章を参照。

通して見出されるのは、作者の女生徒の驚くほどの「ナイーヴさ」である。それは、それまでの「社会主義建設」という戦後ポーランドのユートピア像から逃れ、そこで掬い上げられることがなかったような様々な欲望や感情、希望の混交である。I・クシュはこの「ナイーヴさ」に関して、「女生徒の日記」のなかで何よりもわれわれの眼を惹くのは、様々なレベル、シンボル、言語の混同である、と言っている。

公的プロパガンダの言語、「退屈な言葉」が、同様に頭の固い恋愛小説の言葉、そして早熟を気取った若者の言葉と混じり合っている。（……）まるで自分の「手にはいる」（言葉にできる）素材を元に自分の発話を作り上げているかのような「日記」の作者のナイーヴさ、それは、ポーランドの公的言説のハイブリッド性を非常な明白さで明らかにしていたのである（Kurz 2005: 28）。

この「ハイブリッドさ」、そこにおいて見られる混乱した言語こそ、このシステム内の公的言語によって掬い上げられてこなかったものの存在と、それが当時のポーランドの人々の心性に与えていた影響力を証拠立てるものであった。もちろん、そこに表現された感情はいたってシンプルなものである。先にも述べたとおり、それは現代のわれわれの眼から見れば、やや早熟な少女の、ごく当たり前の外部への憧れやナイーヴな恋愛感情をつづったものでしかない。だが、まさにそれこそが当時の公的言説においては意味づけられていないものだったのであり、少女はそれを表現するために様々な言語を借用し、自分なりに「使いこなす」。それはまさに、ド・セルトーが述べるような、手に入るものを好き勝手に組み合わせることで、「支配文化」を超え、それを転覆させるような潜勢力を生み出す、一種の「ブリコラージュ」であった（de Certeau 1980=

1987: 16)。

体制側の立場から言えば、「女生徒の日記」は、当時の体制当局による公的プロパガンダ及び公的教育の「失敗」をまざまざと見せ付けるものでもあった。「日記」の序文を書いた『新しい文化』の編集部の一人（T・コンヴィツキ）[20]は、その序文において、この一六歳の少女の態度は「われわれの若者全体にとって決して典型的なものではなく」、単に一部の「インテリ的・小市民的」な家庭で育てられた一部の若者のメンタリティを代表しているに過ぎない、とその「失敗」を否認するが、だがその一方で「マカレンコ〔当時有名だったソ連の教育学者〕でさえもこれにはひどく手を焼くだろう」「この日記の中にはＺＭＰ〔ポーランド青年同盟〕に関するただの一語の言及もない」などと、当時のポーランドの公的教育の無力さを認識してもいる（"Pamiętnik uczennicy" 1953: 3）。何よりもコンヴィツキの心を乱し、彼を興奮させているのは、「日記」の作者の驚くほど率直な感情の発露である。それゆえ彼は、この少女と同じような多くの若者を、党とイデオロギーが導き、更生させることを希求しつつも、一方でこの少女の発話の「率直さ」「真正さ」に対して圧倒され、魅了されざるを得ない。「われわれの現代文学の主人公たちにも、この（少女の）半分の情熱と人生さえあれば！」と彼は嘆息する（"Pamiętnik uczennicy" 1953: 3）。このコンヴィツキの揺れ動く文章の中に見え隠れするのは、この少女の日記によって開かれた、それまでポーランドの公的言説において語られてこなかった感情や欲望・希求の領域、そしてその「真正さ」に対する感嘆の念である。こうした編集者

（20）　タデウシュ・コンヴィツキ Tadeusz Konwicki は、ポーランドの作家であり、後に映画作家としても名声を得た。映画監督として、『夏の最後の日』をはじめとした監督作品がある他、脚本家としても多くの映画の脚本を手がけている。

による「日記」の受け止め方は、「日記」が当時のポーランド社会の文脈において内包していた新しい「価値」が何であったかを如実に伝えているといえるだろう。

「女生徒の日記」が当時の社会にもたらしたのは、真正の「わたし」という名の下に切り開かれた、それまで名指されてこなかった新しい領域に他ならなかった。その領域を特徴付けるのはなによりもまず、公的なディスコースとは一線を画すような私的で個人的な性格であり、さらにはそこから来る言明の率直さ、「真正さ」だったのである。

5……「雪どけ」の社会的想像力――「性愛関係」と「少年非行」

以上、「女生徒の日記」を中心として、この時期のポーランドの文化変容の特徴を概観した。そうした変容の具体的な諸相の分析は後の章に譲るが、ここでさしあたって確認しておきたいことは、当時のポーランドの公的言説においては、それまでの「社会主義建設」の称揚において呈示されてきたようなユートピア像およびそこにおける主体や自己のありかたが、根本的な疑問に付され、それにともなって新しい想像力のあり方が登場したということだった。それは、「社会主義建設」の輝かしいヴィジョンに変わって、当時のポーランドの「現実」の暗いヴィジョンを呈示するものであったり、あるいは社会主義的な「新しい人間」という人間像に代わって、私的な言語で語る「真正」な個人という主体のあり方を呈示するものであった。そこには、既存のスターリニズムのシステムの枠を超え、新たな価値を希求するような、一種のユートピア的な想像力の可能性がうごめいていたのである。

こうした新しい問題関心や社会的想像力のなかで非常に特徴的な形で析出されてきたのが、後に続く二つの章で扱うことになるトピック、すなわち、「男女の性愛関係」および「若者の非行」というテーマであった。これら二つのテーマがとりわけ特徴的なものとして当時の言説に現れるのは、それら各々における中心的登場人物（女性と若者）が共に、当時の「社会主義建設」という体制側が呈示していた「モダニティ」のあるべき姿において決定的な役割を果たすべきものとしてまなざされていたと同時に、ある意味でそうした「社会主義建設」の言説における最も感じやすい「急所」でもあったからに他ならない。

そもそも、女性と若者に対する当時の公的言説における関心の増大の背景としてまず挙げられるのは、当時の社会主義政権の平等主義的志向性であった。後の章で詳しく見るように、「社会主義リアリズム」の文学・映画作品においては、これら「女性」と「若者」という二つの集団が、共に社会主義国家建設の理念を体現するものとしてまなざされたのである。そもそも、そうした理想の社会主義国家建設のため、戦後権力を握った共産主義政権が第一に克服し、打ち破らなければならないものとされたのは、戦前ポーランドのブルジョワ資本主義体制であった。この戦前のブルジョワ資本主義体制において周縁的な位置におかれていた女性と貧しい若者を新体制の支持者として自らのうちに取り込むことは、新体制の強化のためにも必要不可欠であったのである。

第二の、より経済的な理由として挙げられるのが、戦後の混乱を経てすさまじい変動のただなかにあった当時のポーランドの社会状況である。一九五〇年から五五年にかけての「六ヵ年計画」において、ポーランドは急速な工業化・近代化による国家建設を目指していたが、このような急速な工業化は、当然のことながら大量の労働力の確保の必要性を生んだ。こうした労働力を主に補充したのが、若者、とりわけ農村の若者であり、この時期のポーランドにおいては農村から都市や工業地帯へと大量の人口移動が発生した（Słabek 2009: 131）。また、戦前のインテリ層を大量に追放した教育職や、工業化の中で大量の人員を必要とした技術職の現場においては特に人材難が顕著であったため、国家の近代化推進のためには至急この欠員を新たな体制の元で教育・訓練された人員によって埋めねばならなかった（Kosiński 2006: 27-29）。教育と職業訓練に対する大規模な予算投入のおかげで、それまで教育の機会を得られなかったような多くの人々、とりわけ下層階級の若者たちが、教育と訓練によって階層移動をなしとげることが可能になったのである。

農村の若者に加えて、女性もまた、この時期新しい働き手として大量に労働市場に登場した存在だった。家庭外で働く女性の数は、大戦による男性労働力の不足などの理由から、一九三一年から一九五〇年の間に約三倍も増え（Adamski 2002: 202-203）、またそうした戦時中における働く女性の増加という現実は、戦後に支配的となった社会主義イデオロギーにおける女性の地位向上と社会参加という理念とうまく符合した（Fidelis 2010）。後の第三章で見るように、「働く女性」の形象は当時の社会主義リアリズムの詩学において非常に大きな重要性を占めていたのである。

このように、当時のポーランドの政治的・社会的文脈において、女性と若者は、その政治体制及びそれが呈示する「モダニティ」の根幹に関わる重要な地位を占めていた。だが同時に、これら二つの領域は、そうした体制側の期待する役割から常に逸脱する恐れのあった、ある種プロブレマティックな性格を秘めたものでもあったのである。体制側の「男女平等」のレトリックを身につけた女性労働者たちが行う体制側への異議申し立てや、若い女性労働者のセクシュアリティは、時に体制側の不安を強くかき立てるものでもあった（Fidelis 2010）。他方、未来の社会主義体制の最も忠実な担い手となるはずの若者の間には、そうしたイデオロギー的意味付けを逃れるような理不尽な暴力や非行が蔓延していた。

「雪どけ」期のポーランドの文化変容のダイナミズムは、まさにこうした当時の公的言説におけるプロブレマティックで感じやすい領域に積極的に目を向け、そこから新たな自己や主体のあり方への探求へと向かっていった点にこそ見いだせるだろう。本書においてポーランドの「雪どけ」は、一貫してこうした視点から、すなわち、社会主義のユートピア的プロジェクトが部分的に無効になり、それへの幻滅が一挙に噴出したところに現れる、ある種の新しいユートピア的思考の噴出の時期として捉えられる。そこにおいて、賭けられたもの、目指されたものとは一体何だったのだろうか。次に続く二つの章では、当時の映画におけるこれらのテーマの扱いを分析することで、この点を更に具体的に検討してみよう。

第3章

「雪どけ」と性愛の表象——映画『地下水道』を中心に

1……はじめに——性愛へのまなざし

前章で論じたとおり、当時の社会状況の中で大きな変容を蒙り、とりわけ「モダニティ」と重要な関わりを持ったものとして議論の対象となったもののひとつに、以下本章で中心的に取り上げるような、私的な性愛関係へのまなざしと価値付けがある。以下で見るように、性愛関係への社会的まなざしは、スターリニズム・社会主義リアリズムから「雪どけ」へと至る変容の過程の中でも、最も大きな変容を被ったもののひとつであった。スターリニズム期のポーランドにおいては、この私的な性愛の領域は、極力公的言説の場から排除され、規制されるべきものだった。だが、こうした特異なまなざしは、一九五六年を境として大きく変容することになる。このような性愛をめぐる欲望・まなざしの変容は当時のモダニティのプロジェクトのなかでどのように位置づけられるのだろうか。そしてそこには、当時の社会のどのような想像力や自己意識が表れていたのだろうか。以下ではまず、社会主義リアリズムのポーランド映画（一九四九年～五五年頃）における性愛関係の取り扱い方について概観した後、一九五六年以降のポーランド映画、とりわけ「ポーランド派」と呼ばれる一連の映画におけるその変容を見る。特に、「ポーランド派」の中でも代表的な作品のひとつであるアンジェイ・ヴァイダ監督『地下水道』を詳細に分析し、この映画が当時の社会的文脈において何を問いかけ、観客の間にどのような反響を生んだのかを検討したい。(21)

2……社会主義リアリズムと映画

(1) 社会主義リアリズムと私的領域――欲望の置き換えと働く女の形象

先にも述べたとおり、一九四九年から五五年ごろまでの、俗に「スターリニズム」と呼ばれる時代においては、文学、美術、演劇といった各文化領域も大きな影響を被った。すなわち、「社会主義リアリズム」が唯一倣うべき教義とされ、それに則らない作品を発表することはほぼ不可能になってしまったのである。映画もまたその例外ではなかった。

現在、社会主義リアリズムの芸術は、その画一的・教条的な詩学や芸術的価値の低さから、二〇世紀の芸術史の中においていわば「鬼っ子」扱いされているようなところがある。(22)だが、本書の文脈において重要なのはそうした個々の作品の「芸術的価値」の評価ではなく、むしろこの社会主義リアリズムのドクトリンが、ある固有のユートピアのプロジェクトを提示する試みの一環であったという事実である。当時の映画・文学の多くが描いていたのは、「社会主義建設」へと向かうポーランド国家とその使命に目覚めた労働者階級であり、その建設に至るまでの様々な困難や「敵」との闘いであり、そして最終的に社会主義建設が実現された暁に到来すべき「新しい人間」の姿であった。

（21）　ここで、当時のポーランドにおける長編劇映画の製作状況について説明しておきたい。社会主義国家だったポーランドにおいて、映画産業はその製作段階から配給に至るまで、全て国家の資本・管理の下に行われていた。一九四五年には国営の映画製作会社「フィルム・ポルスキ」Film Polski が設立され、映画の制作・上映・配給などをほぼ独占的に引き受けることになった（Haltof 2002=2006: 88）。当局からの統制の厳しさは時期によって大きく異なる。最も検閲の厳しかったスターリニズム時代には、「社会主義リアリズム」の原則に沿わない映画を撮ることは不可能であったため、映画制作は概して低調であった。一九五二年には、「フィルム・ポルスキ」は「中央映画局」Centralny Urząd Kinematografii（CUK）へと改組され、より一層の統制が進むことになる（Lubelski 2009: 145）。しかし、「雪どけ」や一九五六年の「ポーランドの十月」と前後して、映画産業にも改革が行われ、これがポーランド映画の発展につながることになる。最も重要な変化は、映画制作を行うためのグループである「映画ユニット（映画製作プロダクション）」Zespół Filmowy という仕組みの導入（一九五五年）である。その結果、長編劇映画はそれぞれが自前の映画監督・脚本家などを擁する各「映画ユニット」によって個々に制作されるようになり、映画制作の現場は当局に対してある程度の自律性を獲得することになった（Haltof 2002=2006: 121）。こうした制度上の変化や当局の政治的な統制の緩和により、ポーランドの映画制作はこの頃一挙に盛んになる。このころのいわゆる「ポーランド派」に代表される一連の映画が観客の注目を浴びたのは、ソ連の圧力の下でタブーとなっていたような大戦の記憶やトラウマ、あるいは当時のポーランド社会の暗い現実などを積極的に題材として取り上げたからであった。多くのポーランド映画が国際映画祭で受賞を果たし、世界的注目を浴びたのもこの時期である。また、この時期は映画館数などのインフラも改善され（たとえば映画館は、都市の映画館・農村の映画館・移動映画館全て合わせて一九五七年の二九一三館から一九六一年の三五三二館と、約二〇パーセント増加した［Toeplitz (red.) 1980: 388］）、総観客動員数も一九五七年に延べ二億三一〇〇万人（［Toeplitz (red.) 1980: 417］）と、この時期頂点に達した。その後、検閲の再強化による映画産業の熱気の弱まり、テレビの普及などにより、観客動員は減少に転じていく。

（22）　もっとも、こうした一面的な芸術史観に対しては、近年多くの反論が提出されている。代表的なものとして、ロシア・アヴァンギャルドと社会主義リアリズムの連続性を論じた、グロイスの著作（Groys: 1988=2000）などを参照。

このような極度に目的論的・二元論的な社会主義リアリズムの価値システムにおいて、私的領域と性愛関係の領域は、とりわけ注意深く取り扱われるべきものであった。というのも、そもそも「私的領域」というものの存在そのものが、集団性・集合性を旨とする当時支配的だったイデオロギーと根本的に対立していたからである。ここで何よりも価値が置かれるのは「集団」であり、集団の理念に対立する者、集団を否定して個人主義に走りたがる者は、「反社会主義的」だとして激しく非難された。例えば当時の映画では、食事を工場・仕事場などの「共同食堂」で取るか、それとも妻が家庭で用意した食事を取るかといった事柄が、大きなイデオロギー的対立軸として描かれた。そこでは、妻を家に閉じ込めて食事を作らせ、共同食堂での食事を嫌がる夫などが批判的に描かれている。(23)

このように、当時の体制側の公式教義を全般的に特徴付けると、それは私的領域の存在する場を極力減らし、それに変わって公的領域、集合性の領域によって社会全体を覆おうとする試みであったといえる(Kosiński 2006: 37-38)。だが、ここにおいて問題となるのは、そのようにいくら私的領域を切り詰め、排除しようとしても、そこにはどうしても完全に排除しきれない私的な場が残されてしまう、ということであった。加えて、そのようにして排除することができなかった私的な場の残存物こそ、しばしば当時の人々の願望や欲望において重要な役割を果たしていたのである。性愛関係の領域もまた、そのような場のひとつであった。

したがって、社会主義リアリズムの美学はそうした領域を何らかの形で代替するようなものを提供する必要に迫られた。そのような代替物を国民に示すことで、公式システムの定義を逃れ出るこの親密性の領域に対処し、あわよくばそれを自らのうちに取り込もうとしたのである。

Ａ・シチェパンスカは社会主義リアリズムにおける「生産文学」に関する論文の中で、そうした性愛に対する代替物を提供するための戦略を紹介している。そうした戦略の中で最も特徴的だったのは、愛し合う男女の関係を「友情」に置き換えるというものである。多くの場合彼らは、「秘密の恋人同士としてではなく、陽気な共同作業の仲間として描かれる」。そこに描かれるのは、伝統的ロマンスにおけるような個人的で非対称な愛の形ではなく、対等な男女同士が「社会主義建設」という共通の目標に向かって共に歩んでいくという姿である（Szczepańska 2006: 71）。

当時のポーランド映画におけるこうした「戦略」の例を見てみよう。『マリエンシュタットの冒険[24]』は農村から出てきた若い娘がレンガ積み女工になることをめざして働く物語である。彼女は若くハンサムなレンガ積み工と恋に落ちるが、彼が「女が建設現場で働くなんて認められない」という上司の意見に組したため、二人の仲はこじれてしまう。彼らが再び結ばれるのは物語のクライマックス、男性労働者たちが女工たちを手伝って彼女たちの危機を救う瞬間である。ここにおいては「恋人として結ばれる」ということが「労働の対等なパートナーとして認め合う」ということによって初めて可能となるのであり、幸福な性愛関係は社会主義建設が達成された暁に与えられる「褒賞」として位置づけられる。

このように、「非理性的」な性愛が労働者同士の「理性的」友愛的性愛に取って代わられた一方で、当の「非理性的」性愛に存在したエロティックなまなざしそのものは、しばしば性愛関係ではない他の関係性の

(23)　例えば、『イレナよ、家に帰れ！』*Irena, do domu!*, Jan Fethke, 1955 などにこうした対立が描かれている。
(24)　『マリエンシュタットの冒険』*Przygoda na Mariensztacie*, Leonard Buczkowski, 1953。

中にこっそりもちこまれ、イデオロギー的目的のために利用されている。しばしば見られるのは、党の幹部などの体制側の権威や工場の職長、さらには印刷機などの機械に対してすらロマンチックな欲望を投射する方法である（Szczepańska 2006: 68）。典型的な例は『ワルシャワよりほど近く[25]』に見出せる。工場労働者である主人公の女性は、ある殺人事件に関して重要な証言をするのだが、工場の同僚は誰も彼女の言うことを信じてくれない。仕方がないので彼女はワルシャワの治安当局まで出向いて自分の話を聞いてもらおうとする。最終的に彼女は、大佐との面会を許される。登場した男性は、若くハンサムで、不安そうな顔をしている女主人公の腕に手をやりながら、力強くこう言う「あなたを信じます！」。社会主義体制の権威を象徴する彼は悩める女主人公に信頼と助言を与え、それによって力づけられた女主人公は再び障害を克服する力を取り戻すのである。

(2) ユートピアと性愛

スターリニズム期の文化はそのユートピア的プロジェクトを通じて、現実の人々が抱く様々な欲望・感情を自らのうちに取り込もうとしていた。社会主義リアリズム映画におけるエロティックな欲望は、労働と「社会主義のための戦い」へと回路付けられることでシステムが描くモダニティの中で意味を与えられ、それに奉仕するよう誘導される。

過去の社会主義体制全体を「過ち」とみなし、また社会主義リアリズムに否定的な反応を示す多くの論者にとって、こうした社会主義リアリズムの性愛に対する戦略は、しばしば「本来的な」性愛のあり方、男女の「自然な」感情に対する「抑圧」に他ならないものとしてとらえられる。例えばシチェパンスカによれば、社会主義リアリズムにおいて愛は「不可能だった」、なぜなら愛は「イデオロギーの時代おいては不可能だった」（Szczepańska 2006: 75）からである、という。だが、こうした単純な「本来の性愛―抑圧」という二項対立図式は、フーコーの議論を引き合いに出すまでもなくあまりにナイーヴであると言わざるを得ないのではないだろうか。むしろここで重要なのは、社会主義のプロジェクトが、自らの目指すユートピアの理念に従って、そこに存在すべき理想的性愛関係のあり方を描き出そうと試みていたという事実である。社会主義のプロジェクトにとってはそうした性愛のあり方こそが本来の、理想的な性愛のあり方だったのであり、それを単なる「自由な性の抑圧」と見做すことはできない。これらの映画表象は、性愛とそれをめぐる欲望を、「社会主義建設」というユートピアへと回路づけようとしていたのであり、それは、彼らなりのひとつのモダニティの試みだったのである。

無論、この戦略がどれだけ成功したかはまた別の話である。既に前章で述べたとおり、一九五三年にスターリンが死に、最終的に一九五六年の政変へと至る「雪どけ」の兆しが現れはじめるにつれて、こうした社会主義リアリズムの詩学によっては汲み取れないような欲望のあり方もまた徐々に人々のまなざしを惹きつける対象となっていった。そこでは、公的言説の中では汲みつくされることのないような「私的な感情」「個人的な真実」こそが、「真正」で「純粋」なものとして立ちあらわれてくる。それは、既存のスターリニズムのシステムの枠を超えうるような、何らかの「価値」の探求の試みであった。

一九五六年を境として、それまで守ることが義務付けられていた社会主義リアリズムは事実上放棄され、

（25）『ワルシャワよりほど近く』*Niedaleko Warszawy*, Maria Kaniewska, 1954。

ポーランドの映画製作は一挙に盛んになる。それらの映画の中で探求された「価値」とはどのようなものだったのか。次節で論じてみよう。

3……雪どけと性愛関係

本節では、一九五六年以後のポーランド映画において性愛と私的領域の問題がどのように考察されたのかを、とりわけ映画『地下水道』に焦点を当てて分析したい。まず、この時期の一連の映画における性愛関係への注目がどのようなものだったかを概観しておこう。先にも述べたとおり、「雪どけ」以前の社会主義リアリズムの詩学は、性愛関係をある意味で排除することによって成り立っていた。「雪どけ」の到来と共に、これらそれまで抑圧されていた想像力の領域が一挙に注目を浴びたのは、当然のことであった。それまで物語の後景に退いていた性愛関係のプロットが、ここに来て映画の中心的な要素として扱われるようになるのである。

興味深いのは、こうした私的領域と性愛関係への注目が、当時のポーランド映画においてはしばしば大戦の記憶における国民的大義、あるいは公的・社会的な使命や秩序と表裏一体のものとして現れる、ということである。一方において、「性愛」というものは、ここでは何か非常に大切なもの、「真正」なもの、かけがえのないものとして大きな価値を置かれている。そこでは、性愛関係の問題は主人公をはじめとした登場人物にとって人生の一大転機であり、それによって彼の人生がまったくその装いを変えてしまうような、決定的な重要さと破壊力をもった要素として描かれる。だが他方、この「かけがえのない」性愛関係の領域は、同時に何らかの国民的・公共的「大義」と矛盾・対立するものとして描かれることで、最終的に不可能になってしまうようなものになってしまっているのである。最も有名な例であるアンジェイ・ヴァイダ監督の『灰とダイヤモンド』[26]においては、「女性への愛」が「国家への愛」と対置され、主人公はその板ばさみになって苦しみながら、最後には国家への愛を選び、それによって悲劇的な死を遂げる。それは、社会主義リアリズムにおける性愛が「大義」が達成された暁に与えられる「褒賞」として、「大義」と何の矛盾もなく同居していたのと比べると対照的である。

こうした「愛」と「大義」の対立、より広く言うと「私的領域」と「公的領域」の対立というテーゼは、「雪どけ」期の文化的想像力において非常に特徴的なものだった。当時、ポーランド文学における若手作家を分析したヤン・ブウォンスキによれば、当時の文学においては一種の「エロティズムの神話」とでも呼ぶべきものが誕生し、そこでは「愛が政治にとって代わる」こととなる。だが、このようにして高い価値を付与された愛は、「聖なるものであるのと同時に不可能なものである」(Błoński 1961: 118-119)。「雪どけ」期の若者世代の代弁者と目され、花形作家として絶大な人気を誇った作家マレク・フワスコの小説に典型的に見られるように、若い恋人同士の間の純粋でかけがえのないように思われた性愛関係は、彼らをとりまく現実の醜さ、厳しさによってただちに不可能なものとなり、またそれ自身も醜いものに変わり果ててしまう。[27]こうした個人的性愛と公的領域の対立、あるいはそこに見られる一種のコンプレックスや不能感は、フワスコをは

(26)『灰とダイヤモンド』*Popiół i Diament*, Andrzej Wajda, 1958。
(27)例えば、『週の第八の日』(Hłasko [1957] 2004) など。

じめとした当時の若者世代にとって、とりわけ危機的な体験であった。

Ｉ・クシュによれば、こうしたポーランドにおける性愛関係にまつわる言説の複雑さを特徴付けていたのは、戦争による社会・家族の紐帯の破壊と社会主義リアリズムの性的ピューリタニズムを経た当時の社会における、性に関する「行為のモデルの欠如」に他ならなかった（Kurz 2005: 58）。そこでは、戦前からの価値観の残余、強力なカトリシズムの影響、そして、戦後の社会主義体制のイデオロギーなど、様々な価値体系や規範が交じり合い、一枚の複雑な絵を形作っていた。当時のポーランドにおいて性的行為はこうした様々な価値のシステムのはざまで、未だ適切な文脈やふるまいに関するモデルを欠いたままだったのであり、それゆえに当時の社会的想像力において非常にデリケートなものであったのである（Kurz 2005: 58; 2006a）。

こうした中、以下で論ずる映画『地下水道』は、一見ワルシャワ蜂起という近過去の国民的悲劇を題材にしている「歴史映画」でありながら、実はまさにこうした当時の社会における性愛の位置づけという議論に積極的に関わっているものとして読めるという点で、非常に興味深い論点を含んだ映画である。以下で詳しく論じよう。

（１）ポーランド派と『地下水道』――大義と性愛

アンジェイ・ヴァイダの『地下水道』(28)は、当時のいわゆる「ポーランド派」の代表的な映画の一つである。この「ポーランド派」は、そのスタイルにおいても、扱うテーマにおいても多岐にわたっており、それゆえこれらの映画全てに共通するような何らかの特徴を挙げることは困難である。しかし、この時期に制作された「ポーランド派」の映画の中でも、とりわけ当時の観客・批評家の注目を集めた主題を扱っている一連の映画があった。ここで紹介する『地下水道』のように、第二次大戦にまつわる国民の記憶を扱った映画がそれである。[29] とりわけそこにおける当事者たちの「英雄性」をどう解釈するかという問題は、当時のポーランド社会にとって非常にプロブレマティックなトピックであった。

第二次大戦にまつわる過去を扱った映画がとりわけ当時の観客・批評家の関心を集めたのは、そうした

(28)『地下水道』*Kanał*, Andrzej Wajda, 1956。原作の短編小説（Stawiński [1956] 2010）および脚本は、当時のポーランド派映画の代表的な作品とされる映画の脚本を多く手がけた名脚本家、イェジー・ステファン・スタヴィンスキ Jerzy Stefan Stawiński によるものである。この時期スタヴィンスキは、アンジェイ・ムンク監督の『エロイカ』（*Eroica*, Andrzej Munk, 1957）や『やぶにらみの幸福』（*Zezowate szczęście*, Andrzej Munk, 1960）など、他にも第二次世界大戦におけるポーランド人の「英雄性」を皮肉な形で描いた作品を何本も手がけている。またこの脚本は、実際にワルシャワ蜂起時に地下水道へと潜った経験のあるスタヴィンスキの実体験を基にして書かれたものでもあった（Lubelski 2009: 182-183）。脚本は一九五六年一月、「祖国の名誉のために」*Ku chwale Ojczyzny* というタイトルのもとに「シナリオ評価委員会」へと送られた。当初ヴァイダたちは脚本の修正を命じられるなど、映画制作の許可が下りるまでには紆余曲折があったが、最終的に三月に撮影開始の許可が下りたという（Lubelski 2009: 183-184）。

(29)『地下水道』は、『世代』（*Pokolenie*, Andrzej Wajda, 1955）や『灰とダイヤモンド』と並び、ヴァイダの《戦争三部作》と称されており、これらの作品はヴァイダの代表作であると同時に、この時期の「ポーランド派」を代表する作品として評価されている。これらの三部作は、いずれも対独パルチザンの構成員を主人公としている点で共通しているものの、それぞれの映画の主題や舞台は大きく異なっている。『世代』は人民軍 Armia Ludowa と呼ばれた共産党系のパルチザンの活動に身を投じていく主人公の成長を描いたものであり、これらの三部作の中では、それ以前の社会主義リアリズム映画の特徴をまだ色濃く残した作品である。他方、『地下水道』はワルシャワ蜂起とそこにおける非共産党系のパルチザンである国内軍 Armia Krajowa（AK）の活動を描いている。『灰とダイヤモンド』の舞台はすでに終戦時であり、元AKの兵士である主人公が今度は反共産党のパルチザンとして地下活動に従事するようになってしまった末路が描かれている。

テーマがまさに当時のポーランドにおける大きなトラウマを成していたからに他ならない。ここで紹介する映画『地下水道』で扱われたのは、一九四四年の対独ワルシャワ蜂起の失敗である。多大な犠牲を出しながらもいわば「無駄死に」に終わってしまったワルシャワ蜂起の犠牲については、戦争終結直後から複雑なまなざしの交錯が見られた。蜂起が起こった時、ソ連軍は既にヴィスワ河対岸まで進軍していながら「あえて」手助けをせず、結果的に蜂起を見殺しにした。これは一説では反ソ的でロンドンの亡命政府をバックとしていた蜂起軍の政治的意図を嫌ったためだとされている。こうした経緯もあり、スターリニズム時代には、公的な雑誌・メディアの言説において、ワルシャワ蜂起に関する話題は一種の「タブー」であった（Szacka 2006）。体制側は自らに対立するロンドン亡命政府をバックとしていた蜂起指導者たちを、自分たちの個人的な政治的意図によってワルシャワを灰燼に帰した張本人として強烈に批判したが、他方、蜂起に参加した一般の兵士たちの記憶やトラウマは、こうした公的言説の中で決して回収されることはなかった。

「雪どけ」と共に、それまでタブーだったワルシャワ蜂起や反共産系対独パルチザン（ＡＫ）兵士の名誉回復についての言説が、徐々に現れるようになってくる中、『地下水道』は「ワルシャワ蜂起を描いた最初の映画」として、公開前から大きな注目を集めた。だが、公開後のこの映画がもたらした反響は非常に両義的なものであった。わが国でもよく知られている通り、『地下水道』は一九五七年のカンヌ映画祭で絶賛され、特別審査員賞（Prix spécial du Jury）を受賞することによってヴァイダの名を世界的に有名にした作品である。(30) だが他方、この映画がポーランド国内では大きな批判的意見と議論を巻き起こしたことは、海外におけるヴァイダ評価においてはほとんど知られていない。海外の観客が絶賛したのはもっぱらヴァイダの映画の高い芸術性であったが、ポーランド国内においてヴァイダの映画は、まさに公的言説におけるタブーとそれにまつわるポーランドの国民的トラウマをじかに揺さぶるものに他ならなかったのである。

『地下水道』をめぐる一般的評価は当時から現代に至るまで以上のようなコンテクストにおいて、すなわち、ワルシャワ蜂起の悲劇とそれにまつわるトラウマをポーランドの伝統的なロマン主義的モチーフの延長線上において描いたという評価において分析されることが多い。だが、本章はとりわけ、この映画における性愛関係の描かれ方にこそ注目したい。興味深いことに、このヴァイダの映画をめぐる蜂起の「真実」とそこにおける「英雄性」をめぐる議論において、性愛関係の表象はそれと表裏一体のものとして登場するのである。そしてそこにこそ、この映画が当時の一部の観客の間に巻き起こした強い拒否反応の原因を解く鍵がある。だが、当時の言説をめぐる分析は後に回すとして、まずはこの映画における性愛関係の表象を詳細に分析しておこう。

ヴァイダの『地下水道』は、ワルシャワ蜂起に参加したある一部隊の「最後の一日」を描いたものである。冒頭、荒れ果てたワルシャワ郊外を歩くこの一部隊の姿が映し出される。この映像と共に流れるナレーションによって観客は、この映画で描かれるのがこの一部隊の最後の一日であるということ、この部隊の中からは誰も助からないということを、あらかじめ知らされている。そもそも、ナレーションに教えられるまでもなく、ポーランドの観客はみな、このワルシャワ蜂起が悲劇的な敗北に終わったという、最終的な結末をも、あらかじめ「知っている」。従って、この映画の中心に据えられるのは、彼らが「勝つかどうか」「助かるか

(30)　カンヌ映画祭公式サイトのアーカイヴ情報の一九五七年の項（http://www.festival-cannes.com/fr/archives/1957/awardCompetition.html）を参照。

どうか」ではなく、「いかに死ぬか」ということである。

続く映画前半部の一連のシーンで何よりも眼を引くのは、そこで描き出される性愛関係のグロテスクさである。というのも、この部隊はもはやドイツ軍に追い詰められており、彼らは死と隣りあわせでいるにもかかわらず、そしてわれわれはあらかじめ彼らが全員死ぬことを「知らされている」にもかかわらず、そこで描き出されるのは、ある種退廃的・快楽主義的な、それゆえにその場の状況に「ふさわしくない」と思われるような、性愛関係の姿だからである。

もうまもなく戦闘が始まろうというとき、ヤツェク・コラブがひげを剃りに蜂起軍のアジトの二階に上がっていって扉を開くと、そこには副官のモンドリと彼の愛人ハリンカが裸でベッドに寝ている。ヤツェクはあわてて扉を閉めようとするが、モンドリは「構わん」と言って彼を押しとどめる。ヤツェクが「今はそんなことをする時じゃないだろう」というと、モンドリはこう応える「今はその時さ。しかも最高のな」。彼はハリンカと見つめあいながらこう言う「俺たちは愛し合っているんだ」。こうした彼の一連の振る舞いは、まるで自らの男性性と性的放埓さをヤツェクに見せつけようとしているかのようである。しかも、モンドリのマッチョな外見、がさつな喋り方、ハリンカの扱い方は、自らの「俺たちは愛し合っているんだ」という言葉とは裏腹に、彼のハリンカへの気持ちは真剣なものではなく、単なる一過性の欲望によるものだということを如実に示してしまっている。

ヤツェクは洗面所に入ってひげを剃りはじめる。と、そこへ地下に潜っていた連絡係の「デイジー」Stokrotkaが帰ってくる。デイジーはどうやらヤツェクの恋人のようである。だが、親しげにヤツェクに近づいてくるデイジーに対して、ヤツェクはわざとそっけない態度を取る。彼はデイジーのことを、誰とでも寝る「尻軽女」「売春婦」だと思っているのである。「(地下水道から戻ってきたので)身体を洗え！　臭うぞ！」と言い放つ彼のセリフは、こうした彼のデイジーに対する態度を典型的に表している。それに対してデイジーのほうは、「わたしはあなたのためだけにここに帰ってきたのよ」と言って彼への忠実さを主張はするものの、大部分においては彼のこうした扱いを受け入れ、「売春婦」としての自分の役割を楽しんでいるようさえ見える。実際、彼女の不敵な様子、コケティッシュな外見などは、観客の目にも彼女を「誰とでも寝る」尻軽女だという印象を与える。こうした一連の会話の後、彼らは愛撫を始めるが、その行為は敵の砲撃によって中断されることとなる。

こうした一連のシーンは、その異様な存在感と雰囲気で観客の目を打つ。実際それは、まったくその場に「似つかわしくない」のであり、ヤツェクが言うとおり、敵の攻撃を間近に控えた今は、まったくもって「そういう時じゃない」のである。しかも、そのように自らの命さえも賭した戦いのさなかだというのに、彼らの性愛関係は異様なほど快楽主義的な印象を与え、そのことがこれらのシーン全体に奇妙なグロテスクさとナンセンスさを生んでいる。あたかもそれは、彼らの命を賭した崇高な「大義」、そこにおける彼らの「英雄性」を、そうした性愛関係が不思議な形で侵食しているかのようでさえある。実際、後に見るように、当時の観客の多くはこうしたシーンに違和感を覚えたのである。だが、それについては後にまた見るとして、今はこの性愛関係のプロットがこの先どう展開するのか見てみよう。

敵の攻撃を受けて追い詰められた部隊は地下の下水道に潜って逃げることになる。ここからが映画の後半部であり、この映画の最大の見せ場である。地下水道に潜った兵士たちを待ち構えていたのは、暗く閉ざされた地獄のような世界であり、そこから来る閉所恐怖、集合的パニック、狂気、絶望である。部隊は徐々にばらばらにはぐれ、その各々が死んでいく。ある者は気が狂い、ある者は自殺し、またある者は地上に出たところでドイツ軍に捕らえられてしまう。映画の最後、司令官が無事地上に脱出することに成功するが、彼は後ろを振り返って驚愕する。彼は、副官から「みんな後ろからついてきている」とずっと言われ続けていたのに、それは全て嘘で、無事に出てきたのは彼と副官の二人だけだったのである。「助かったんですよ」と言って喜ぶ副官を撃ち殺し、司令官は再び「彼の部下たちが待つ」地下へと戻っていく。もちろんその部下たちは、観客にとっては明らかなのだが、皆既に死んでしまっている。

では、この後半部では、映画前半部で快楽主義的に描かれた性愛関係は、どのような形で展開したのだろうか。驚くべきことに、前半部で既に「その場にふさわしくない」効果をもたらしていたこの性愛関係は、後半部になるとさらに反転し、そのことによって前半部以上にその場に似つかわしくないものとなっているということである。というのもここでは、前半部では退廃的・快楽主義的に描かれていた性愛関係が、その「真正さ」と「かけがえのなさ」を露わにし、そのことによってより大きな「大義」をすら乗り越えてしまうからである。

モンドリとハリンカの性愛関係は、共に地下水道をさまよっていた二人が袋小路に行き当たってしまうことで文字通り「行き詰る」。「必ずどこかに出口があるはずだ」と先を急ごうとするモンドリに対して、ハリンカのほうは「私もう動けないわ。もうこれで最期よ」と言う。彼女の言葉に感じられるのは悲壮感どころか、愛し合う二人で共に最期を迎えることに対する満足感のようでさえある。だが、その言葉にいきり立ったモンドリは、「最期であってなるものか。他の人のためにも俺は生きなきゃならないんだ」と叫ぶ。彼の自分への愛情を信じて疑わないハリンカは、「他の人って誰よ。だってあたしはここにいるじゃない」と問うのだが、モンドリはそれに対して「何を馬鹿なことを。俺には残してきた妻子がいるんだ」と怒鳴り散らす。ハリンカは暗い目で「おかしいわね、妻子なんて始めて聞いたわ」と言いながらじっと彼を凝視する。だが、そのハリンカの異様な雰囲気に全く気づかないモンドリは、「さあ、立つんだ」とハリンカをせかしながら自分が先頭に立って先を急ごうとする。彼が歩き出したとき、背後で銃声が響く。ハリンカが自殺したのである。

このハリンカの自殺は、G・スタフヴナが論じるとおり、国家の「大義」と明白に対立する性格を持っており、それゆえにこそ「真正な」ものである。

> 従ってハリンカの自殺は、裏切られた愛による古典的な死であり、打ち捨てられ深く幻滅した女性のメロドラマチックな死であり、敵に包囲され、自殺によって自らの名誉を守る兵士の死ではないのである。戦時下においては、個人的理由、センチメンタルな理由による自殺は禁じられ、祖国のためにのみ死ぬことができる。この観点から言えば、ハリンカの愛、そしてその後の地下水道での死は、「強権的な愛国主義的命令」に対する少女的・ロマン主義的な反抗として読める。(Stachówna 1998: 55-56)

では『地下水道』のもうひとつの恋愛プロットである、デイジーとヤツェクの恋愛はどうであろうか。興味深いのは、こちらもまた別の形で「大義」というものに対立しており、その中でデイジーのヤツェクへの愛はある意味で成就するということである。重傷を負い動けなくなったヤツェクをデイジーは必死で支え、出口へと導こうとする。彼女は以前から連絡員として地下水道を頻繁に行き来していたので、地下水道の地理や出口の場所に詳しかったのである。彼らは河へと出る出口にやっとのことでたどりつき、その瞬間二人は希望に満ち溢れるが、近づいてみるとその出口には鉄格子がはめられていて出られないようになっている。デイジーはそれを見て絶望にうちひしがれるが、もはや目も開かないほど消耗しきったヤツェクは、出口が鉄格子にふさがれていることさえ気づかない。「もうすぐ助かるわよ」と慰めるデイジーの言葉を信じながら、彼は微笑みながら死んでいく。

ここで何よりも明白な形で観客の胸を打つのは、映画前半部で「尻軽女」として登場したデイジーが、実は本当にヤツェクを愛していたということであり、しかもその愛情は心からのものであったということである。彼女は、自分ひとりならいくらでも地下水道から出ることができたにもかかわらず、傷を負ったヤツェクに最期まで付き添い、彼と運命を共にしたのだから。ここに、前半部では退廃的なものとして描かれた二人の性愛関係は、「真正なもの」となるのであり、二人の死による挫折にもかかわらず、ある意味では完全に成就している。そしてそれは、国家の「大

図6　『地下水道』のヤツェク。背後の地下水道の壁には「ヤツェクを愛してる」の文字が見えるが、すでに意識が朦朧としている彼はその文字を読むことができない。
“Kanal”, dir. Andrzej Wajda, © KADR Film Studio 1956 / www.sfkadr.com

義」に対立するばかりでなく、それを乗り越え、超越するような次元さえ持ったものとして描かれているのである。[31]

(2)「大義」と「性愛」をめぐって――観客の反応から

こうして、ヴァイダの映画は、当時の社会・文化においてホットなトピックであった第二次大戦における「国家的大義」という問題に、より個人的で私的な「性愛関係」の問題を重ね合わせることで、単に国民的オブセッションであったワルシャワ蜂起に関する議論という次元を超えて、より広い文脈で当時のポーランド社会における「性愛」というものの位置づけについての議論を提供していたのだといえる。そこでは私的な性愛は、もはやかつてのようにそれより大きな「大義」に一方的に尽くし、その大義が達成された暁に褒賞として与えられるのみではない。むしろここでは、性愛はそれ自体独立した、固有のかけがえのない価値

(31)　このことを象徴的に表しているエピソードがある。司令官たちは、地下水道の中で出口を指し示す壁書きの標識を見つけようとするのだが、どんなにさがしてもなかなか見つからない。やっとのことで、壁に白いペンキで書かれた文字を見つける。やっと探し当てたと思い狂喜乱舞して近づいていくのだが、懐中電灯に照らされたのは標識ではなく、(かつて連絡係として地下水道を探索していたデイジーが落書きした)「ヤツエクを愛してる」という文字であった(図６の壁面に描かれたKocham Jackaという文字を参照)。司令官たちはその文字を前にして、ただ絶望に打ちひしがれる。このシーンが象徴的に表現しているのは、「大義」の挫折と、それにもかかわらずその挫折の中、その「大義」をまさに圧倒するかのように燦然と光り輝く「個人的な性愛関係」である。実際、懐中電灯に照らされた「ヤツエクを愛してる」の文字は、真っ暗な地獄のような地下水道の中で、文字通りただ唯一の「道しるべ」であるかのごとく白く浮き上がっているのである。

を持ったものとして、大義をも超越するような独自の次元を内包したものとしてまなざされる。実は、この個人的・私的な幸福と公的・国家的な大義との対立というテーゼは、一九世紀以来のポーランド・ロマン主義の神話・伝統に典型的なものであり、ヴァイダの映画もまさにそうした国民的「神話」に言及・参与するような性格を持ったものとしてしばしば論じられてきた。だが、ここで注目したいのは、この映画で議論の対象となる個人的幸福、つまり性愛関係は、奇妙なまごつきや戸惑いを喚起させるような形で描かれているということなのである。このような場面では、性愛関係はそれと対立する「大義」と直接的に対立するというよりは、むしろその違和感によって大義を内部から侵食していくような、不気味な破壊力を持った両義的存在であると言える。

事実、当時の観客はこのヴァイダの映画における「性愛」が持つ違和感に敏感に反応した。意外にも、公開後に『地下水道』を待っていたのは、多くの批評家・観客からの猛烈な非難だったのである。そのすぐ後に『地下水道』がカンヌ映画祭で特別審査員賞を受賞するという、当時のポーランド映画としては画期的な快挙を成し遂げた後も、批判はおさまらなかった。[32] さらに驚くべきことは、これらヴァイダの映画への批判の多くが、強烈に感情的なものだったということである。一言で言えば、彼らはヴァイダの映画を見て「気分を害した」のである。一体ヴァイダの映画の何が、これほどまでに彼らを怒らせたのだろうか。

典型的な批判のひとつは、ヴァイダの映画がワルシャワ蜂起に関する「真実」を全く描いていない、という批判であった。こうした批判は、実際に蜂起に参加した経験を持つ観客から多く寄せられた。例えば、自らも実際にＡＫの兵士としてワルシャワ蜂起に参加し、後には「連帯」運動の主導者のひとりとして体制転換後の新政府で外務大臣を務めることにもなったＷ・バルトシェフスキは、当時『地下水道』について以下のような映画評を書いている。

何よりもここで明白に指摘すべきは、『地下水道』の上映に際して、「ワルシャワ蜂起に関する最初の映画」という宣伝が伴っていたということだ。このことによって、われわれ観客は次の問いに対する答えを出す義務があるかもしれない。『地下水道』は、イデオロギー的、歴史的、心理的、そして物語的に、蜂起という出来事、あるいは少なくともその断片の忠実な描写を提供しているか？この問いに対する答えは最大限に批判的なものになるだろうし、いわんやこの映画を賞賛することなど決してありえないだろう。

まったくのところ、『地下水道』はワルシャワ蜂起に関する歴史映画ではないし、蜂起に関する心理描写にもなっていない。（……）それゆえ『地下水道』〔の制作者たち〕にとっては、この映画を単に死に脅かされた人々の内的なコンフリクトや体験、感情を描写したものと評価してもらうほうが安全であろう。だが、こうした評価はたいへん一方的なものである。というのも、制作者の意図がどの程度宣伝と一致していたかどうかに関係なく、何十万もの観客は『地下水道』の中にワルシャワ蜂起に関する何らかの簡潔な真実を捜し求めてしまうのだし、また今後も捜し求め続けるだろうからである。だが、彼らはこの映画の中に真実を見出すことはないのだ。（Barroszewski 1957: 22）

(32)　もちろん、他方では多くの絶賛の声も聞かれた。なお、『地下水道』をめぐる当時の様々な言説の錯綜に関しては、I・クシュ（Kurz 2006b）が分析を行っている。本章はこれらの言説の中でもとりわけ性愛関係の描写に関連したものを中心に紹介する。

こうした批判は、一見『地下水道』の歴史的な「リアリティ」や事実への「忠実さ」を問題にしているかのように見える。実際、こうした事実レベルにおいて映画に描かれた表象が実際のワルシャワ蜂起の現実と「一致していない」という批判は、単純な事実関係に関するまちがいから、登場人物の喋り方や服装といった細部の指摘に至るまで、多くなされた。だが、注意深く読まなければならないのは、こうした一見純粋に客観的な事実レベルの問題を取り上げているように見える批判が、実は非常に感情的な動機に基づいているものだということである。バルトシェフスキのその後の具体的な批判を見てみよう。

> 規律正しく統制の取れた蜂起軍の部隊は（そしてザドラ中尉の部下たちはそのように振舞っている）、われわれの多くが自分たちの経験から知っているように、最も悲劇的な瞬間にさえ助かる見込みはもっと大きかったのだ。というのもそうした場合において決め手となったのは、平常心と自制心であったからだ。部隊の指揮官、すなわち、地下活動において何十人規模の中隊を組織し、指導することのできるはずの人間が、この映画の中では自分の部下たちに向かってひっきりなしに状況の希望のなさを説く、悩んでばかりの無能な男として描かれているのだ。（Bartoszewski 1957: 22）

こうした批判において明白に読み取れるように、この論者が実際に腹を立てているのは、単にヴァイダの映画が「事実に忠実でない」ということ以上に、それが蜂起参加者たちの有能さや優れた人間性、そして「英雄性」をある意味で貶め、軽んじているということに対してなのである。そもそも『地下水道』は、ポーランド国民にとって大きな悲劇であり、しかも長い間それについて語ることが禁止されてきたテーマであるワルシャワ蜂起を扱った「初めての映画」だったがゆえに、それに対する観客の期待は非常に大きなものだった。多くの観客はこの映画に、蜂起に関する一種の叙事詩的な総決算を求めていたのであり、それによって蜂起の体験を一種の「国民の記憶」の中に整合的に包摂してくれることを望んでいたのだと言える。こうした観客にとって、ヴァイダの映画がショック以外の何物でもなかったということは、容易に想像できることである。

そして何よりも重要なことに、まさにこの『地下水道』における英雄性の貶め、蜂起に関する「真実」の損ないという点に直接関わってくるのが、上で分析した性愛関係のプロット、とりわけそこに描かれる女性の表象に他ならなかった。この点において、『映画』*Film* 誌や『銀幕』*Ekran* 誌といった、一般映画ファン・大衆観客向けの映画雑誌に寄せられた読者からの声は興味深い。というのも、これら読者からの声は、その非常に直観的な物言いによって、ヴァイダによる「英雄性」の貶めを、上に見たような「私的領域」の描写、とりわけ性愛関係に関する描写に関連付けているからである。

> 映画監督さんたち、あなた方は、一体どんな夢想の中からこんな蜂起を、こんな蜂起参加者たちを思いついたのですか?あなた方が自分たちの映画で見せているもの、それは、あの英雄的な蜂起参加者たち、英雄的な少女たち——彼らが、*自堕落な軍人たち、放埒な小娘たち、恋にうつつを抜かしたお嬢さんたちであったということ*です。あなた方がわれわれにくれたもの、それは、全く虚偽的な、受け入れがたい、幼稚な蜂起の像です。
>
> ——モコトゥフから来た男(スウプスク在住)(“Opinie czytelników o filmie ‘Kanał’ ” 1957: 15、ただし強調は筆者による)

地下水道で自殺した女性のキャラクターが私には不愉快でした。**こんなメロドラマチックな行為は、花柄模様の壁紙の張られた少女チックな部屋の中ででもすればいいでしょう。ハリンカの銃声は映画の中の不協和音のように響きました。**　――バルバラ・コシンスカ（ワルシャワ在住）（“Opinie czytelników o filmie ‘Kanał’ ” 1957: 15、ただし強調は筆者による）

（……）例としてあの下品なラブシーンを取り上げてみよう。あのシーンでは、〔蜂起軍の〕若い女性が、あたかも西側の従軍売春婦をモデルにしたような描かれ方をしている。私は、自分自身これらの女性と共に戦った経験を持つ若い男性としての立場からだけでなく、また専門的な社会学の研究者（私は例えば、『女性の社会学』の著者である）としても次のように言うのだが、私は、こんな状況でこんな性的体験をするような男性たちやこんな少女たちを誰かが思いついたということに、まったく驚いているのである。もちろん、戦時においては性的関係は道徳的規範の欠如を強くこうむるものだし、また激情的な形をとるものでもある。だがそうしたことは、（性別が混合しているような）こうしたグループにおいては、グループの自己防衛の観点から、制限された境界線上で起こるものなのである。対して『地下水道』におけるこうしたエロティシズムの自由な多用は、この重要な現象についての社会学的・心理学的理解を欠いたものであり、単に観衆に不快感を起こさせるのみならず、自分の人生の法則の感覚を持っている観客を侮辱するものでもある。こうした心理学的矛盾は人間の心や魂をぞっとさせるようなものである。とりわけ、こうした矛盾が国民的聖域を侵すようなときはなおさらである。ポーランド人にとってワルシャワ蜂起はまさにこうした聖域なのであり、そこではわれわれの最良の息子・娘たち、兄弟姉妹たちが散っていたのである。この聖域に戦場売春宿のような要素を持ち込んだのは許されることではない――というのも実際そんなものはあの不幸な英雄たちの間には全く存在しなかったからだ。（……）――スタニスワフ・シャンテル博士[33]（"Dyskusja o 'Kanale'. Listy do redakcji" 1957: 10）

これらの観客にとって、「性的」な存在としての女性は、ワルシャワ蜂起の「大義」や「英雄性」とは全く両立不可能なものだった。彼らが見せる怒りや戸惑いは、当時のポーランドの公的言説において、性愛関係というものがいかにプロブレマティックなトピックであったかということを如実に示している。それは単に（現代におけるわれわれもしばしばそうした反応を示すように）、ワルシャワ蜂起という「悲劇的事件」の中に安っぽいメロドラマを持ち込むことに対する単純な拒絶感ではなかった。むしろここでは、性愛そのものが徹底的に何か不適切なもの、スキャンダラスなものとして立ち現れるのである。

そして、この性愛関係と大義との間の二律背反は、単にワルシャワ蜂起という「過去の歴史」にのみ関わるものではなかった。むしろこの映画は、一九五〇年代中頃という「現代」における性愛関係の問題を直接名指ししているのである。というのも、しばしば多くの観客が最も困惑したのは、ヴァイダの映画に登場する男女の性愛関係が、まるで「一九五六年の若者」の性愛関係にしか見えないということに対してだったのである。ある論者は『地下水道』の登場人物たちの会話やふるまいについて次のように嘆いている。「これは一体ワルシャワ蜂起の参加者たちなのだろうか、それともフワスコの小説の登場人物なのだろうか？」

（33）ちなみに、この投稿者S・シャンテルによる著書『女性の社会学』（Szanter 1948）は、女性の「自然」な母性的価値を称揚すると同時に女性の社会進出・地位向上をも唱えた著書であり、当時のベストセラーとなったという（Fidelis 2010: 20-21）。

(Czechot 1957: 7)。当時の観客たちが『地下水道』の登場人物たちに関して違和感を抱き、「一九五六年の若者のようだ」と思ったのは、とりわけ彼らの喋り方や服装に関してであった。[34] だが、こうした演出上のアナクロニズム、あるいは単なる歴史考証の不備と受け取られかねない問題は、決して単なるミスではなく、当時の映画制作におけるヴァイダの意図と密接に関連していたと見るべきである。ポーランド映画史家のT・ルベルスキ（Lubelski 1992）が指摘するように、実は当時ヴァイダが最も制作したいと願っていたのは、当時の同時代の若者を扱った映画であったと思われるふしがあるのだが、いくつかの事情が重なって結局ヴァイダはそうした映画を撮れなかったのである。かわりに彼は、歴史映画である『灰とダイヤモンド』や『地下水道』において、こうした現代的テーマに言及しようと試みたのである（Lubelski 1992: 161）。こうした点を考慮すると、『地下水道』の若者たちの描き方に見られるアナクロニズムは、むしろヴァイダが意図的に行ったものと推察することができる。ここでヴァイダは、一九五六年当時の若者たちの想像力における性愛を直接的にテーマにし、それをワルシャワ蜂起という国民的神話の中にあえて「不協和音」として持ち込むことで、性愛というものの位置づけに関する一種の国民的議論を提供しようと試みていたと考えられるのではないか。

従って、ヴァイダの映画の中に見られるのは、まさに一九五六年当時のポーランド社会の想像力において性愛というものが置かれていたジレンマそのものであったのである。ここでは性愛は、それ自体で固有の価値を有した純粋でかけがえのないものとして再発見されるのだが、他方においてはそれは依然として、それと対立・矛盾する「大義」を何らかの形で参照することによってしか存在し得ず、そのことによって根本的に不適切なもの、当惑を与えるものともなりうる。ヴァイダの映画は、それに対する観客の反応も含めて、当時の社会における性愛に関する複雑なまなざしの交錯を、そのまま反映していると見ることができるのである。

4……性愛への「まごつき」――「性の解放」の隘路

以上で概観してきたポーランド映画における「性愛関係」をめぐるまなざしの交錯に見られるとおり、性愛関係と親密性の問題は、スターリニズムを経た五六年以後のポーランド社会においてもなお非常に微妙な問題を含んでいた。五六年以後のポーランドにおいて、かつてのスターリニズムのシステムの枠を超えるような可能性への期待が、まさにスターリニズム期においてその存在が「否認」されていた性愛関係の領域へと向かったのは、至極当然のことであったといえよう。

そこで前景に現れる性愛は、非常に両義的な存在である。一方で性愛は、いわゆる「近代的性愛」、すなわちギデンズによれば、純粋で、再帰的で、個々人にとってますます重要な自己自覚的達成課題として達成されるべき「純粋な関係性」としての特徴を全面的に表している（Giddens 1990=1995）。社会主義的モダニティが呈示した、合目的的でユートピア的な性愛のあり方、「新しい人間」の理想的な性愛のあり方は、同時にそれに回収しきれないような大衆的欲望を取り残してしまう。そうした欲望が自らの受け皿として見出したのはまさにこうした「資本主義的な」性愛のあり方だったのだと言えるのではないか。そこではこうし

（34）　この点に関しては、クシュ（Kurz 2006a, b）が詳しい。

た純粋な性愛のありかたはますます「自然なもの」「本来的なもの」「かけがえのないもの」として本質化・神秘化されるのであり、他方社会主義プロジェクトの抑圧的なシステムは、そうした「本来の」性愛のありかたを歪め、抑圧するものに他ならないと捉えられる。

だが、一九五六年以後のポーランドにおいて、この新たに発見された性愛は、なお依然として、それの参照項としての社会主義的プロジェクトとの関係において、独特の問題構成を有していた。だからこそ、性愛関係をどのように位置付けるかという問題は、常にまごつきと戸惑いを引き起こしかねないものであった。

このまごつきと戸惑いの存在を如実に示す興味深い証言がある。『地下水道』に関する当時の雑誌評の中でもその意外さと奇妙さでひときわ目を引くその証言は、当時『地下水道』を鑑賞した映画館の観客に関するものである。何人かの論者が指摘するところによると、映画の最も「悲劇的な部分」で、しばしばこれらの観客から「忍び笑い」が聞こえたというのである。

> デイジーが地下水道の中で簡潔にコラブに語りかけながら、躊躇せずに例の有名な「カンブロンヌの言葉」〔罵倒などに使われる卑語のこと〕を使うとき、映画館の中でわれわれの観衆は長く続く笑いを爆発させる。このデイジーの口から発せられた乱暴な言葉や、他のこれに類するいろいろなシーンが、観客たちのうちに騒ぎを引き起こす。彼らはとたんに自由の戦士たちの英雄的な死の恐怖すべてに背をむけてしまうのである。
> （Żdżarski 1957: 6）

別々の場所で別々にこの映画を鑑賞した複数の論者もまた、これと類似の記述をしていることから察して、『地下水道』を前にしたこうした反応は、当時の一般観客、とりわけ若者の間においてはかなり一般的なものだったのではないかと推察される。だが、この奇妙な忍び笑い、現代の我々の眼から見ると、『地下水道』の悲劇的なイメージにはまったくそぐわないように思われるこの失笑は、いったいどこから来たものなのだろうか。これらの雑誌記事からは、これらの観客たちが正確に映画のどの部分に影響されて笑いをもらしたのか、確実に特定することはできない。だが、これまで見てきたような、この映画における性愛の描き方に対する多くの観客の強烈な反応を思い浮かべると、これらの若者たちが笑いをもらしたのも、まさにこうした性愛関係の描写に対してではなかったかと仮定してみたくなる。先に指摘したとおり、『地下水道』は一見して歴史映画のように見えながら、実はまさに一九五〇年代中ごろという「現代の」若者たちの生を直に意識し、彼らに向けることを意図して作られた映画だった。マレク・フワスコをはじめとした若者文学において端的に見られたように、性愛関係の領域はこれら若者たちにとってとりわけ危機的な問題であった。あの映画館の若者たちの忍び笑いは、まさにこの彼らにとって最も感じやすい部分を目の前に突き出されたことに対する、当惑を表していたのではないか。

先に紹介したI・クシュの論にあったとおり、性を前にしたこのとまどいやまごつきは、戦後の荒廃と社会主義体制の導入という、戦後ポーランドが置かれた特殊な政治的・社会的環境によるところが大きかった。だが、一九五六年の「雪どけ」がひと段落つき、ポーランド社会が一九六〇年代の「小康状態」という相対的安定と現状追認主義の時代に入ってからも、社会主義的モダニティの中で性愛というものをどう位置づけ、どう扱うかという問題は、ポーランド社会にとって依然として答えの出ない問題であり続けたのである。

「ポーランドの十月」から一〇年後、映画批評家のジグムント・カウジンスキは、現代ポーランドの性愛における「ネオピューリタニズム」について述べている。

知られている通り、過去の動員の時代〔スターリニズム時代を指す〕は、私的感情生活の熱狂に多くの場所を与えなかった。このよろいからの解放は爆発的でスキャンダラスな形でもたらされたが、だが同時にそれは表面的なものであった。文学は、これまでもっぱら人目につかない場所の壁に落書きされるだけだった言葉に溢れ、雑誌には、さらに自由な西側の週刊誌から引き抜かれた服を脱いだ女の子たちの写真が現れ、ショーはポルノグラフィーのような様相を呈しだした。これは単に、そうしたことが犯罪であった長い時期の後で、言語を幼児的に見せびらかしているだけではないだろうか。残念ながら、今も昔も、真のブレイクスルーにはまだ程遠いのである！（……）

それは、「ネオピューリタン的」とでも名づけられるようなコンプレックスである。これは大きなイデオロギーの下で育ったパートナーたちが、つつましやかな夫婦生活に入るときに起こる特別な種類の問題である。この、両性の間に存在する障壁は、既に「生産」文学〔社会主義リアリズム時代に多く書かれた、社会主義的生産をテーマにした文学のこと〕に見出すことができる。そうした文学は労働者や活動家の愛を不器用な動作のかたちで示すのであり、そうした動作は（……）その感情の素直さと形式のナイーヴさの間の不均衡のために、こっけいでさえある。（……）

この問題は少なくとも、私的悦びを抑圧するイデオロギー的障壁が消えたことによって自動的に解決されるものではない。価値のヒエラルキーが変わったという事実、新たな感情的価値を持った人生を拡大することを妨げるものはもはや何もないという事実も、依然このコンプレックスを解消しはしない。（Kałużyński 1966: 65-

67）

こうした、一見M・フーコー（Foucault 1976=1986）が指摘した「抑圧仮説」に基づいて、ナイーヴな「性の解放」を唱えているに過ぎないように思われる言明の裏に隠れているのは、まさにこれまで検討してきたような、社会主義ポーランドにおいて「性愛」というものをどのように位置づけるかという困難に他ならなかったのではないだろうか。カウジンスキにとって、この「コンプレックス」は「イデオロギー的障壁が消えたことによって自動的に解決されるものではない」。当時のポーランドではもはや、性愛関係の領域はユートピア的イデオロギーと完全に無関係なものとしては存在できなかった。社会主義体制が性愛の領域を自らのプロジェクトの中に取り込もうとしたのに対して、それに回収され切らない欲望・快楽が新たに見出した「かけがえのない」私的な性愛のあり方は、だが依然として「大義」との関係性において自らを定位せざるを得なかった。そこでは性愛は、時にその存在そのものによってとまどいや幻滅を引き起こし、不可能なものとなってしまう。それは、社会主義プロジェクトが呈示した性愛が、それ自身理想的な「自己」や「性愛」のあり方を志向していたのと同時に、まさにそのことによってある意味で「不自然」で「抑圧的」なものになってしまったとすれば、それに抗する「本来的なもの」として発見され、志向されたはずの西欧的で「私的な」性愛のあり方もまた、それと同程度に「不自然」で「抑圧的なもの」でもありえたからである。マレク・フワスコの小説に典型的に見られたように、そして、『地下水道』のデイジーの描写にも見られたように、理想化された「かけがえのない」女性との性愛関係は、容易に「売春婦」としての女性への嫌悪感と幻滅へと揺れ動きうる。そこでは、西側の「資本主義的」な性愛のありかたは、本来的なもの、「自然な」

ものとして憧れの対象となると同時に、汚らわしいもの、「大義」を侵すもの、「ポルノグラフィーのような」ものとも捉えられうる。(35)

社会主義ポーランドにおいて、性愛をめぐる欲望や想像力は、既存の枠やシステムを超越したところに、汲み尽くされない自らの可能性を見出そうとしていた。ヴァイダのように「大義」に抗して、それを超えるような価値を性愛の中に見出すのであれ、あるいは逆に体制側の立場から、性愛にまつわる幻想を積極的に体制維持のために取り込もうとするのであれ、これらの映画は皆、社会主義ポーランドのモダニティのなかにおいて、「性愛関係」というものがどのようにあるべきか、またありうるかという問いを自らに発し続けていたといえるのである。

5……性愛関係の表象と「ポスト・ユートピア」

本章では、社会主義のユートピア的プロジェクトは、それ独自の問題構成を通じて、様々なやり方によって個人的感情や欲望の領域、本章のトピックに沿って言えば、性愛関係をめぐる社会的想像力の領域に影響を及ぼしていたということを検討した。こうした戦後ポーランドの文化状況を評して、現代の多くのポーランド人の論者はそこに一種の抑圧的状況、あるいは社会主義ポーランドにおける「自己実現の不可能性」(Kurz 2005)を見出すのかもしれない。だが他方、私はそうした意見とは逆に、こうしたポーランドの文化状況の「特異性」の中に、ある種の可能性を見出さずにはおれない。イデオロギー的圧力、規範の欠如と公的言説における自由の制限の中、これら当時の映画的想像力は、観客にとまどいやまごつきを与えながらも、ポーランドにおける「モダニティ」のかたちを模索していた。それは、社会主義体制のユートピア的プロジェクトおよび西側から流入してくる大衆文化双方の影響をこうむりながら、そのどちらにも完全には回収されきらないまま、独特で不可思議な文脈を形作っていたのである。

J・ヘルベック（Hellbeck 1996; 2006）がスターリニズム期のソ連で書かれた日記の分析から明らかにしている通り、社会主義体制研究は、スターリニズムのイデオロギーの中で、それとの関係においてどのように自己を位置づけ、自己を形作っていくかという、社会主義プロジェクト下における「自己のテクノロジー」という問題系を有している（Hellbeck 1996: 72; 113）。「雪どけ」期のポーランドを検討することによって、こうした問題系に新たな一面を付け加えることができる。一般的には、雪どけ期における個人的感情・欲望の噴出は、それ以前の抑圧的なスターリニズムからの、「本来」の感情の「解放」であると単純にとられやすい。だが、本章はそうした本質主義的な見方を排し、雪どけ期以降においても依然として社会主義プロジェクトが性愛関係に対して複雑な関係を有していたということを指摘した。そこでは、社会主義リアリズムにおけるユートピア的世界観とそこにおける「自己」のあり方が、「雪どけ」期において大きく変容し、そうした既存のシステムの枠を超える「本来的」で「かけがえのない」性愛の探求へと向かっていったプロセスが確認できる。現代の我々の目から見ればそれは、社会主義イデオロギーによって「歪められた」性愛

(35)　付言しておかなければならないのは、この「雪どけ」の時期、体制側の女性政策も以前の平等主義的政策から大きく後退し、伝統主義的・保守的な女性観や性別役割分業が再び強調されるようになったということである（Fidelis 2010）。

のあり方が、「雪どけ」期において「西欧的」で「本来的」な性愛のあり方を「取り戻した」という風に見えてしまうかもしれないが、そこで実際に起こっていたことはそうした単純な見方とは異なっていたのではないか、というのが、本書の一貫した視点である。「雪どけ」期に花咲いた性愛関係への探求は、依然として社会主義のプロジェクトのイデオロギーと不可分の関係を有していたという点で、また、そこにおける新たな「モダニティ」、新たな「自己のテクノロジー」を明白に志向していたという点で、それ自身ひとつの「ユートピア的」なダイナミズムを有していた。それは、単純に「西側―東側」と言ったような、大ざっぱな文明論的図式によって回収できるようなものではなく、既存の「システム」の枠を超え、そこから新たな創造性を汲み出そうとしていたものだと言えるのである。

こうして、本章の議論から確認されたのは、「雪どけ」の性愛関係に関する当時の想像力が、それまでの社会主義建設のユートピア像のゆらぎの後を受けた、一種の「ポスト・ユートピア」的な想像力だったと言えるのではないか、ということである。「雪どけ」期の文化的・社会的想像力をポスト・ユートピア的なものとして再評価するというこの方向性は、後の第5章においてより一般的な見地から検討され、結論が下されることになるが、次章ではそのまえに、「少年の非行」という、性愛関係と並んでやはり当時盛んに議論の的となっていたトピックについて、当時のドキュメンタリー映画を中心に検討してみよう。

第4章

「雪どけ」と非行少年へのまなざし
——映画における「ちんぴら」像

1……はじめに——若者と近代

前章における「性愛関係」に続いて、本章がここで「雪どけ」期のポーランドの興味深い言説の一例としてとりあげるのは、映画言説における「若者」、とりわけ「非行少年」へのまなざしの変容である。ここで本章が特に「非行少年」に注目するのは、前章で論じた性愛関係と同じく、この「非行少年」という形象もまた、ポーランドの「雪どけ」の想像力の中で極めて特異な役割を果したからである。それは、先に述べたように、当時ポーランド全土で起こっていた、スターリニズム時代に語られることのなかった「真正さ」「真実さ」の暴露・探求という文脈においてこの少年の「非行」という形象が多くの人々の注目を引きつけたからでもあったが、それ以前にそもそも「若者」という存在そのものが、当時のポーランドにおいて自分たちの社会をどのように考え、そこに自らの社会のどのようなありかたを映し出すかという、社会全体の自意識と想像力のいわば「鏡」としてまなざされ、捉えられていたからでもある。

そもそも、ポーランドの社会主義体制に限らず、若者という存在は近代においてつねにある種の「社会変化の隠喩」としてまなざされてきた（Hall et al. 1976: 9）。近代的現象としての「若者」「青年」概念に関しては、これまで多くの研究がなされてきたが、そこで明らかとなるのは、近代という時代において、それまでとは異なる形で、固有の意味と領域を持った存在としての「若者」という概念が生まれたということ、そうした若者への注目は、同時に若者の「非行」に対する統制と軌を一にしていたということである。たとえば、ギリス（Gillis 1974=1985）によれば、一九世紀頃、主として中産階級の少年を対象として、管理と保護の対象としての規範的「青年」概念が発達するのと並行して、そうした規範にあてはまらない少年の「非行」「逸脱」は危険なもの、恐るべきものとみなされ、それを統制しようとする社会的まなざしが増大したという。

戦後になると、急速に発達した消費文化の影響を受けて、固有の意味世界を持った「若者文化」が急速に発達した。そこでもまた、若者という存在は、「憧れ」をも「恐怖」をも共に含んだような存在として立ち現れる。というのも、一方で若者という存在は、消費文化やマスメディアと結びつくことによってその固有なアイデンティティを発展させてきた一方で、同時に「社会変化の隠喩」として、社会全体の「危機」や「不安」を体現するものとしてまなざされたからである（Hall et al. 1976: 71-74）。「モラル・パニック」によって前景化したこれら若者への恐怖は、しばしば社会全体による若者の統制へとつながっていく（Hall et al. 1976: 71-74）。

他方、旧ソ連・東欧圏の社会主義ブロックの公的言説においてもまた、「若者」という存在は非常に重要なものとしてまなざされたのと同時に、非常にプロブレマティックな性格をも孕んだものであった。一方で若者という存在は、「社会主義的近代化」を目指すこれら新興諸国にとって、その未来を切り開く最前衛の存在として体制側の公的な言説の中でしきりともてはやされると同時に、厳しい統制・管理の対象として積極的に新しい体制の中に取り込む必要のあった存在であった。だが他方、この「若者」という存在は、非行や逸脱といった、オフィシャルな意味づけによっては完全に取り込めないような危険な要素を同時にはらんだ、極めて両義的でスキャンダラスな存在でもあったのである。

旧社会主義圏における「若者」やその「非行」を扱った先行研究の多くもまた、この社会主義文化における「若者」の両義的性格を重視しているだけでなく、分析の上でもそれを反映している。一方においては、社会主義体制における若者の統制―動員（およびその失敗）が検討されつつ（Gooderham 1982; Gorsuch 2000）、他方においては、そうした体制側の統制の中に存在した若者自身の「順応」や「抵抗―逸脱」、あるいは「主体の構築」の実践に焦点が当てられている（Hellbeck 1996; Lebow 2000）。こうした二つの視点は、これら社会主義圏を扱った社会史研究において互いに相補的なものとして存在しており、当時の政治的・社会的事実関係に関して多くを明らかにしてくれる。だが他方、本章がここで試みるのは、こうした個別具体的な制度・実践の検討ではなく、むしろその背後にあるものを言説的―表象的側面から明らかにすることである。すなわち、若者を統制しようとする体制側の現実的権力作用でも、それに対して順応したり抵抗したりする、実在した「主体」としての若者でもなく、そうした制度や実践の前提になるもの、すなわち先に述べたような、これら「若者」をある現象としてまなざし、自らの中に位置づける、あるいは、そこに自らの似姿を見出すような、社会全体の自己意識と知覚の枠組み、本書の用語に即して言えば、当時の社会における社会的想像力のありかたである。

本章のねらいは、一九五六年前後のポーランドにおける非行少年を扱った一連の映画を、当時の社会における ある種のメタ言説、「社会学的言説」として分析することで、非行少年に対する当時の社会的まなざしを探ることである。

2……スターリニズムから「雪どけ」へ

(1) スターリニズムと若者、「ちんぴら」

まず、一九四九年から五五年の「スターリニズム」のポーランドにおける若者へのまなざしを確認しておこう。先に旧ソ連・東欧諸国について述べたのと同様、スターリニズム期のポーランドにおいても、「若者」という存在は期待と恐れを共に含んだ、非常に両義的な意味づけを有していた。本来的には、若者という存在は当時の党・体制側にとって最大限に称揚されるべき存在であった。社会主義建設の最前衛に立つ「新しい人間」をそこから作り出すための最適な「土台」として、若者は当時の体制にとって決定的に重要な存在だったのである。当時の全ての芸術作品が従うことを義務付けられていた「社会主義リアリズム」の詩学においては、こうした「社会主義建設」を担う若者の輝かしい将来がしつこいほどに喧伝された。当時の体制は、これら新体制の主人公としての輝かしい若者イメージによって、若者を自らの支持者として取り込もうとしていたのである。

だが同時に、こうしたきらびやかな若者イメージの陰画としての「ネガティヴな若者」のイメージもまた当時の公的言説の中に存在していた。「ちんぴら」chuligan[36]と呼ばれるこれらの不良少年は、当時最大の社会問題として、当局から深刻なものとしてまなざされていた。

ここで重要なのは、これら「ちんぴら」の問題が「社会問題」として当局によって取り扱われる際の、その取り扱われ方である。簡単に言うと、当時「ちんぴら」の問題は、「われわれの社会の中で発生し、われわれが責任を持つ問題」とはみなされていなかったのである。それは、社会主義体制下においては「存在するはずのない問題、「異質でマージナルな現象」であり、たとえそれが起こったとしてもそれは単に「資本主義体制の残滓」や「ブルジョワ的環境」のせいだとされた。従って、社会主義建設が進めばこの現象はしだいに減少するはずである――にもかかわらず、依然として少年非行や「ちんぴら」の問題が増加しているという事実は、『敵』の活動によるものとしか解釈できなかった」のである（Pawełczyńska 1956: 92-93）。ここで少年たちを非行へと走らせているとされる「敵」とは、すなわち「階級の敵」や「西側のスパイ」、そして何よりも「アメリカ文化」そのものであった。[37] 当時「ビキニっ子」Bikinarz と呼ばれた、アメリカの大衆文化

（36）英語の hooligan に相当するこの語は、過激なサッカーファンを指す現代の用法とは異なり、本来「ごろつき、不良」などを指す語であった。訳出に際しては、この chuligan という語が当時持っていたと思われる、日本語のいわゆる「不良」よりも強いニュアンスを表現するため、あえて「ちんぴら」という語を採用した。なお、この chuligan という語自体が、当時のポーランドにおける少年非行の概念化に際して重大な役割を果たしたと考えられることに注意が必要である。というのも、本来一九世紀の英国で生まれたこの語は、戦後ソ連経由で、ソ連における非行に関する議論と共にポーランドにもたらされたものだったと言われているからである（Cyprian 1956）。

（37）さらに、スターリニズムの二元的な価値システムの中では、他の「社会問題」に関しても事態は同様であったということを付言しておく。そもそも、当時の公的言説において、社会主義体制というものが本質的に資本主義社会の社会的・経済的矛盾を「解決する」ものとされていた以上、その社会主義体制の内部に「社会問題」が存在するなどと

やファッションに影響を受けた若者たちが、しばしば「ちんぴら」と同一視され、非難の対象となったのはそのためである（Chłopek 2005: 119-129）。

（2）「雪どけ」——「ちんぴら」への新しいまなざし

こうした若者、とりわけ「若者の非行」という問題に関するまなざしは、当然ながら「雪どけ」の時期に大きな変容をこうむることになった。先にも述べたとおり、スターリニズム期のポーランドの公的言説では、若者は社会主義の「新しい人間」であるか「外部の敵」であるかのいずれかでしかなかった。だが、「雪どけ」が進むにつれて、こうした若者へのまなざしは徐々に根本的な変容を被るようになる。ここで、それまで意味づけられていなかったような領域の中から、社会主義建設の「土台」でも外部からの「敵」でもない真正なる「わたし」（Kurz 2005: 28）、固有の存在様式と価値体系を有した「若者」という固有の形象が出現してきたのである（Kurz 2005: 45-55）。

とりわけ「若者と非行」というトピックに関して重要な事例を紹介しよう。一九五五年に雑誌『直言』に掲載されたS・マントゥジェフスキによるルポルタージュ「退屈な言葉の罠の中で」（Manturzewski [1955] 1989）である。この記事は、ワルシャワの「ちんぴら」への詳細な取材によって、それまで一方的に「外部からの敵」としか位置づけられてこなかった「ちんぴら」の生活様式を、はじめてその内部の視点から赤裸々に描いたものとして、画期的であった。

この記事は、当時のポーランドの公的言説において「非行少年」という形象がどのようなイメージのもとで、どのような概念との連関のもとで構造化されつつあったかを如実に示してくれる。そこには、当時の

「ちんぴら」に対するまなざしの転換をしるしづける重要な要素がいくつも含まれている。ひとつめは、独自の下位文化と社会を持った存在としての「不良少年」という認識である。この記事は一貫して、ちんぴらという存在をその「犯罪性」や「暴力性」によってではなく、様々な規範・生活様式を共有するひとつの下位文化として捉えており、そこでは「ちんぴら」という存在は、単なる「敵」とか「逸脱者」という以上に、固有の存在様式と価値観を有した謎めいた存在として立ち現れる（Manturzewski [1955] 1989: 121-132）。

マントゥジェフスキの文章でもうひとつ特徴的な視点は、「ちんぴら」の当時のポーランド社会における遍在性の認識であろう。これは、彼がとりわけ「いかした奴」wdechowiec、すなわち、完全なちんぴらとまではいかないが、非行傾向を有した少年たちの存在を、当時のポーランド社会にとって「ちんぴら以上に深刻な現象」（Manturzewski [1955] 1989: 139）として強調している点に明白に表れている。この「いかした奴」という言葉は、「潜在的不良」あるいは「不良化しつつある若者」を指す若者の隠語としてマントゥジェフスキが使用したものである。彼らは不良的傾向を示しはするものの、「ちんぴら」のように完全に社会の規範から逸脱しているわけではなく、いわばそれを馬鹿にしつつも折り合いをつけて生きている。彼らは「ちんぴら」とは異なり、あからさまに自分の「将来」に害を及ぼすようなことはしない。そうした明白な非行を行う代わりに、彼らは様々な「回避の戦略」によって秩序を乱し、それに抵抗する。彼らを特徴付けるの

いうことは論理的にありえないことだった。当時の公的言説でしばしば用いられた、「社会主義建設に際しての困難」との「闘い」という表現は、こうした「困難」がもっぱら「敵」としての外部に位置づけられるものでしかありえなかったということを如実に示している。このようなレトリックの中では、時に害虫による農作物被害さえもが「アメリカ帝国主義の陰謀」に帰せられた（Zblewski 2008: 146-148）。

は、この徹底したニヒリズムであり、あらゆる理念・理想に対する無関心である。

「ちんぴら」と「普通の若者」の中間領域をなすこの若者たちは、マントゥジェフスキによれば「社会主義建設」をめざす国家にとって、「ちんぴら」の何倍も危険である。というのも、比較的数の少ない本物の「ちんぴら」と比べて、彼らの数は「非常に多い」(Manturzewski [1955] 1989: 139)。何よりもやっかいなのは、彼らが学校の中で大きな「尊敬」を得ている、ということであり、彼らは学校の内部からその秩序を侵していく。以下はマントゥジェフスキが紹介している一例である。

> ワルシャワのとある学校で、一九五二年から五三年にかけて、ある戦いが行われた――といってもそれは暴力的な戦いではない。それは、マルクス主義者のグループと、何人かの活動的な「いかした奴ら」との間で行われた、「心の支配」を賭けた戦いだった。負けたのはマルクス主義者たちだった。
> 『彼らはみんなから避けられたし、女の子は誰も彼らと付き合いたいたがらなかったんだ！誰も彼らと喋りたがらなかった。からかう時なら別だけど・・・でも彼らは別に頭が悪い奴らだったとか、うすのろだったとかいうわけじゃない。でもみんな知ってたんだ――〈退屈な言葉〉drętwa mowa を喋っている奴らだってね。最後には彼らもこれが〈ダサい〉行いのせいだと認めて、自分たち自身までもがふざけたことをしはじめたんだ。』(Manturzewski [1955] 1989: 139)。

こうして、「退屈な言葉の罠の中で」は、当時のポーランド社会が経つつあった「若者」「ちんぴら」に対するまなざしの変容がどのようなものであったか端的に示している。まさに、「新しい人間」か「外部の敵」

かという二項対立的な図式ではすくい上げることのできなかった意味の空白地帯のようなところに、これらちんぴらたちはその存在の「真正さ」「不可解さ」、その存在様式と価値観の固有性を露わにする。そして、これは決して一部の「外部の敵」の問題などではなく、まさに「われわれ自身の多くの若者」の問題なのである。

(3) ドキュメンタリー映画と「ちんぴら」

こうして、「ちんぴら」に関する注目が徐々に高まるにつれて、この問題は、一連のドキュメンタリー映画によってもまた積極的に取り扱われるようになった。すなわち、「黒いシリーズ」と呼ばれた、当時の社会の暗部を描いた一連の短編ドキュメンタリー映画がそれである。

ここでとりわけ、この「若者の非行」というトピックが当時の映画制作者の注目を引いたのは、この問題を取り扱うことが、輝かしい社会主義のプロパガンダの下に隠されてきた「暗い現実」の暴露、という、当時大きな社会的関心事となっていた目的に寄与したからである。こうした社会の暗部の暴露を最初におこなったのは、先に紹介した「退屈な言葉の罠の中で」のような、当時の雑誌に掲載された一連のルポルタージュであった。「若者の非行」をはじめとして、それまでもっぱら外部の「敵」の問題としてしか扱われてこなかった社会問題の多くが、ここにきてようやく「われわれ」が責任を持つ「社会問題」として正面から取り扱われたのである。

「黒いシリーズ」については後の第5章でさらに詳細にとりあげるが、本章でさしあたって確認しておきたいのは、こうした「黒いシリーズ」が取った「暴露の戦略」とでも言うべきものが、当時の「雪どけ」全体の社会的趨勢と軌を一にするものであったと同時に、その戦略が、まさに本章のテーマである、若者をめぐる当時の社会的まなざしの変容と完璧に合致するものであったということである。ただ一面的に「社会主義建設」の輝かしい勝利を称揚するだけだったそれまでのドキュメンタリー映画とは一変して、「黒いシリーズ」の映画は逆にそうした輝かしいイメージを全て「嘘っぱち」として切り捨て、自らこそがその陰に隠れた本当の「真実」を観客に「見せる」ことが可能なのだと断言する。それら純粋な「現実」「真実性」のドメインは、観客がぜひ目を向けなければならないもの、「知らなければ」ならない、かけがえのないものなのである。「若者の非行」という社会問題がこのような意味の網の目の中でまなざされるとき、そこに出現するのは何らかの「解明」すべき「謎」あるいは「真実」を秘めた、固有の存在としての「若者」のあり方に他ならない。それは、単に「社会主義国家建設」に仕える道具としての若者でもなく、「新しい人間」という究極目標に向かって作り上げられる目的論的な若者でもない。ここでは若者は、そうした道具性―合目的性を離れた「謎めいた世代」としてその姿を現すのである。

3……ドキュメンタリー映画——非行の社会学的説明

「黒いシリーズ」の映画において、「若者の非行」という社会問題は、何らかの解明すべき真実を秘めたものとして「カメラの目」によってまなざされ、スクリーンへと映し出されることによって、それをめぐる新たな意味づけの網の目を獲得することになる。ここでは、「ちんぴら」を扱った代表的な映画として、『気をつけろ、ちんぴらだ！』および『空白地帯の人々』の二作品をとりあげてみたい。[38] というのも、そこには、当時のポーランド社会において「若者の非行」という問題がどのように説明・解釈されたかというロジックの、ひとつの典型が現れているように思えるからである。

（1）『気をつけろ、ちんぴらだ！』

『気をつけろ、ちんぴらだ！』は、当時の「黒いシリーズ」全体の中でも、とりわけ扇情的で劇的な演出で目を引く作品である。というのも、この映画で何よりも目的とされているのは、「非行少年」の問題に何の解決も見出せず、ただ見て見ぬふりをするだけの、政府と社会に対する非難・弾劾だからである。した

（38）『気をつけろ、ちんぴらだ！』*Uwaga, Chuligani!*, Jerzy Hoffman, Edward Skórzewski, 1955;『空白地帯の人々』*Ludzie z Pustego Obszaru*, Władysław Ślesicki, Kazimierz Karabasz, 1957。なお、本章ではこれらの映画のことを「ドキュメンタリー映画」と称しており、また当時もそう呼ばれていたのだが、現在のわれわれの目から見た場合これらの映画は必ずしも「純粋な」ドキュメンタリー映画とは思われないかもしれない。詳しくは次の第５章にて論じるが、当時のドキュメンタリー映画の多くは（俳優による）演技、演出、モンタージュなどが当然のように行われており、それゆえ現在のわれわれが暗黙のうちに想定する「ドキュメンタリー映画」、すなわち演技も演出もない「ありのままの現実」をそのまま写したような映画とは大きく異なっていた。実際、『気をつけろ、ちんぴらだ！』においても、こうした演技や演出が行われているシーンが映画の大半を占めている。映画史家のＭ・フィエイダシュは『気をつけろ、ちんぴらだ！』について以下のようにコメントしている。「ふつう生活そのままを映しており、何が起こるかを最後まで予見することが不可能な本当のドキュメンタリー映画とは反対に、ここでは探求の結果が最初からシナリオの中に書き込まれており、詳細な撮影台本さえもが存在していたのではないかと思いたくなるほどである。（……）ちんぴらの役は、（……）実際に本当のちんぴらが演じていたが、だが全ては完全に脚色されたものだった。映画の中にはまたワルシャワ演劇学校の一年次の学生やスタントマンたち（……）が参加していた」。（Fiejdasz 1998: 45）

図7　『気をつけろ、ちんぴらだ！』
ヤネクを非行に引きずり込むことになる「ちんぴら」たち。
Copyright owner: ©WFDiF
From National Film Archive – Audiovisual Institute

がってこの映画の中では、「ちんぴら」たちの日常の様子はあまり丁寧に描かれない。かわって力点が置かれるのは、よりショッキングなシーン、すなわち、「ちんぴら」たちによる犯罪・乱闘・殺人のシーンである。

では、『気をつけろ、ちんぴらだ！』において、このちんぴらたちによる非行・犯罪の原因はどのように説明・解釈されているのだろうか。非常に特徴的なのは、ここではそうした原因が、ある一人の少年にクローズアップで焦点を当てることによって説明されているということである。ここでは、この本来的にはごく普通の、まじめな少年だったヤネクが、いかにして非行に足を踏み入れてしまうのかということが例として描かれる。ヤネクは、農村から都会の工場に働きに出てきた、当時大量に存在した出稼ぎ少年の一人である。仕事は辛く、友達もいない。だが、彼は真面目に働き、ノルマもちゃんとこなしている。工場で働くヤネクの様子が映される。と、初任給の支払日がやってくる。ナレーションが言う。「記念すべき日だ。お祝いしよう——でも、誰と?」どこかへ遊びに行こうにも、国家や党が運営する「娯楽場」はヤネクにとってまったく魅力的ではない（Fiejdasz 1998: 47）。ヤネクは、にぎやかな酒場へと向かう。酒場にはガラの悪い「親友」（＝ちんぴら）たちがたむろしている（図7の人物二名）。ヤネクは彼らと知り合い、なみなみと注がれた酒を飲んで、たちまち稼いだ金を使い果たしてしまう。扇情的なジャズ音楽がダンスホールに流れる中、酔っ払って興奮したヤネクは、最後には乱闘事件を起こしてしまう。

これが、ヤネクが「非行」に足を踏み入れる「きっかけ」として描かれる一連のシーンである。その次は急に論理展開が飛躍する。次に画面に映るシーンは、何人かの若者が深夜、人気のない街路で通行人を襲うシーンである。「そしてしばらく経つともう、お金はこんな方法で手にいれるようになる」とナレーションが言う。通行人を襲っている若者は、もちろんヤネクではない。だが、この映像が暗にほのめかしているのは、先ほどのバーでの乱闘を第一歩として、あのヤネクは完全に社会の規範を踏み外してしまい、やがてはこのような非行に走るようになるであろう、ということである。

このように、『気をつけろ、ちんぴらだ！』においては、少年が非行に走る原因を、ある一人の少年の「個人的ストーリー」に焦点を当てることで説明する。そこに出てくるのは、本来ごく普通の、まじめな少年なのだが、彼は慣れない都市生活の中、孤独と退屈に悩んでいる。彼に責任があるはずの国家・社会が、彼の「退屈」に対して何ら有効なアトラクションを提供できないことから、彼はついに非行へと走ってしまう。ここで、社会主義リアリズムの詩学において、もっぱら外部から来る「彼ら」の脅威としてとらえられていた少年非行の問題が、まさにわれわれの子どもたちの問題、そして、われわれ自身が責任を持つ問題としてとらえられる。映画の最後にナレーションはこう問いかける。「彼らは友達を殺したのだ。どうしてこんなことになったのか？　彼らのうち誰に罪があるのか？　そして、罪があるのは本当に彼らだけだろうか？」。

（２）空白地帯の人々

他方、『空白地帯の人々』は、映画全体が与える印象という点において、『気をつけろ、ちんぴらだ！』とは対照的である。というのも、この映画が扱っている対象は、いわゆる完全な「ちんぴら」ではなく、非行傾向を有しつつもいまだ完全な逸脱までには至っていないような少年たちだからである。この少年たちは、大部分の時間を都会の路上で過ごしている。傍目には、目的もなくぶらぶらしているようにしか見えない。彼らのシルエットは一目でそれと見分けられるものの、「ちんぴらのようにはまったく見えない」。一体彼らは何をしているのだろう？　これがこの映画の問いである。それゆえこの映画には、センセーショナルな演出や強い非難の口調などはほとんど出てこない。酒を飲んだり、はしゃぎまわったりする若者たちの横顔が、淡々と美しい映像で描かれる（図８）。

このように、『空白地帯の人々』は、その取り扱っている主題に関しても、また取り扱いの方法に関しても、先に検討した『気をつけろ、ちんぴらだ！』とは大きな違いがある。とりわけ特徴的なのは、この映画では『気をつけろ、ちんぴらだ！』できちんと描かれることのなかった非行少年たちの日常生活や、彼らが生きる世界の固有性といったものに対して大きな比重が置かれているということである。だが、ひとたび映画の焦点が若者たちの非行の「原因」の究明へと向かうと、そこで登場する論理は『気をつけろ、ちんぴらだ！』と驚くほど似通ってくる。

この映画で強調されるのは少年たちの非行のショッキングさではなく、むしろこの少年たちの人生の希望のなさ、面白みのなさである。これら少年たちは、そうした灰色の日常から抜け出したいという満たされぬ切望に焦がれて、時に非行へと走るのである。少年たちの一人のセリフを代弁する形でナレーションが言う「僕たちの生活には何も面白いことなんてないよ」。続けて画面に映るのは少年少女たちの灰色の日常である。ゾーシャという少女は工場で働いているけれども、五人がひとつの部屋に住んでいる自宅に戻っても居場所もない。母の内職のミシンのカタカタいう音はこの部屋に充満する閉塞感を煽り立てる。「では、ゾーシャは仕事の後何をしたらいいいだろう？」ゾーシャは通りに出る。ここならにぎやかで、「いろんな人に出会える」。画面上では男がゾーシャに声をかける。こうして彼女は男の仲間たちについていく。

このような説明の手法は、『気をつけろ、ちんぴらだ！』に見られるのと同種のものである。しかも驚くべきことに、単に説明の呈示のしかた（個人の日常生活を例としてそれに焦点を当て、そこから一般論を演繹する）のみが一緒なのではなく、例として挙げている少女の状況（工場で労働、仕事の後にすることがない、にぎやかな場所に行く、他の人間に誘われる）も瓜二つである。この説明を要約するのは、ナレーションの次のセリフである。「一七歳の若者の、毎日毎日が、今日もあくる日も似通ったものなのだ。ここから何が帰結するか分かるだろうか？　退屈だ。ぞっとするような退屈だ。」

（3）二つのまなざしの錯綜

このように、『空白地帯の人々』と『気をつけろ、ちんぴらだ！』の二作品は、そのトーンにおいては大きく異なっているものの、社会問題の原因の説明の呈示の仕方と

図8　『空白地帯の人々』
やることもなくただ無為に遊びまわる若者たちの様子が、詩的な映像美と共に描かれている。
Copyright owner: ©WFDiF
From National Film Archive – Audiovisual Institute

いう点では、驚くほど似通っている。そこで見出されるのは、若者たちのぞっとするような「退屈」であり、「われわれの社会」はその退屈に対していかなるアトラクションも、いかなる希望も与えることができていないのだという認識が導かれる。

先にも述べたとおり、これらの映画がその主眼としているのは、まさにこの部分、すなわち、当時の党・社会に対する非難のメッセージである。だが、こうした強烈なメッセージは、必然的にそれを可能にする新たなまなざしの構造と意味連関に支えられている。一方でそれは、既に紹介したような非行少年たちの存在の「固有性」「純粋性」「不可解さ」へと向かうようなまなざしであり、こうしたまなざしは、それまで若者を二元的な価値システムの中でしか捉えることが出来なかったスターリニズムの公的言説に疑問を呈し、それによって汲み取ることの出来ない「現実」が存在することを示唆する。だが他方で、それら「不可解な」ものとして見出された非行少年を、今度は何らかの解釈可能な「真理」としてカメラの目で切り取り、その周囲に因果的説明・解釈をはりめぐらすことで、新たな意味秩序の中に再編成してしまうようなまなざしが同時に存在する。すなわち、非行少年の「非行の原因」が、ある一人の非行少年の個人的ストーリーに、いわばケース・スタディの形で焦点を当てることで説明され、それによって「非行少年」という現象を引き起こす因果関係（家庭環境、社会状況）は合理的に理解可能なものとなる。そこでは、ちんぴらの非行は、もはや不可解で固有の意味世界を有したものではなく、根はまじめな「普通の少年」による「過ち」へと還元されてしまう。「黒いシリーズ」の二つの映画に共に見出せるのは、これら二つの対立するまなざしの対立・錯綜に他ならない。

4……長編映画――『夜の終わり』と『夢遊病者たち』

「黒いシリーズ」において見られた二つのまなざしの対立は、それとほぼ同時期に製作された長編劇映画『夜の終わり』において、明白な映画的表現を与えられる。(39)この映画の大筋は、若いチンピラの集団が暴れまわった挙句に、警察に逮捕され、拘置所に連行されていくまでの、一晩の出来事を描くというものである。「隠れ家」で酒を切らしてしまって「退屈」だった彼らは、酒屋で酒を盗難し、逃げるときに店主に怪我を負わせる。「隠れ家」でのパーティで彼らは大いに騒ぎ遊ぶが、それでも退屈をまぎらわせない彼らは、その後も暴れ周り、射的場に遊びに行ってそこの店主にも怪我を負わせてしまう。最後には追ってきた警察車から、奪ったタクシーで逃げようとするが、映画館の前の人ごみに突っ込んでしまい少女を轢いてしまう。この大筋のストーリーと交互に、この不良グループにたまたま足を突っ込んでしまった三人の少年たちの個人的ストーリーが描かれる。

まず興味深いのは、この映画が製作された経緯である。というのも、当初、ウッチ映画大学の学生たち二人（監督科のパヴェウ・コモロフスキとカメラマン科のイェジー・ヴイチク）の卒業制作として制作された

(39)　『夜の終わり』*Koniec Nocy*, Julian Dziedzina, Paweł Komorowski, Walentyna Uszycka, 1956. なお、『夜の終わりに』（原題：『無垢な魔術師たち』*Niewinni czarodzieje*）という邦題で知られたアンジェイ・ヴァイダの一九六〇年の映画があるが、本書で扱っている『夜の終わり』はそれとは全く別の映画なので混同しないようご注意いただきたい。

この映画は、本来は非行少年たちの「ありのままの姿」に取材したドキュメンタリー映画として企画されたのだが、紆余曲折の末、この計画は放棄される。『映画』*Film* 誌に投稿された、この学生たちの友人からの手紙によると、計画の頓挫の顛末は以下のようなものであった。

彼らは警察とコンタクトを取りました。ウッチやワルシャワの警察署で一晩を明かしたりもしました。逮捕されたちんぴらたちと会話をし、彼らの入念に隠された隠れ家を訪ねました。つまり、資料を集めたのです。でもこの調査と資料集めの結果、若いクリエーターたちは・・・ちんぴらに関する映画を作ることをあきらめたのです。彼らが若者たち――その若者たちは、自分たちでも言っているように、いかなる道徳的原則さえ持ち合わせていないのですが――の社会で見たもの、それは、彼らが想像した中で最も過激なイメージさえをも超えていました。彼らにはそれが自分たちが説明をする義務があるもののようには思われなかったのです。その後彼らの映画はどちらかというと、教養のある若者を犯罪から隔てている境界線が、しばしばどれだけかすかであやふやなものでしかないか、ということを見せる、という野心をもったものになりました。それは大抵罪のないことから始まって、その後若い人間が法を超えてしまう瞬間がやってくるのです（Oleksiewicz 1956: 14、強調は筆者による）。

こうした紆余曲折の結果、その後映画は長編フィクション映画として制作され、完成することとなったのだが、それによって完成した映画は、前述の制作の経緯の影響を受けて、奇妙に混合的・折衷的な性格を帯びることになった。というのも、この映画は二つの質の異なるシーン、すなわち、非行少年たちの集団を写した「スケッチ的シーン」と、主人公三人の個々の物語を描いた「個人的ストーリー」との組み合

図9　『夜の終わり』
隠れ家で遊ぶ「ちんぴら」たち。右から2番目の少年は、当時映画学校の学生だった若き日のロマン・ポランスキ（主人公の一人「チビ」役）である。

わせによって成り立っているからである（Lubelski 1992: 124）。制作の経緯を考えると、前者のスケッチ的シーンが、少年非行という現象をなるべくいきいきとした姿で映し出すという、当初のドキュメンタリー的意図を反映しているのに対し、後者の「個人的ストーリー」は、そこから一本のストーリーを持った「劇映画」を紡ぎ出し、そうすることによってこの現象を「解釈」する必要性から生まれたものであると考えられる。

まさにこの、「スケッチ的シーン」と「個人的ストーリー」との対立の中に見出せるものこそ、われわれが先に検討した二つの対立するまなざしの錯綜に他ならない。「スケッチ的シーン」においてまず目を引くのは、図9に映っているような「集団」としての若者たちの様々な日常のシーン、すなわち、彼らが遊び、騒ぎ、酒を飲み、踊る姿のスケッチ的素描である。そこに見いだされるのは、外界とは違う独自の価値観と意味世界に貫かれた若者たちの生活世界であり、その「不可解さ」である。とりわけ目を惹くのが、時に彼らが見せる、制御されない激情・暴力の発作的爆発である。この理不尽な暴力性を最も純粋な形で表しているのが、不良グループのリーダー的存在であるエデクという男である。彼は他の少年たちよりも一回り年上で、そのいかつい体格と風貌で他を圧倒している。彼の振るう暴力は、多くの場合何の理由もなく、理解不能なものとして描かれている。パーティのさなか、彼ははしゃぎながら踊っている「チビ」という少年（図９の右から二番目、三人の主人公の一人）の足を引っ掛けて、彼を転ばせてしまう。彼を転ばせて平然としているエデクとその様子を見ながら笑いたてる他の少年たちを見上げながら、それまでただ無邪気にはしゃぎまわっていた「チビ」の顔に初めて、傷つけられた怒りと不可解な暴力に対する不安の表情が浮かぶ。エデクはその後さらに不可解な行動に出る。パーティが最高潮に盛り上がっているさなか、騒いでいた少年たちの一人を急に殴りつけ、「皆家に帰れ！」と怒鳴り散らす。「隠れ家」から多くの少年たちや女たちを追い出し、残った少数の少年たちだけで外へと出かける。

これに続く射的場のシーンでは、このエデクの意味づけられない暴力性は、他の少年たちにも波及することで、少年グループ全体が体現する集合的な暴力の発作へと変化している。最初少年たちは普通に的を狙って射的を楽しんでいたのだが、弾のひとつがたまたま射的場の店主に当たったことから、皆がそろってこの店主を狙って弾を撃ち始め、最後には店主にけがを負わせてしまう。この暴力を目の当たりにした「チビ」の顔に浮かぶのは、もはや既に純粋な恐怖である。

このように、集合的なシーンで描かれる不良少年たちの暴力性は、先の学生からの投稿にあったように、「あらゆる道徳的枠組みをも越えてしまっている」のであり、したがって意味づけ不能で、理解不可能なものとして立ち現れる。そこに現れるのは、映画学校の学生たちが当初ドキュメンタリー映画制作のための調査で目にしたもの、すなわちこれら不良少年たちの純粋で意味づけ不可能な生のあり方に他ならない。そして、こうした突発的暴力性は、それがまさに何の理由もなく、どこに向けられるわけでもない暗いフラストレーションしか体現していないという点において、スターリニズム期のちんぴらたちの暴力性が明確な「反体制性」によって説明されていたのとは一線を画している。

対して、こうした純粋な暴力性と交互に描かれる「個人的ストーリー」のシーンが主眼とするのは、本来ごく普通の、「われわれの」少年たちである個々の主人公が、いかにして不良グループに足を突っ込むようになり、いかにしてそこから抜け出すことが可能かということを、個々の少年の社会的・家庭的要因から説明・解釈することである。それは、先に見た「黒いシリーズ」における個人的ストーリーの使い方と全く同じ機能、すなわち、この不可解な対象たる「非行少年」を、個人的ストーリーという形で「理解可能なもの」としてまなざし直すという機能をはたすものに他ならない。

同時に、この映画がこれら「ちんぴら」たちの更正の可能性への言及にその多くの時間を割いているということも、この映画の特徴的な点である。映画のストーリーが進むうちに、三人の主人公（フィリップ、「チビ」、ロメク）のいずれもが、何らかの形で「ちんぴら」の世界の空虚さに嫌気がさし、「まっとうな生活を送りたい」と思うようになる。これら少年たちは、たまたま不幸な成り行きで非行の世界に足を踏み入れ、ニヒルな仮面をかぶってはいるものの、その心の奥底には何らかの美しい感情や愛情が隠れているのだということが、ここで示唆される。加えて、彼らをチンピラ集団に引き寄せた最も大きな原因は、多くの場合彼らの不幸な家庭環境に求められる。三人のうち二人の主人公は、映画の冒頭部で、それぞれ何らかの形で家庭環境に問題を抱えているということが直接的に示される。フィリップの父親は精神の病を患っており、ひたすら強迫観念的に同じ言葉を繰り返す父親の存在が、彼の家庭に重苦しく立ち込める圧迫感をかもし出している。一方で、「チビ」の家庭には父親がおらず、母親と姉が絶え間なく口げんかをしている。彼らは、こうした家庭における圧迫感、身の置き場のなさに耐えかねて、ちんぴらの「隠れ家」へと行き着いたのだということが、これらのシーンで暗示されているのである。こうして、「意味づけ不可能なもの」だった非行と暴力は、本来的には善良な若者、きっかけさえあれば立ち直ることの可能な若者による「過ち」へと変容することで、公的システムの秩序の中に整合的に取り込まれてゆく。

まさにこの、「本来は善良な若者による過ち」という定式化こそ、「雪どけ」にはじまった「ちんぴら」へのまなざしの変容のひとつの着地点だったように思われる。「黒いシリーズ」の映画や『夜の終わり』では、まだこの定式化に抗して、それと対立・錯綜するまなざし――今ここにあるシステムを越えるような不可解な「他者」として「非行少年」をまなざすようなイメージ――が存在していたが、一九五九年の映画『夢遊病者たち』[40]になると、もはやこうしたイメージはほとんど見る影もなくなっている。この映画では、目的もなく町をぶらつき、通りがかる人々をからかったり様々な悪さをして遊ぶ五人の「ちんぴら」が登場する（図10）。そのうちの一人である主人公のロマン（図11右）は、彼らの悪行を止めに入った男性ノヴァクを殴り、彼を一時的に失明させてしまう。警察が現場に駆けつけてきて逃げ場を失ったロマンは、とっさに自分

（40）『夢遊病者たち』*Lunatycy*, Bohdan Poręba, 1959。余談であるが、本作のシナリオを担当したのは先に紹介した「退屈な言葉の罠の中で」の著者、S・マントゥジェフスキである。

図10(上)　『夢遊病者たち』の冒頭、ちんぴらたちが夜の街で馬鹿騒ぎをするシーン。
この冒頭のシーンは、『夜の終わり』のスケッチ的シーンを思い出させる。
Copyright: Filmoteka Narodowa

図11(下)　『夢遊病者たち』のロマン（右）とバーシャ（左）。

この映画では、バーシャとの恋愛関係のなかで、ロマンの中に眠っている「良き若者」としての本質が明らかにされている。

Copyright: Filmoteka Narodowa

はちんぴらの仲間ではなく、ノヴァクを助けるために割って入り、ちんぴらたちと戦った入った通りすがりの一般人だというふりをする。そのおかげで彼は「英雄」として新聞に載り、一時的に目が見えないためロマンが自分を殴った当のちんぴらだと気づかないノヴァクから感謝されて仕事まで紹介され、おまけに事件を取材した若いジャーナリストの女性バーシャ（図11左）と恋に落ちるなど、それまでの未来のない「ちんぴら」生活が嘘のように急に人生の展望が開けてくる。だがロマンは、ノヴァクの視力が戻ることによって自分の悪事が露見すること恐れ、全てを捨てて逃亡しようとする。苦悩するロマンを見かねた仲間の「ちんぴら」たちは、彼のために一肌脱ごうとする……。

この映画の一番の特徴は、主人公のロマンを含め、ここに登場するちんぴらたちが皆、本質的には「善人」として描かれているという点である。これら若者たちは、表向きはニヒルで乱暴な仮面をかぶってはいるものの、機会さえあれば希望のないちんぴら生活から抜け出して、まっとうな人生を送りたいと願っているのである。ここにおいて、「ちんぴら」の真の姿、彼らの「ありのままの」生のあり方を捉えたいという欲望は、そうした若者の奥深くに眠っているであろう「良き若者」としてのナイーヴな本質を想定することによって擬似的な充足を与えられるのである。

5……「雪どけ」から「小康状態」へ

ポーランド映画における「ちんぴら」イメージがひとつの帰着点を迎えた頃、ポーランド社会もまた新たな時代に入ろうとしていた。五六年の「ポーランドの十月」の熱狂もひと段落ついた後の「小康状態」と呼ばれるこの時代を特徴づけるのは、ある種の幻滅感と現状追認主義の空気である。この頃政府は、ふたたび社会主義体制を厳しく統制し、言論・表現への取締りを強化しつつあった。だが、それは決してかつてのスターリニズム時代ほど過酷なものではなく、耐えうるものであった。こうした時代背景の中、人々は当時の社会の現実に適応しながら、日々の生活の安定や物質的向上を求めるようになっていった（Osęka 2008: 52-55）。

こうした時代背景を映画業界もまた反映していた。六〇年代に近づくにつれ、体制側は再び映画産業を厳しく監督しはじめるようになる。政府当局の側から、過去数年に製作された多くの映画に対する厳しい非難のメッセージが出されるようになった。とりわけ強く非難されたのは、現代の「ひどく、希望のない現実」を批判的に扱った一連の映画に見られる「ペシミズム」であった。こうした映画にかわって、「社会的自意識を形成するというイデオロギー的・教育的役割を持った映画芸術」が取り扱うべきは、「社会主義を建設する国家の必要を満たすような」テーマであった（Miczka and Madej (red.) 1994: 27-31）。

だがここでも、規制はかつてのような厳しいものではなく、耐えうるものであった。「社会主義リアリズム」はその後主流に返り咲くことは二度となかったし、監督たちはある程度までは、自分の撮りたいものを撮ることが可能だった。当時の映画監督たちにできたことは、こうした現実と折り合いながら、自らの撮りたい映画を制作することでしかなかった。

このような時代背景の中で見た場合、ポーランド社会における「非行少年」へのまなざしの誕生とその変容は非常に象徴的だとはいえないだろうか。ユートピア的プロジェクトとしての社会主義プロジェクトは、まさにそれがラディカルにユートピア的・全体的であるがゆえに、不可避的にそこにある現実との「落差」

を生み出してしまう。そこに見られるのは社会主義のユートピア的想像力そのものに内在する一種のアポリア、あるいは機能不全である。事実、「新しい人間」でも「外部の敵」でもない、固有の存在としての「若者」という存在を、スターリニズム時代の公的言説は名指すことができなかったのであり、その潜勢力を自らのうちに取り込むことに失敗していたように思われる。そこでは若者は、社会主義を体現した「新しい人間」としても、また絶対的な「外部の敵」としても一義的に定義されえず、むしろそうしたオフィシャルな意味づけからはずれた意味の空白地帯のようなところにその不気味な姿を現すようになる。

一九五六年の政治的熱狂の中で生まれた「不可解な存在」としての非行少年へのまなざしは、まさにこうした意味の空白地帯から生まれてきたのであり、それ自体新たなユートピア的想像力のありかたを切り開くものだったといえるだろう。「ちんぴら」は、まさにそれが不可解とされたがゆえに、それまでのスターリニズムの時代におけるオフィシャルな「退屈な言葉」から自由な存在とされたのであり、それゆえにこそある種の「可能性」を秘めたもの、既存のシステムの枠を超えうるようなものとしてまなざされた。だが、こうして生まれたちんぴらへのまなざしは、それと錯綜するもうひとつのまなざし、すなわち、「ちんぴら」という存在の本質をめぐる知と解釈の網の目をはりめぐらすことで、それを新しいポーランドの社会的現実とその秩序の中で受け入れ可能なもの、「理解可能なもの」として捉え直し、システムのなかに再―取り込みしてしまうようなまなざしを同時に生み出してしまう。それは、「小康状態」へと向かう当時の世相を反映したものでもあったし、また、当時の社会的現実と折り合わざるを得ない映画監督たちの現状追認主義をも反映していた。

こうして、当時の一連の映画に見られる「ちんぴら」へのまなざしの変容は、ポーランドの「雪どけ」における文化の可能性とその限界を、共に示しているように思われる。「雪どけ」の文化的・社会的想像力は、それ以前の社会主義のユートピア的プロジェクトが名指すことができなかったもの、そこからはみ出るようなものを積極的に名指すことで、それまでの社会主義建設のユートピア像にかわる新たなユートピア的想像力の領域を切り開くものであった。すなわち、社会主義のユートピア的プロジェクトがある意味で行き詰まり、社会主義建設の暗部に注目が集まる中、ちんぴらという、当時の社会における「内なる他者」とも言える存在をまなざすことによって、そうした既存のシステムの枠を超え出るような、新たな社会の自己認識と想像力を生み出す可能性を秘めていたのである。本書のこれまでの主旨に従って言えば、この新たな想像力のありかたは、先に論じた性愛関係の表象と同様に、一種の「ポスト・ユートピア的」な想像力のありかたであったといえる。だが他方、この、それ以前のユートピア像が崩壊した後の新たな社会的想像力として誕生したはずの「ちんぴら」へのまなざしは、既存の社会秩序の意味連関に整合的なものとして解釈し直され、取り込まれていくことによって、やがてその牙を抜かれていってしまう。すなわち、そこには「雪どけ」期の社会的想像力の一種の限界が示されているのである。

第1章でも述べておいたとおり、本書の主要な目的のひとつは、ポーランドの「雪どけ」を取り扱いながら、そこにおいて十全に展開されることなく「失敗」に終わってしまった様々な「実現されなかった可能性」(Boym 2002: xvi) をあらためて掘り起こし、新たな光を当てるという作業であった。本書の第3章と第4章は、それぞれ「性愛関係」と「若者の非行」という個別のテーマに絞った、そうした「実現されなかった可能性」の例示であった。これを受けて次章では、より総論的な見地から「雪どけ」期におけるユートピア的世界像の「揺らぎ」という点に話を絞って議論を行うことで、「雪どけ」期ポーランドの文化変容を検討する本書第１部の議論のしめくくりとしたい。

第5章

ドキュメンタリー映画と「現実」
——ユートピアとポスト・ユートピア

1……はじめに

(1) ドキュメンタリー映画と社会主義のユートピア像

これまでの第3章・第4章においては、「雪どけ」の文化変容を個々の具体的なテーマを取り上げることによって例示・分析してきたが、本章ではそれらよりもさらにメタレベルの視点に立って、そこにおいてそもそもいかなる社会的想像力や世界観、社会の自己像の変容があったのかを、より一般的なレベルに絞って検討することで、第1部の小括を行いたい。その中で本章が試みるのは、既にこれまでの各章でもたびたび述べてきたように、この当時の社会的想像力のあり方を、ある意味で「ポスト・ユートピア的」な次元を持っていたものとして捉えることで、そこに、現在のポスト社会主義の世界とも通じうるような共通の体験、あるいは可能性の土台を探ることである。

こうした観点から本章は、一九五〇年代ポーランドのドキュメンタリー映画における「現実」の描かれ方を分析する。ここでの狙いは、社会主義のユートピア的想像力を、ドキュメンタリー映画という当時の社会的文脈を直に参照しているメディアにおいて見出すことで、この想像力の領域を社会学的分析につなげることである。同時代の社会を描くことが期待されているドキュメンタリー映画というジャンルは、体制側の提示するユートピア像が、実際に存在する社会的現実とどのように突き合わされ、展開していったのかを考える上で非常に興味深い題材だからである。[41]

(2)「構築されたドキュメンタリー」と「想像された現実」の違い

近年わが国でも、映像などのヴィジュアル・イメージを社会学的研究の中でどのように利用すべきかという関心がとみに高まっている。[42] 本章もドキュメンタリー映画を研究対象とする研究のひとつとして、ごく簡単にではあるが立ち位置を明確にしておきたい。

ドキュメンタリーやニュース映像など、何らかの現実・事実を記述することを目的とした映像が議論の対象となる場合、昔から最大の論点になってきたのは、それが「客観的」な現実の反映である（ありうる・あるべき）か否かという問題であった。近年の社会科学の分野における映画・映像研究においてしばしば強調されるのは、これら一見客観的な事実・現実を扱っているように見える映像の「構築性」である。[43] 例えば、ドキュメンタリー映像を何らかの虚構あるいは社会的構築物とみなし、その背後に存在するイデオロギーや支配文化が自然で自明な「事実」として構築される過程を暴く、という方法論はよく見られるものだが、確かにそれらは部分的には、とりわけ客観性・中立性を自明なものとして主張するニュース映像などを分析す

る際には、有効であろう。(44)

だがこうした方法論には少なからぬ物足りなさもある。その物足りなさは、本章のように明白に「プロパガンダ的」な映画をも研究対象とする際に一層強いものとなる。なぜなら、これらの映画が「イデオロギー的」であり、何らかの形で「構築」されているなどということはごく当然のことだからであり、また当時社会的にもコンセンサスを得ていたことだからである。むしろ本章が試みるのは、これら一見「プロパガンダ的」としか見えない映画がそれでもなお明らかにしてくれるような何らかの「現実」を、具体的な社会的・歴史的文脈の厚みから掘り出す作業である。念のため断っておくと、本章がここで「現実」と言うのは、映画表象が実在した現実とどれだけ一致しているかといったレベルの分析をしようとしているのではなく、む

(41)　英語圏で出版されたソ連のドキュメンタリー映画についての概説としてはG・ロバーツの著作（Roberts 1999）があるが、この本は『ソ連における歴史・ノンフィクション映画』という副題を冠しながら、実際にはその内容のほとんどはジガ・ヴェルトフなどのアヴァンギャルド時代の作家の作品と、スターリニズムの到来によって彼らが閑職に追われるまでの記述にとどまっており、創造性に溢れた「作家」個人とそれを抑圧する「体制」の権力、という二項対立図式の域を超え出ていない印象を受ける。

(42)　『社会学評論』二〇〇九年（Vol. 60）第1号の特集、とりわけ石田（2009）を参照。

(43)　ドキュメンタリーの虚構性を主張するポストモダン的映画理論に対しては、N・キャロル（Carroll 1996）が詳細な批判を加えている。また、構築主義的観点からノンフィクション映像における意味構築過程を批判的に分析する議論の例として、伊藤編（2006）を参照。

(44)　伊藤編（2006）を参照。伊藤守は同書の目的を、「『表象』とその背後に隠された『本当の現実』とのズレを問題にするのではなく、『社会的現実』の構築のされ方の差異を読み解くことを通じて、『表象』という表層のテクストに内在することではじめて見えてくるニュースの政治性を問題にすることにある」（伊藤編 2006: 12）としている。

しろそれら映画に描かれた事象を取り囲む枠組みそのもののレベルを問題にしている。つまり、当該の映画が、そもそも何を描くべき「現実」として認識していたのか、そこにはどのような想像力のあり方が働いていたのかという、現実の構築をめぐってさまざまに交渉される知覚の枠組みのあり方そのものである(45)。

このような分析を行う場合、それは何よりも、制作・流通・受容といった映画をとりまく具体的なプロセスや、当時の言説や権力関係の中でこれらの映像が何を意味し、社会のどんな要求を満たしていたのかといった、社会的・政治的文脈に基づいた分析の中で達成されるものでしかありえない。これら映画制作をとりまく様々な社会的意味の相互作用を考えるとするなら、ドキュメンタリー映画こそはまさに、社会における「現実」の捉え方を探求するのに絶好の場となる。つまり、当時の社会において「現実」というものがそもそもどのように捉えられるべきものとされていたのかということに関する、「映像をめぐる社会的なコミュニケーション」（長谷 2003: 28-29）の一環に位置づけられるものとしてこれらの映画を考察することを本章は目指しているのである。

本章では、続く第二節・第三節にて、五〇年代前半の「社会主義リアリズム」の映画および五〇年代後半の「黒いシリーズ」の映画を分析し、そこにおける現実認識とユートピア的想像力の変化について比較する。その後、これまでの分析を踏まえた考察を行いたい。

2……社会主義リアリズムのドキュメンタリー映画(一九四九—五五)

(1)「生産映画」と社会主義建設のユートピア像

まず、「社会主義リアリズム」の時代におけるドキュメンタリー映画について見ていこう。当時(一九四九—五五年ごろ)は、「六カ年計画」をはじめとした「社会主義建設」の頂点の時代であり、ドキュメンタリー映画も当然こうした新社会の建設や「新しい人間」の成長といった主題を扱ったものが支配的であった(Toeplitz (red.) 1974: 260-280)。これら社会主義リアリズムのモチーフの中でもとりわけ強く推し進められたのは、いわゆる「生産的なテーマ」と呼ばれたもの、すなわち、当時のポーランドにおける技術革新・生産性の向上などを称揚し、社会主義建設への邁進を呼びかけるような内容のものだった。大規模な工場や道路の建設、農村の集団化、生産性の向上、英雄的な労働者たちといった、社会主義建設にとって象徴的なシンボルや出来事が、いくつもの映画で繰り返し描かれた[46]。

---

(45) 従って、本章で扱う「現実」には三つの水準があるといえる。映画によって何らかの形で参照されることになる素朴な実在としての「現実」、社会的構築物である映画に描かれた表象としての「現実」、そしてそうした現実の認識・構築のあり方を枠付けているような、現実の捉え方をめぐる社会的コミュニケーションや実践・想像力のレベルである。本章が最も重視するのがこの第三の水準であることは言うまでもない。

(46) 例として、後に取り上げる『針路、ノヴァ・フータ!』の他、『ワルシャワ』(*Warszawa*, Ludwik Perski, 1952-54)、『広い道路』(*Szeroka Droga*, Konstanty Gordon, 1949)、『チェンストホヴァ』(*Częstochowa*, Helena Lemańska, 1951)など。

ここでいくつか注意すべき点がある。第一に、これら多分にソ連型社会主義の公式イデオロギーに基づいた表現は、にもかかわらずある程度までは社会の現実の動き、そしてそれをまなざす社会的想像力を反映していたと見做せるということである。当時のポーランドは、戦後の荒廃から急速な「社会主義的近代化」によって先進的な工業国家へと生まれ変わろうとする国家計画の真っ最中だった。四九年から始まった「六ヵ年計画」は、後に多くの弊害をも生み出すことになるが、その野心は当初多くの国民に支持されたのである（伊東 1988: 211）。それまで社会的昇進の機会など無かったような農村の若者が大量に工場や建設現場へと流入し、基礎教育や職業訓練などの恩恵を受けて、社会的昇進を果たしていった。

他方重要なのは、既に第４章で触れたように、こうした希望に満ちた社会主義の未来が称揚されるのとは対照的に、当時無数に存在した（とされる）様々な社会の暗い側面は、ほとんど描かれることがなかったということである。そうした社会問題は社会主義体制下において「存在するはずのない」問題であり、従って仮にそうした問題が存在した場合、それは戦前の資本主義の残滓か、あるいは外部の「敵」による破壊活動のせいでしかありえず、従ってドキュメンタリーが積極的に取り扱う必要のない、マージナルな現象であると見做されたのだった。

（２）短編映画『針路、ノヴァ・フータ！』——「新しい製鉄所」とユートピア的想像力

以下、こうした映画の例として、アンジェイ・ムンク監督の『針路、ノヴァ・フータ！』[47]を分析したい。この映画を特に詳細な分析のために選んだ理由は、この映画が、後の３節で分析することになる「黒いシリーズ」の映画のひとつ『居住の場所』と同一のテーマ、すなわち、製鉄都市ノヴァ・フータの建設を扱っ

ているからである。同時に、ここで扱われているノヴァ・フータという都市は、本書の第2部の主題でもある。ただし、本章はあくまでドキュメンタリー映画における現実の描かれ方の変容を扱うのが目的であるため、ここではさしあたってノヴァ・フータの歴史および生活の具体的な詳細には立ち入らず、概要のみ紹介しておきたい。

ノヴァ・フータ（「新しい製鉄所」）とは、一九四九年にクラクフ市近郊に建設が始まった巨大製鉄コンビナートおよびそこで働く労働者のための住宅群である。それは、社会主義ポーランド最大の都市計画プロジェクトであった。体制側の目的は、社会主義的都市計画の理想に沿ってこの地に文字通り未来の「ユートピア都市」を建設することにあった。整然とした幾何学模様をなす巨大住宅群の中で労働者たちは、資本主義社会における貧困や貧富の差とは無縁の、近代的で豊かな生活を送ることになるはずだった。

こうして、ノヴァ・フータはポーランドの「社会主義建設」にとって決定的に重要なシンボルであった。本章の狙いは、この特異なプロジェクトが全く異なる描かれ方をしている二つの映画を比較することで、そこにおける現実の描かれ方の変容を例示することである。

『針路、ノヴァ・フータ！』は、当時建設中だったノヴァ・フータで働く建設労働者たちの活気に溢れた様子と、そこに到来することになる進歩的生活を紹介する内容の短編映画である。当時の他の多くの「生産的映画」と同じく、ここで何よりもまず焦点が置かれるのは、「社会主義建設」のための大規模な工業建設と、

(47)『針路、ノヴァ・フータ！』*Kierunek - Nowa Huta!*, Andrzej Munk, 1951。

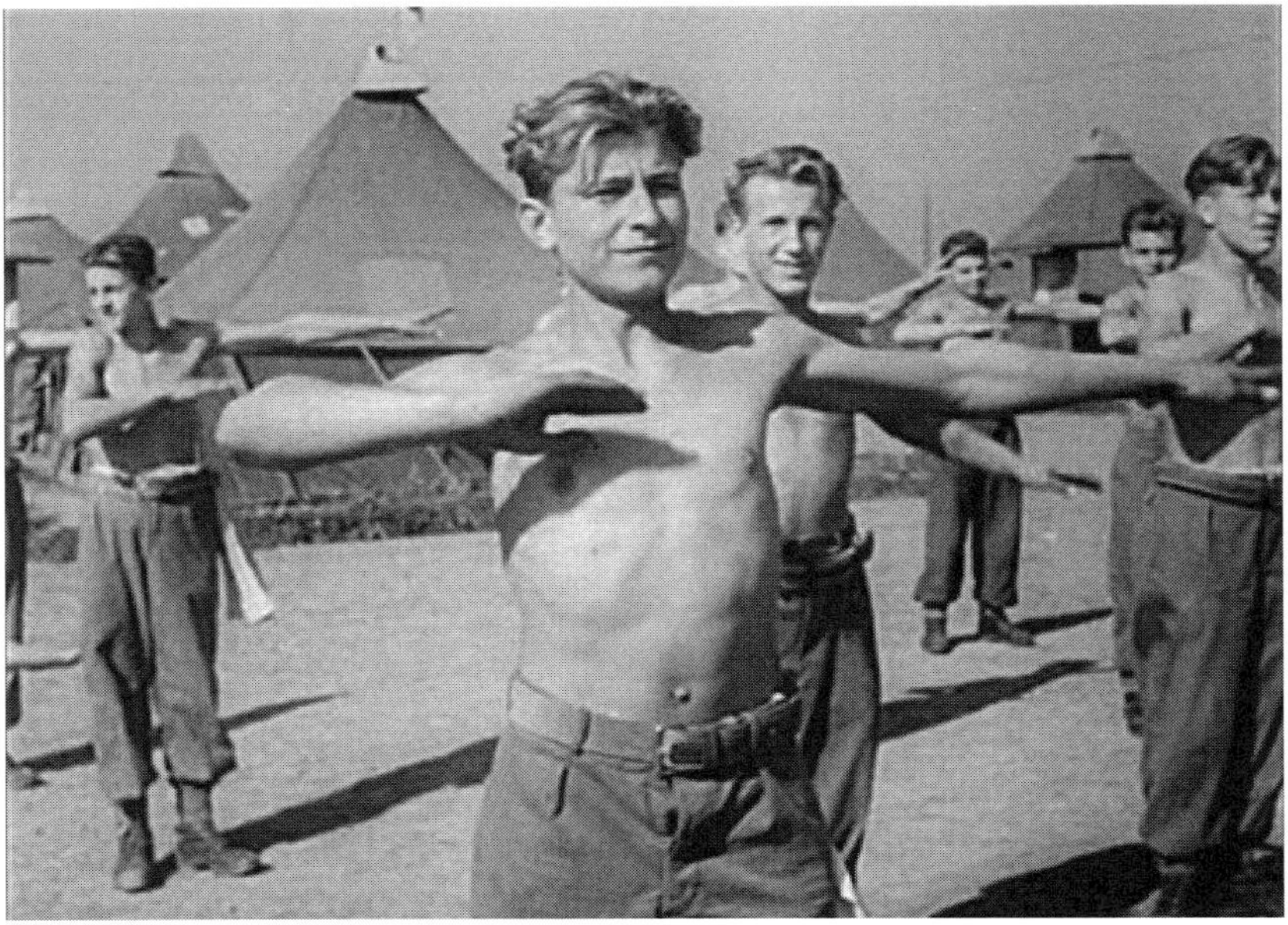

図12　『針路、ノヴァ・フータ！』
ノヴァ・フータ建設に従事する少年たちの朝の体操の様子。
Copyright owner: ©WFDiF
From National Film Archive – Audiovisual Institute

そこで働く労働者たちである。[48]

この映画で何よりも目を引くのは、この映画の構造が、極端な形での「過去」と「未来」の断絶の上に成り立っているということである。夜明けの描写から始まり、最後にはまた翌日の朝の描写で終わるこの映画は、外見上はノヴァ・フータの建設現場の「とある一日」を切り取ったかのような構造になっている。だが同時に、この一日の時間の流れの上には、貧しい「過去」から出発して輝かしい「未来」へと向かう社会主義ポーランドの歴史的道のりがそのまま重ね合わされているのである。まず映画冒頭の、クラクフ近郊の貧しい村に夜明けが訪れるシーンは、社会主義が到来する以前の「過去」を象徴している。ナレーションが、この村の貧しさと希望のなさを述べ立てる。あばら家のような農家のみすぼらしい様子や、そこで遊ぶ子供たち、そして年老いた農婦の苦渋に満ちた表情が強調される。

だが、この沈んだ空気は日が昇ると同時に一変する。農村に訪れる夜明けが、社会主義体制によるノヴァ・フータ建設の開始に象徴的に重ねあわされる。若者労働者たちがテントから起き出し、意気揚々と建設現場へと行進する。ナレーションが高らかに叫ぶ。「針路、ノヴァ・フータ！」。ここにおいて、戦前の資本主義的ポーランドの抑圧的な「過去」と、社会主義体制下における希望に満ちた「未来」は、明白に断絶させられるのである。

その後の各シーンでは、ノヴァ・フータで働く様々な労働者たちの労働風景と、彼らの日常生活が様々な角度から描かれることになる。これらのシーンは皆一様に、輝かしいユートピア的イメージに溢れている。重機を使った建設現場の雄大な風景や、労働者の晴れやかな笑顔が映像で強調される。とりわけ、最も大きな比重を置いて、また最も輝かしく描かれているのが、ノヴァ・フータ建設に従事する若者たちである。図12に見られるような肉体的な健全性・若さの描写に加え、彼らの精神的・知的成長も描かれる。すなわち、最初は文字も読めなかった少年たちは、読み書きを習い、専門的な建築学の訓練を受け、余暇の時間にはソヴィエトの作家の本を愛読するのである。こうして、若者たちが送ることになるはずの未来の文化的生活が称揚される。

この映画における未来のユートピア的想像力が最も強力に見受けられるのが、ノヴァ・フータの完成した

(48)　当時象徴的だった建設計画としては、他にワルシャワの再建と、それと関連した東西幹線道路の建設がある。『ワルシャワ』(*Warszawa*, Ludwik Perski, 1952-54) や『広い道路』(*Szeroka Droga*, Konstanty Gordon, 1949) はこうしたテーマを扱っている。

区画で実際に暮らす人々の生活を描いた場面である。ここでは、清潔な通りと整然と並ぶ白い建物、そして清潔で設備の整った住居が、映画冒頭部のみすぼらしい農村の風景と明白に対比させられる。幸せそうな子供たちが、両親と共に食卓に着く様子が映し出される。あたかも西側の商業広告かと見まがうような映像によって、豊かな物質的生活に支えられた未来のユートピア社会の具体的なイメージが呈示されている。

これら一連のユートピア的イメージは、映画全体を通して完全に無矛盾的な映像とナレーション、そして音楽によって展開される。当時のドキュメンタリー映画としてはごく普通のことではあるが、何らかの「演出」や「やらせ」、そして時には俳優を用いた「演技」が、明白な形で映画の全編にわたって用いられている。さらに重要な役割を果たしているのが、絶え間なく流れるナレーションの存在である。それは、映画に登場するあらゆる映像・人物の意味を一義的に決定してしまう働きを持つ。その結果、社会主義のプロジェクトが提示する未来像と矛盾するような要素は、映画から完璧に排除されるのであった。

こうして、『針路、ノヴァ・フータ!』を例にとって、当時の社会主義リアリズム的ドキュメンタリーに特徴的な表現を検討してきた。そこで何よりも目を引くのは、「過去」と「未来」の絶対的な断絶という特異な時間意識と、そこに打ち立てられた「ユートピア」のイメージである。これらの映画は一見あくまで「社会主義建設」という同時代の現実を描いているようでいて、実際にそれが描いているのは、ある種の無時間的な「未来」に他ならない。そして、この未来の完成されたユートピアは、演出とナレーションの多用による、映像と音声の完璧な一致によって補強され、疑問の余地のないものとされるのであった。

(3)「優先された現実」は何だったか

当時の批評家・映画監督の言説の中でまず目を引くのは、彼らの多くが当時のドキュメンタリー全般を非常に出来が悪いものとみなし、それを問題視していたということである。これまで紹介したような映画の紋切り型な表現内容を考えると、これは非常にまっとうな判断のように思われる。だが、彼らがこうした問題点の原因とするものや、その解決策として提案するものは、しばしば現代の我々の価値観とは大きくかけ離れたものだった。

> ドキュメンタリー映画は、今も昔も、人民ポーランドの最も重要で決定的な生の領域、つまり社会主義的建設を、不十分にしか考慮してこなかった。ドキュメンタリー映画は、わが国の生活において到来しつつある歴史的な大変化を、それにふさわしい、政治的・芸術的に適した方法で反映していない。（……）それらの映画は深みがなく、芸術という名に値するものではなかったのである。（Toeplitz 1952: 5）

つまり、これらの映画が不十分にしか現実を描けていないのは、それが当時の「最も重要な生の領域」、すなわち「社会主義建設」を、本来の形で描くことに失敗しているからだというのである。表面的に社会主義のテーマをなぞるだけで具体的な人間の深みや実質が伴っていない作品が、しばしばこのような言葉で批判された。こうした問題点は、社会主義リアリズムの手法をより完全に「理解」することによって解決すべきものであった。

わが国の社会主義建設の巨大さと力強さは映画人たちの心をとらえる。彼らは映画が映すべきプロセスや出来事の重要性について直感的には感じ取っているのだが、国民生活の変化の源泉と力については未だ完全には理解していない。（……）

我々のドキュメンタリー映画における、（……）皮相的な態度との闘いは、作家たちによる社会主義リアリズムの手法の完全なる理解に向けた闘いに他ならず、またそうした表現を勝ち取ることは、創造的な勇気を持って我々の生活における問題を深く体験し、感受し、そして理解することによって成し遂げられるものなのである。(Ołaniecki 1952: 168)

上の一連の文章から読み取れるのは、当時の多くの監督・批評家たちが、たとえこうした極端な考え方によってではあれ、当時のポーランドの「現実」をより十全にとらえようと彼らなりの努力をしていたということである。たとえ現代の目から見て彼らの映画にどれほど多くの「虚偽」が含まれていたとしても、彼らを単なる虚偽にまみれた「プロパガンディスト」としてとらえることはできない。むしろ、ドキュメンタリー映画がより優先してとらえるべき本質的な「現実」のありかたが現代とは全く異なっていたといえるのではないか。当時の文脈ではそれは、「社会主義建設」の未来像以外にありえなかった。

当時の言説のなかでもうひとつ興味深いのは、撮影・表現技法に関する議論、特に「演出」「やらせ」の可否をめぐる議論である。現代と比べて技術的・政治的制約がずっと大きかった当時のドキュメンタリー制作においては、こうした何らかの「演出」はおびただしい頻度で用いられていた。(49) 印象的なのは、当時の多くの言説において、こうした「演出」の多用はドキュメンタリー本来のありかたからして決して好ましくないものとされ、時には非難すらされていたということである。それでも実際の制作においては、演出は一種の必要悪として頻繁に用いられ続けた。これは当時の映画監督たちの大きなジレンマだった。

こうして当時の体制側も映画人たちもドキュメンタリー映画の現状を問題視しながらも、有効な手を打てずにいた。そもそも当時のポーランドにおけるドキュメンタリー映画への関心は決して高いものではなかった。映画館などへの配給状況の悪さのせいで、観客の多くはこれらの映画を目にする機会すらほとんどなかったとされる。(50) これらの映画への関心が大きく高まるのは、「雪どけ」によって社会の言論空間が激動してからのことだった。

(49) 同時録音用の小型録音機や、野外撮影用の軽量なカメラなどの設備がまだ開発されていなかった当時においては、野外での同時録音による撮影は大きな困難が伴った。こうした困難が完全に解消されるのは、一九六〇年前後にスイスのナグラ社・フランスのエクレール社によってこうした設備が開発されてからである（佐藤 2001: 20）。

(50) 社会主義国家だったポーランドにおいては、映画はその制作から配給にいたるまで全て国営で行われた。当時全てのドキュメンタリー映画およびニュース映画は、国営の「ドキュメンタリー映画制作所」において作られており、その多くは短編映画だった。ニュース映画が、長編劇映画の付録として共に上映されることで人気を博した（Toeplitz (red.) 1974: 260-263）のと比べ、当時制作された短編ドキュメンタリーの多くは特別上映会などで上映されるのみであり、観ることのできる観客は限られていたとされる（Toeplitz (red.) 1980: 249）。ニュース映画（「ポーランド映画クロニクル」）については、第7章も参照。

3……「雪どけ」と「黒いシリーズ」（一九五五〜）

（1）「黒いシリーズ」と現実の暴露

既に本書で幾度も触れてきたように、一九五三年のスターリンの死にはじまる「雪どけ」のプロセスにおいて、今まで見てきたようなユートピアのプロジェクトは徐々に掘り崩されていき、最終的に五六年の「ポーランドの十月」に至ることになる。そこで特徴的だったのは、当時の体制側による公的なプロパガンダや社会主義体制の称揚に含まれた「虚偽」への怒りであり、また行政の失敗や不備への批判であった。こうした不満や幻滅の表現として特徴的なものを提供したのが、ドキュメンタリー映画に他ならなかった。一九五六年頃から、スターリニズム時代には見られなかったような表現や意味内容を伴った新しい映画が続々と登場したのである。既に第４章で軽く触れたが、「黒いシリーズ」と呼ばれたそれらの映画が最大の眼目としたのは、それまで決して取り扱われることがなかった様々な社会の暗部や問題を暴露し、体制を批判することであった。「黒いシリーズ」の最初の作品であるとされる一九五五年の『気をつけろ、ちんぴらだ！』（非行少年）に始まり、以後、『条項ゼロ』（売春）、『ワルシャワ一九五六』（住宅問題）[51]など、これらの映画が扱ったのは全て、「社会主義体制下には存在し得ないもの」とされてきた暗い「現実」であった。

この「暴露」の戦略からも分かるとおり、「黒いシリーズ」の作品においては、それに先行する社会主義リアリズム時代の映画におけるユートピア的イメージが非常に強く意識されている。明るく輝く笑顔の代わりに苦痛や苦悩に満ちた人々の顔が映し出される。軽快なマーチは不安をかきたてる不協和音に取って代わられ、ナレーションは重々しい声で非難の台詞を浴びせかける。多くの意味で、「黒いシリーズ」の映画が描いていたのはまさに、社会主義リアリズムの「ユートピア」に対する完全なるアンチテーゼだったのである。

（2）短編映画『居住の場所』——ディストピアとしてのノヴァ・フータ

「黒いシリーズ」の映画の一例として、『針路、ノヴァ・フータ！』と同様、ノヴァ・フータを扱っている映画『居住の場所』[52]を分析してみよう。『針路、ノヴァ・フータ！』がノヴァ・フータの労働者たちの英雄的な労働と、文化的で健康的な生活を称えていたのとは対照的に、この映画が描くのは、彼らの生活水準の低さと居住環境の極度の劣悪さである。映画の最初に流されるのは、まるで野宿者か放浪者のように野外で煮炊きをするノヴァ・フータの若者たちの姿である（図13）。「彼らこそがノヴァ・フータの巨大溶鉱炉と製鉄所を建設した若者たちなのである」とナレーションは明らかにする。社会主義建設の「英雄」だったはずの若者たちは、衛生的な住居と文化的な生活を約束されていたはずなのに、怠慢で欺瞞的な行政はいまだにそれを放置しているのである。

こうして、『居住の場所』は、労働者たちの居住環境の劣悪さを繰り返し強調する。労働者用の共同住宅

（51）『条項ゼロ』(*Paragraf Zero*, Włodzimierz Borowik, 1957)、『ワルシャワ一九五六』(*Warszawa 1956*, Jerzy Bossak, Jarosław Brzozowski, 1956)。

（52）『居住の場所』*Miejsce Zamieszkania*, Maksymillian Wrocławski, 1957。

図13 『居住の場所』
冒頭近くのシーンの、野外で煮炊きをする若者たち。奥では、別の酔っ払った若者たちが乱闘している。
Copyright owner: ©WFDiF
From National Film Archive – Audiovisual Institute

に住む若い夫婦は、男女別々の相部屋に住まざるを得ないため、部屋の中で共に語らうこともできない。母親に抱かれた幼い赤ん坊は、足の踏み場もないほど混雑した炊事場の喧騒の中で泣き出してしまう。ここで描き出される一連のイメージは、まさにかつての衛生的で快適な未来都市・ノヴァ・フータのイメージとは正反対のものである。

居住環境の劣悪さと並んでこの映画が焦点を当てているのが、そこに暮らす若者たちの粗暴さ、野蛮さである。かつて公式のプロパガンダでは、社会主義の「新しい人間」と称えられていたあの輝かしい若者たちは、ここではもはや見る影もない。劣悪な共同住宅で生活する彼らは、酒を飲み、公共の場で暴れ、時につかみ合いの喧嘩をする不良少年たちに過ぎない。せっかく文化センターで若者の教化を目的としたコンサートが開かれても、こうした粗暴な不良少年たちのせいで場は台無しになってしまう。ここでもやはり、ユートピア的な未来に生きる「新しい人間」の理想的生活とは正反対のものとして、希望も見通しもない少年たちの「現実」の生が対置されている。

こうして、現実の暗い側面に光を当てることで、「黒いシリーズ」の映画は一貫して「社会主義建設」の理想像の虚構性・虚偽性を暴き立てようとする。だからこそ、「黒いシリーズ」においてはしばしば、こうした過去の典型的なユートピア的イメージやクリシェが頻繁に引用・パロディ化されているのだ。[53] 興味深いことに、『居住の場所』ではそれはとりわけ、「声と映像の対立」という形をとって表現される。例えば冒頭のシーンでは、酒を求める粗暴な酔っ払いの労働者たちの頭上で、街角の拡声器から流れる社会主義のスローガンが空しく響く。あるいは、映画中で何度も繰り返し使われる「ノヴァ・フータの歌」は、現実のノヴァ・フータのみじめな様子との対比において、不条理で皮肉な効果を上げるのに用いられている。ここにおいて、社会主義リアリズムのドキュメンタリーに存在した、一義的な解釈のみしか許さない映像と音声の透明な関係は疑問に付されることになり、社会主義建設のお題目を延々と唱え続ける「声」と、みじめな現実を淡々と映す「映像」の間の緊張関係が映画的な効果を発揮することになるのである。

こうして「黒いシリーズ」においては、かつての映画に見られた「過去」と「未来」の断絶の上に成り立つユートピアは幻滅と共に崩壊する。かわりに前景に登場するのは、輝かしい未来へと向かう希望も方向性

(53)　例えば、『ワルシャワ一九五六』においては、冒頭でスターリニズム時代の言説そのままの美しいワルシャワを紹介した後、急にトーンが変わり、危険な廃屋に住まざるをえない一般庶民の生活が写される。また、『ルブリン旧市街』(*Lubelska Starówka*, Bohdan Kosiński, 1956) では、現実の荒れ果てたルブリン旧市街の映像に、美しい街並みを称揚する紋切り型なナレーションをかぶせるという手法が用いられている。

もない「現在」という名のディストピアなのであった。

（3）「暗部の暴露」とユートピアのゆらぎ

当時の批評家たちは、新しく出てきた「黒いシリーズ」の作品を絶賛した。当初、ドキュメンタリー映画の配給状況は決して良いものとはいえず、ほとんどの観客たちはこれらの映画を目にする機会がなかったはずであるが、(54) それにもかかわらず多くの新聞・雑誌で「黒いシリーズ」に関する記事がとりあげられ、その内容・表現の新しさが賞賛された。既に一九五五年の『気をつけろ、ちんぴらだ！』公開時に『直言』*Po Prostu* が、「気をつけろ、いい映画だ！」という記事を掲載している。

K：この映画の非妥協性は僕を圧倒したよ。この映画は極端で暴力的な例をあえて選び出し、肯定的なものを対比することで釣り合いを取ろうとさえしていない。

というのも、この映画では、

――二つの不良集団の闘いで、中学生の男の子が死んでしまう。

――酔っぱらった若い労働者がナイトクラブで乱闘を引き起こす。

――若い男の子が、父の酒乱に嫌気がさして家を逃げ出し、駅でのかっぱらいで生計を立てている。

――若い二人の男が、身体障害者をかなてこで殴って強盗する。

――ちんぴらの集団が、全速力で走る電車から車掌を突き落とす。

B：そして警察や、その他これらすべてに対抗するようないかなる「ファクター」も、この映画には現れないんだ。

Ｋ：だって、残念ながら、我々の国では本当にそうなのだもの。だからこそこの映画はこんなに激しく社会の無関心と臆病さを攻撃しているのさ。（Krafft 1955: 5）

このように、当時の観客・批評家に最も衝撃を与えたのは、これらの映画の内容の過激さと、映画によってはその暴力性、そして、そうした題材を扱う際の「非妥協性」だった。こうした熱狂は、これまで決して描かれることのなかった真正な「真実」が、まさに今、目の前のスクリーンで展開されているのだという熱狂に他ならなかったのである。まさにこの「暗部の暴露」という戦略こそ、これらの映画を成り立たせているものだった。やはり『気をつけろ、ちんぴらだ！』を見た後の気持ちを回想したカジミエシュ・カラバシュ監督の文章は、当時におけるこの「革新性」がもたらした熱狂をよく表している。

上映が終わったあと、ヴワディスワフ・シレシツキ〔後にカラバシュと共に「悪魔がお休みを言う場所」などを制作することになる監督〕とわたしは外に出た。興奮して、ほとんど茫然自失として——こんなふうにもできたのか？ こんなに主観的で、独創的で、アグレッシヴに？ その映画は（それまでドキュメンタリー

（54）一九五七年になってようやく、全ての長編劇映画上映の際にニュース映画に加えて何らかの短編映画（ドキュメンタリー映画・アニメ映画など）が付録として必ず上映されるようになり、配給状況は大幅に改善された（Toeplitz (red.) 1980: 383）。「黒いシリーズ」の作品もこのような形で長期間上映された（Toeplitz (red.) 1980: 249）。

映画スタジオで制作されたものと比べると）まったく普通ではない語りの原則を、とても私的で熱いコメントを、良質な生の映像を、非常に密度の濃いナレーションを持っていた。そして何よりも――その映画は何か社会的に大事なもの、それまで無視され、沈黙されていたあるものに関する映画だった。(Karabasz 1985: 19)

カラバシュの回想に端的に現れているのは、それまで「言えなかったこと」が目の前のスクリーン上でここまで激しく主張されているということそれ自体への衝撃に他ならない。それは、まさにこれらの映画が、この「暗部の暴露」を通じて、過去のスターリニズムのオフィシャルな言説を「退屈な言葉」として退け、それに代わる絶対的な「真実」のドメインを自らスクリーン上に映し出して見せたからである。以下に引用するのは、当時の評論家による映画評であるが、ここに見られる熱狂は、この映画上に映し出された「真実」の呼び声に対して観客がいかに自らを投げ出し、それに呼応したかを見事に伝えている。

輝かしい復興事業、喜ばしい創造、急ピッチで進むワルシャワ再建、労働者用の住居？　そんなのはみんな嘘っぱちだ！『ワルシャワ一九五六』、『ルブリン旧市街』、『小都市』[55]といった映画を見たまえ。〔公設の〕娯楽場も、かつてはどの映画の中でも褒め称えることが義務化していたが、『悪魔がお休みを言う場所』[56]でのそれを覗いてみたまえ。農村の文化的向上？　農民の健康への配慮？　真実を知りたまえ。農村は相変わらず映画『岩の大地』[57]のタイトルどおりの場所で、そこでは若い医師が迷信や無知蒙昧と無駄に戦っているのだ（……）(Bądkowska 1957: 10)

重要なのは、これら表面的には強烈な変化にかかわらず、映画自体の制作・表現技法や、そこに存在した多くの技術的問題などは、「黒いシリーズ」の作品においてもほとんど解決されないままだったということである。演出や演技は相変わらずこれらの作品において支配的だったし、ナレーションが大きな役割を果たしているという点においてもほとんど変化はなかった。(58) つまり、純粋に映画の製作過程や表現技法において、これらの映画が以前と比べてより現実に「忠実である」とはいえなかったのである。にもかかわらず、これらの映画が当時の人々にとって真正なる「現実」として熱狂を巻き起こしたのは、「雪どけ」の社会変容に伴って、受け手と送り手双方の側において何らかの意識のあり方の変容のようなものがあったからに他なるまい。批評家のB・ミハウェクによる、以下の興味深い比喩が参考になる。

ルドヴィク・ペルスキの映画『ワルシャワ』は、この時期〔社会主義リアリズムの時期〕の最も興味深い映画のひとつだが、この映画には、ジグムント王の柱像が立った王宮広場を写した美しいカットが登場する。だが、もし仮にカメラを二歩右にずらしたとしたら、画面には王宮の瓦礫を目にすることになっただろうし、また左

---

(55)『小都市』*Miasteczko*, Jerzy Ziarnik, 1956.
(56)『悪魔がお休みを言う場所』*Gdzie Diabeł Mówi Dobranoc*, Kazimierz Karabasz, Władysław Ślesicki, 1956.
(57)『岩の大地』*Skalna Ziemia*, Włodzimierz Borowik, 1956.
(58) 全く変化がなかったわけではない。劇的効果を狙ったモンタージュや音楽などにより美的完成度はずっと高くなっていた。また、より「真実」に近い映像を使いたいという欲求が高まっていたことは、例えば、『条項ゼロ』における実際に売春に従事する女性の映像と声の利用に見て取れる。これらの変化は当時の観客の目には大きな革新と映った。

に二歩ずらしたとしたら、ピヴナ通りとシフィエントヤンスカ通りの出口の混乱が見えるだろう。だが、カメラは動かないのだ。この地点でカメラは抵抗にぶつかってしまったのである。これはわが国のほとんど全てのドキュメンタリーにおいてあてはまることだった。限定された視野の範囲内で可能な限り説得力のある優れたものを描こうと、大きな努力が払われた。ある地点まで来ると、カメラは自動的にスイッチが切れてしまうのだった。（Michałek 1960: 22）

こうして、「黒いシリーズ」の一連の映画は、当時ポーランドで進行中だった「現実」のまなざしかたに関する知覚・意識の変容を象徴していると言えるだろう。それまで強固なものとして信じられていた「現実」が、ほんの二歩視点をずらすだけで、脆くも崩壊してしまう。それは、公式の「社会主義建設」という現実の揺らぎであり、すなわち戦後一貫してポーランドの体制が目指してきた「ユートピア」の揺らぎに他ならなかったのである。

4……「新たな現実」と創造的な想像力

一九五〇年代のポーランド・ドキュメンタリー映画を概観してきた。繰り返すが、これらの映画の間に見られる変化を、「体制のプロパガンダ」対「反体制側による『真実』の暴露」という図式によって理解するだけでは不十分である。と同時に、「黒いシリーズ」の作品は、ドキュメンタリー映画としてはそれまでなかったような反響を巻き起こし、真実が現れ出てくる場として大きな影響力を持ったことも事実である。そこには、そこで描くべきとされる現実のありかた、現実の「質」に重大な変化が起こったと考えられるのである。

本書はその変化を、社会主義建設の未来へと向かうユートピア的な意識や時間性のあり方から、そうしたユートピアの夢が幻滅に終わったあとの、「ポスト・ユートピア的」な想像力への変化として説明したい。本章の分析から言えば、この二つの現実認識の違いを特徴付けているものの中で最も特徴的なのは、そこに現れている時間意識の違いである。本章の分析から明らかな通り、スターリニズムのユートピア的想像力は、過去と未来を完全に断絶することによって、究極的には過去の様々な悩みや貧困・問題が全て解決された、「ここではないどこか」にあるはずだった「未来」の理想郷を、現在という時にそのまま短絡し、重ね合わせようとする想像力である。だが、この現在と未来を無時間的に媒介するユートピア的想像力は同時に、それにどうしても追いつくことの不可能な「今―ここ」にあるみすぼらしい「現在」との間に圧倒的な断絶・矛盾を不可避的にさらけ出してしまう。[59]ポスト・ユートピア的な想像力のあり方は、まさにこのユートピア的想像力における矛盾・断絶、そこにさらけ出された「みすぼらしさ」にこそ着目する。そこでは、過去のユートピアのスローガンは意味を喪失した不条理な言葉の羅列、それ自身の戯画と化してしまうのである。

(59)　社会主義リアリズムを現代のCG技術と対比させたL・マノヴィッチ（Manovich 2001）の面白い比喩が参考になる。「社会主義リアリズムは現在において未来を見せようとしたが、それは未来の完璧な社会主義世界を、二〇世紀半ばのロシアの通りや内装、そして疲れて栄養が足りず、恐怖でおびえて消耗した灰色のぼさぼさ頭といった、観客にとってなじみのある視覚的現実の上に投射することによってであった。（……）社会主義リアリズムは、未来を現在の上にスーパーインポーズしなければならなかったのである」（Manovich 2001: 203）。

こうして、体制側の提示する、無時間的で全体的な未来のユートピア像に対して、「雪どけ」期のポスト・ユートピア的想像力は、そのユートピア像の隙間のような場所に新たな現実を見出すものである。現に、「黒いシリーズ」の映画においては、一般大衆の私的な生こそが中心的な位置づけを占めることになる。それ以前のドキュメンタリー映画の登場人物たちは、あくまで「社会主義建設」という輝かしい未来との関連において紹介され、記憶されるものに過ぎない、言わば社会主義リアリズムの「聖人伝」(Groys 1988=2000: 94)の中の存在に過ぎなかった。「黒いシリーズ」においては対照的に、彼らは徹底的に個人的・私的な「普通の人々」として描かれ、彼らの私的な問題や苦難(住宅問題、家庭環境)などに最大の焦点が置かれる。それは以前には決して目を向けられることのなかった「現実」に関する、批判的かつ創造的な想像力のあり方だった。

5……「雪どけ」とポスト・ユートピア

以上、一九五〇年代ポーランド・ドキュメンタリーにおける「現実」の変容を概観してきた。本章の分析を踏まえ、これまでの本書全体の議論をもう一度振り返っておきたい。

そもそも、本書が「雪どけ」期のポーランド文化に着目した第一の理由は、そこで起こった文化的沸騰や、ポーランドの来るべき「モダニティ」をめぐる様々な意識や議論の錯綜の中に、社会主義体制下におけるモダニティの「必ずしも実現しなかった可能性」を見いだすことが可能ではないかということであった。「雪どけ」のポーランドにおける真正な性愛関係への欲望や、非行少年へのまなざしなどは、いずれもそれぞれまでの支配的言説・システムを乗り越える、新たな価値への希求を宿していながら、結局は完全には展開されることのないまま終わっていったものとして本書において描かれたのであり、その意味でこれらはいずれも、まさに「完全に実現しなかった可能性」として、現代の我々に依然として問いを投げかけている。これら、実現されなかった可能性が今を生きる我々にとって大きな意義を持つのは、それらがまさに、ひょっとしたらあり得たかもしれない近代、近代の別様の可能性を示すことによって、「今ここ」という場所においてもまた現実変革の可能性がありうるのだということへと我々の意識を向けるからに他ならない。

加えて、本書が「雪どけ」を扱った第二の理由として挙げられるのは、当時の社会状況およびそこにおける社会的想像力のありかたを、現代のポスト社会主義といわばその根底の体験において通底するようなものとして「重ね合わせる」という意図、あるいは、現代のポスト社会主義における新たなユートピア的想像力の再生にヒントを与えうるようなものとして、積極的に再評価するという意図であった。本書においてたびたびポーランドの「雪どけ」の社会的想像力を、あえて「ポスト・ユートピア」という語によって記述したのには、まさに上記のような問題意識が関係している。第1章でも既に述べておいたとおり、本書において、この「ポスト・ユートピア」という語は通常とはやや異なった使い方をされている。これまでこの語は、本章が扱ったような時代よりも後の時代、とりわけソ連崩壊直前からそれ以降の文化状況全般を指して漠然と使われる事が多かった（Groys 1988=2000; 沼野 2003）。だが本書は、このポスト・ユートピアという語を、単なる時代区分のための語としてではなく、むしろある種の特徴的な想像力のあり方そのものの実質的な記述として用いることを意図している。

この「ポスト・ユートピア」的な想像力のあり方は、それに先行するかつてのユートピア的ヴィジョンの揺らぎや崩壊を目の当たりにしつつ、それを超え出るような新たな価値を希求するという点において、やはりそれ自身が新たなユートピア的な想像力のありかたである。だが、それはもはや、かつてのように無時間的で全体的な未来の理想像をただ無反省に希求することはしない。ポスト・ユートピア的想像力は、あくまで現在の日常性という時間感覚の中に自らの身を置きつつ、同時にかつての失敗に終わった過去に「寄り添う」。ちょうど、『居住の場所』が、かつての「生産的映画」のクリシェを声によって反復しつつ、そこに「現在」のみすぼらしさを魔術的に重ね合わせたように、ポスト・ユートピア的想像力は、ある精妙なやりかたで、過去と現在を「重ね合わせる」。そこでは、ユートピアの希求する目的論的世界観と、今ここという現在にある様々な受苦や矛盾、そして、過去の失われた様々な実現されざる可能性の痕跡とが、その相互の矛盾と対立をさらけ出し、そうすることで現在・過去・未来への批判的・反省的思考を可能にする。ユートピアへの希求は、それ自体がユートピアに関する批判的思考と同一のものとなり、過去へのノスタルジアは、ノスタルジアそのものに関する反省的省察と同一のものになる。そして、現在へのまなざしは、そうした未来への希求と過去への思惟を共に重ね合わされた重層性を帯びたものとして、現在の支配的秩序に対して新たな視野からの問い直しを可能にするのである。

第2部

ポスト社会主義時代におけるユートピアの記憶
——「ユートピア都市」の過去と現在

第6章

社会主義的ユートピアの理想と現実
——製鉄都市ノヴァ・フータの歴史から

通りの広さを生み出すのは
アスファルトと不屈の意志。
建物の高さが生まれるのは、
レンガと誇り高い勇気から。
幅広い橋を建てるのは
鉄と自覚。
希望からは木の緑色が生まれ、
喜びからは——モルタルの新鮮な白が。

社会主義の町——
そこには郊外も横丁もない。

その町はあらゆる人間同士の友愛のなかにある。
私たちの最も若い町は
これから生まれる町の中で最も古い町になるだろう。
近い未来には——最も若い。
遠い未来には——最も古い。
善き運命の町。

（ヴィスワヴァ・シンボルスカ「ノヴァ・フータ」[Szymborska 1951: 2]）

1……はじめに——ノヴァ・フータと「社会主義建設」

本章及び第7章では、既に第5章で登場したポーランドのクラクフ市・ノヴァ・フータ地区を研究対象として、それをめぐる社会主義時代の様々な言説、さらには現在のノヴァ・フータにおける人々の記憶やその表象のされ方を整理することで、社会主義ポーランドにおけるノヴァ・フータがかつてそこの住民にとってどのように体験され、またポーランドの言説空間の中でどのように扱われてきたか（第6章）、そしてまた、ポスト社会主義と言われる現在において、社会主義的「ユートピア」建設という過去とどのように向き合いうるか（第7章）を社会学的に検討することを目的としている。

第1章でも紹介したとおり、本書でとりわけこのノヴァ・フータという町を研究対象として取り上げるのには、大きな理由がある。ポーランドの社会主義体制を考える際に挙げられるノヴァ・フータという町の重要性を改めてここでおさらいしておこう。まずひとつめに、戦後ポーランド史におけるこのノヴァ・フータという町の特異な位置づけがある。ノヴァ・フータとは、その名（Nowa Huta ＝「新しい製鉄所」の意）が示すとおり、一九四九年にクラクフ近郊に建設が始まった巨大コンビナートおよびそれに付随した町の名称である。戦後になってソ連を範とした社会主義体制を導入し、「六ヵ年計画」などの大規模プロジェクトによって「社会主義建設」を進めていた戦後ポーランドにおいて、このノヴァ・フータは「六ヵ年計画」における最大級の建設プロジェクトであり、同時に「ポーランド最初の社会主義の町」として国内で大々的に喧伝されたユートピア都市建設の試みでもあった。従ってノヴァ・フータは、当時のポーランドが目指していた社会主義による国家建設・コミュニティ建設の試みの最も端的なモデル・ケースだと言えるのであり、それに対して住民がどのように適応・反応したのかも含め、ポーランドの社会主義を振り返る際に大きな意義を持っている。

ふたつめにこのノヴァ・フータという町に注目する理由として、社会主義建設という文脈に限らず、戦後ポーランドにおける近代化・工業化のプロセスという、より広い文脈の中でノヴァ・フータが有した重要性が挙げられる。戦後ポーランドにおいて、社会主義建設とは何よりもまず「近代化」を意味していた。その第一の目標は、依然遅れた農業国家だった戦前のポーランドを、強制的工業化・産業化によって進んだ近代国家へと脱皮させることだったのである。この「工業化」の最も大きなプロジェクトが、一九五〇年から五五年にかけての「六ヵ年計画」である。工業化のスピードはきわめて早いものであった。それは社会構造の急速な変化、とりわけ農村から都市や工業地帯への大量の人口移動を意味した。[60]ノヴァ・フータ建設は、まさにこの戦後ポーランドにおける工業化と人口移動という大きなプロセスの中に位置づけられる。それまで何もなかった場所にゼロから新しく巨大製鉄所と都市を建設するため、ポーランド全国の農村から大量の若者をかき集めたのである。様々な場所からやってきたこれら若い労働者たちは、多くの場合都市での生活を営んだ経験もなく、最低限の教育すらも受けていなかった。ノヴァ・フータ建設は、このように農村から出てきたばかりの若者たちからまったく新しい社会秩序をゼロから創り上げることを目的とした、大きな社会実験の場だったのである。

こうして、ノヴァ・フータという場は、社会主義建設という「ユートピア」の理想が現実において体制側からどのように呈示され、それがどのような経過をたどったか、そしてそこに生きた住民やそれをめぐる言説が、そうしたユートピアにどのように反応、対応したかということを検討する際に格好のフィールドであると言える。本章ではこのような視点から、第７章のポスト社会主義のノヴァ・フータの分析に移る前の予備的考察として、さしあたって一九五〇年代～六〇年代頃を中心としたノヴァ・フータの歴史およびそこの生活の変遷、そしてそれをめぐる当時の言説を分析したい。

2……ノヴァ・フータ概要

先にも述べたとおり、ノヴァ・フータはクラクフ近郊に建設中された巨大コンビナート（レーニン製鉄所）およびそこで働く労働者のために計画された町である。これまで「町」という表記をしてきたが、厳密には建設のごく初期から現在に到るまで、行政区画としてはクラクフ市の一部であり、独立した市としてのステータスを有してはいない。だが、計画当初はクラクフとは独立した別個の都市として計画されていたこともあり、[61] クラクフ市の中でもかなりの独立性を有した区域であると言える。実際、現在のノヴァ・フータの住民（あるいは逆に、クラクフ中心部の住民）の意識においては、クラクフとノヴァ・フータは別々の町であるという意識が強い（第7章参照）。現在では、広義の「ノヴァ・フータ」と呼ばれる地域は、「ノヴァ・フータ区（第18区）」をはじめクラクフの５つの区を含む地域であり（図14）、人口約二〇万人を数える。[62]

狭義には、ノヴァ・フータといえばその最初期に建設された中心部の市街地（いわゆる「古いノヴァ・フータ」Stara Nowa Huta）を指し、人口五万人程度が暮らしている[63]（図14の斜線部＝図15）。「六ヵ年計画」の時代に計画都市として構想され、建設されたのもこの部分である。クラクフ中央駅から東に向かってトラムで約二〇～三〇分ほど行くと、中央広場（Plac Centralny）に至る。この中央広場を中心として広い道路が

(60)　六ヵ年計画中に農村対都市の人口比率は、六六：三四から五六：四四へと変わったという（伊東 1988: 216)。

(61)　ノヴァ・フータが正式にクラクフの行政区として組み入れられたのは一九五一年である。

(62)　「クラクフ市公的情報公報」(*Biuletyn Informacji Publicznej Miasta Krakowa*) によると、一九九一年のクラクフ市の行政区の区分け変更によって、それまで「ノヴァ・フータ」という一つの区にまとめられていた地域は、第14区から第18区までの五つの区に分けられることになり、区の名称としての「ノヴァ・フータ」は第18区を指すものとなった (http://www.bip.krakow.pl/?dok_id=1665)。二〇一一年二月二日時点での五つの区の人口の合計は、二〇万二四三七人である (http://www.bip.krakow.pl/?dok_id=30686)。

(63)　二〇〇七年時点でのノヴァ・フータ中心部の人口は、五万七〇一人であった (Urząd Miasta Krakowa 2008: 16)。

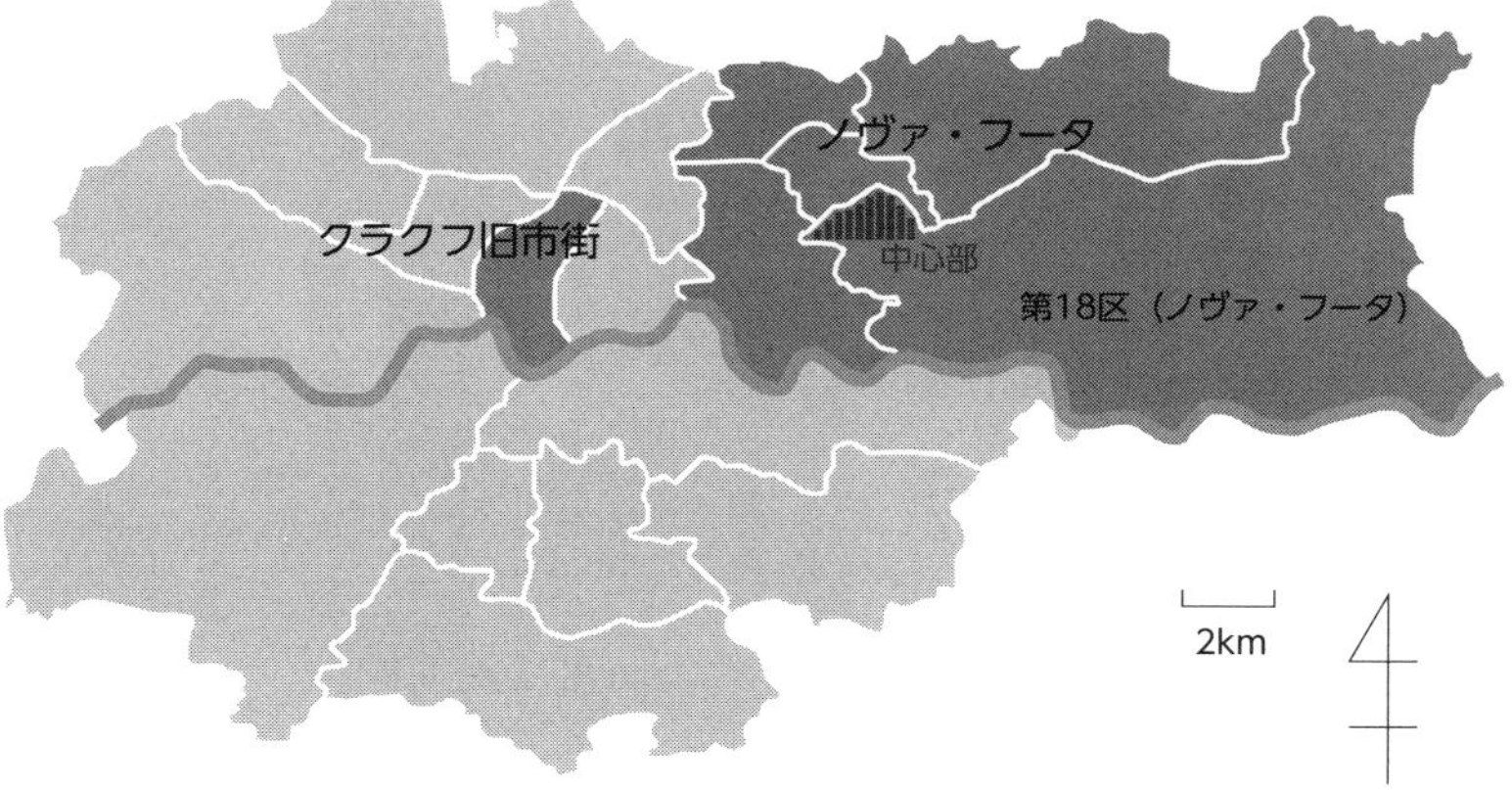

図14(上)　クラクフ市域およびノヴァ・フータの位置関係
出典：Wikimedia Commons（http://commons.wikimedia.org/）より、File: Kraków_dzielnice_blank.svg
（http://commons.wikimedia.org/wiki/File:Krak%C3%B3w_dzielnice_blank.svg、作者：Slawojar）を一部改変。Permission is granted to copy, distribute and/or modify this document under the terms of the GNU Free Documentation License; This file is licensed under the Creative Commons Attribution-Share Alike 3.0 Unported license.

図15(下)　ノヴァ・フータ中心部

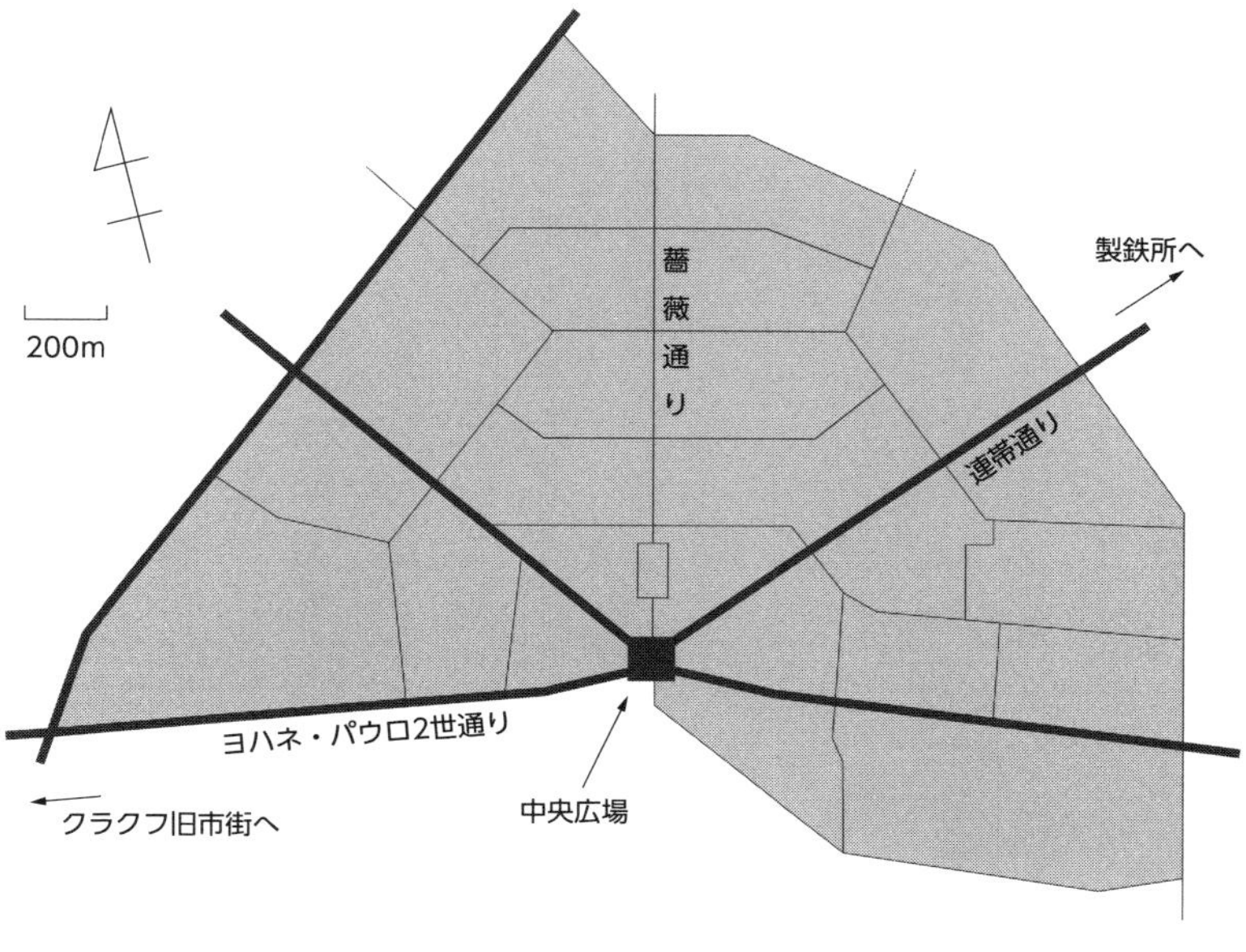

放射状に伸びており、そのうちの一本（現在の「連帯通り」Al. Solidarności）はそのまままっすぐコンビナートの門へと続いている。この、中央広場を要として、そこから伸びる放射状の道路に沿って形作られる扇形の部分がノヴァ・フータであり、幾何学的な町の形が非常に特徴的である（図15）。町の中の各々の区画は、それぞれ名前のついたOsiedle（団地）をなしており、基本的にはこの各々の「団地」の中で生活に必要な全ての需要が満たされることを目標としていたと言われている。

先にも述べたとおり、ノヴァ・フータは当初クラクフとは別個の町として計画され、それゆえクラクフとは全く異なる性格を持つ町であった。社会主義時代の住民の圧倒的大多数は製鉄所で働く労働者もしくは何らかの形で製鉄所に関係する仕事に従事する人々であり、製鉄所はノヴァ・フータのまさに中心をなす存在であった。クラクフのすぐ近くの場所にノヴァ・フータが建設された経緯については諸説あるが、一説では、体制に対して批判的で「保守的」なクラクフに対する当時の体制側からの「懲罰」という意味合いも含まれていたとも言われている。少なくとも、何らかの政治的意図が場所の選定において働いたことは間違いない。すなわち、旧来から保守的なブルジョワ層の町であったクラクフのすぐとなりに、体制側の支持者たりうる労働者階級からのみなる町を建設することで、クラクフの保守色を薄め、プロレタリア色を濃くしようという意図があったというのである。[64]

ノヴァ・フータ建設に従事し、後には製鉄所の労働者として働くことになる人々の大多数は、農村から仕事を求めてやって来た貧しい若者たちだった。建設初期には、「ポーランドへの奉仕」Służba Polsce（SP）と

（64）もっとも、こうした説を裏付ける明白な証拠はないとされる（Mikułowski-Pomorski 1999: 96-97）。

呼ばれる少年労働部隊をはじめ、全国から一〇代、二〇代の若者が募集され、建設現場へと動員された。彼らの多くは新天地での新しい生活と立身出世を夢見てやってきた若者たちだったが、彼らの期待とは逆に現実のノヴァ・フータでの生活、とりわけ建設初期の生活は大変劣悪なものであった。だが、製鉄所の操業が軌道に乗り始め、住民の賃金水準やインフラが向上してくるにつれて、これらの若者たちは徐々に世帯や住居を手に入れ、ノヴァ・フータで安定したコミュニティを形成していくことになる。こうして、ノヴァ・フータ建設は、単なる工業化・近代化のプロジェクトであったのみならず、そこに住む住民をどのように教育・啓蒙し、そこから新しい社会を生み出すかということをもその射程内に含んでいたのであり、そうした意味でも当時のポーランドにとっては大きな社会実験の場だったのだと言えるだろう。

ノヴァ・フータの設計や建設計画、およびその実際の建設プロセスには多くの紆余曲折があったが、少なくとも当初の計画においてノヴァ・フータは、単なる工業都市ではない、社会主義の未来を体現した理想的な「ユートピア都市」として構想されていた。だが、こうした初期の計画は、建設に伴う様々な困難、「雪どけ」に伴う党の全般的な方針の転換、および財政的問題などによって部分的に撤回・放棄されることになる。それゆえ、ノヴァ・フータにおける実際の「ユートピア都市」建設は、「ユートピア」という言葉から普通連想されるような、細部に至るまで完璧に設計・建設されたものとは程遠く、むしろ根本的に「未完成」のまま終わってしまったプロジェクトにほかならなかった。現在の視点から「ユートピア」としてのノヴァ・フータを語る場合、この点に注意が必要になってくる。すなわち、ここでわれわれが取り扱うのは、国家や体制といった「上」から一方的に与えられたり規制されたりしていたものとしてのユートピアではなく、むしろ、そこに実際に住む住民たち自身が、現実に与えられた都市環境の中でどのように相互作用をし、あるひとつの社会空間を創り上げていったかという、生きられた経験としてのユートピアに他ならないのである。

3……「社会主義建設」のプロパガンダと若者

ノヴァ・フータ建設開始当時に最も支配的だった言説は、ノヴァ・フータ建設という偉大な「社会主義建設」の事業を讃え、人々のさらなる参加を呼びかける、一連のプロパガンダであった。そうしたヴィジョンの最も典型的な部分は、既に第5章の『針路、ノヴァ・フータ！』の分析において示したが、本節では、ノヴァ・フータで発刊されていた地域紙『社会主義を建設しよう』*Budujemy Socjalizm*（後に『ノヴァ・フータの声』に名称変更）の一九五〇年から五一年頃の記事を中心に、こうした言説をより細かく紹介してみたい。

先にも述べたとおり、ノヴァ・フータ建設の初期の段階に属するこの時期、国内を支配していたのは「六ヵ年計画」による工業化と「社会主義建設」のプロパガンダであった。とりわけノヴァ・フータ建設は、六ヵ年計画の中でも最重要のプロジェクトであったため、当時の国内の新聞・雑誌記事やルポルタージュ、そして社会主義リアリズムの文学・映画作品などにおいて、その事業の偉大さや、未来の輝かしいヴィジョンが広く喧伝されていた。他方、ノヴァ・フータの地域紙であった『社会主義を建設しよう』の紙面は、実際にそこで働いている労働者に向けた呼び掛けや、労働や生活の現場での具体的な問題の指摘により特化していたと言える。最も典型的に見られたのは、資源の節約や生産性の向上など、労働に関わる様々なスローガンや呼びかけ、イデオロギー的活動への動員、およびそうした活動に対する熱烈な賞賛といった記事であった。そこでは、労働者党党大会やメーデー、あるいは十月革命記念日といった、国家にとって大切な節目の行事ごとにそれに合わせた特集記事が組まれ、「六ヵ年計画」の全般的な方針と歩調を合わせる形で、社会主義建設へ向けたより一層の努力と邁進が求められていた。

紙面の中でとりわけ、現代のわれわれの目から見て注目を引くのは、ノーベル賞詩人ヴィスワヴァ・シンボルスカ（本章冒頭の詩）や不条理演劇作家スワヴォーミル・ムロジェクといった、後にポーランド有数の文学者となる人々までもが、若き日にノヴァ・フータ建設に関わり、その理想を熱狂的に賞賛していたという事実である。例えば、当時ポーランド青年同盟（ZMP）の第五一労働班に所属し、ノヴァ・フータ建設に従事していたムロジェクは、早くも『社会主義を建設しよう』創刊号に、「ここでは皆が若い」と題した文章を寄せ、ノヴァ・フータ建設の現場の若さにあふれたダイナミズムと未来への希望を綴っている。

（……）ところがここでは年老いた人には出会わない。ここにいるのは、年齢的に若い人か、あるいは年齢的には年をとってはいてもその情熱とエネルギーによって若々しい人だけである。だからノヴァ・フータでは皆が若いのであり、道で出会ったヒゲの長い男のこの真実の姿を、どんなひげやシワも隠すことができないのである。（Mrożek 1950: 6）

先にも述べたとおり、ノヴァ・フータ建設に従事した非熟練労働者の圧倒的多数は、当時大量の余剰人口を抱えていた農村からやってきた少年や若者たちであり、それゆえ実際にノヴァ・フータは非常に「若い町」であったのだが、ここではそうした実年齢的な若さが、社会主義の未来を体現するものとしての理念的

図16(上)　ノヴァ・フータの住宅建設に従事するレンガ積みの「3人ユニット」、1950年代。
クラクフ歴史博物館（Museum Historyczne Miasta Krakowa）所蔵。

図17(下)　ノヴァ・フータで職業訓練を受ける若者たち、1950年代。
クラクフ歴史博物館（Museum Historyczne Miasta Krakowa）所蔵。

な「若さ」と結び付けられている。このような、社会主義の理想を体現するものとしての「若さ」、あるいは、そこから「新しい人間」を作り出すための従順な素材としての「若者」が、当時の社会主義プロパガンダ言説の中で大きな重要性を占めていたということは既に第４章で論じたとおりだが、当時のノヴァ・フータは、その実際の社会環境において現にこうした大量の若者であふれた場所であった。それゆえそこでは、これらほとんど何の教育も受けておらず、また都市的な環境で生活することにも慣れていない若者たちをいかに教化・統制し、そこから「文化的」で「社会主義的」な若者を生み出すかということが、決定的に重要であったのである。

当時の『社会主義を建設しよう』の紙面において、こうした若者の教化への関心を象徴しているものとして頻繁にみられるのは、ノヴァ・フータへとやってきた元々は平凡な若者が、いかにして社会主義建設の使命へと目覚め、英雄的で模範的な労働者へと成長していくかという、社会主義イデオロギーのもとでの「自己」の変容というテーマであった。例えば、当時の紙面においてはことあるごとに、大きなノルマ超えを達成した英雄的な労働者の顔写真と名前が、彼の所属と達成したノルマと共に紹介・顕彰されており、それと平行して、個々の労働者がいかにして「社会主義建設」に目覚め、模範的労働者となっていったかという、一般労働者による体験談も掲載されていた。ノヴァ・フータの労働者にとって『社会主義を建設しよう』の紙面は、社会主義建設の価値システムにおける一種の表彰の場となっていたのである。こうした、貧しい若者から社会主義の英雄的労働者へ、という変容においては、若者自身の内的な情熱とイデオロギー的目覚め、そして、イデオロギー的に正しい啓蒙・教育活動を通じた若者の教化こそが決定的に重要であった。

言うまでもなく、体制側からの厳しい統制・検閲にさらされていた当時の新聞記事におけるこうした記事を、完全に文字通りに受け取るのは危険である。しかしそれでも、こうした顕彰のシステムを通じた鼓舞と、それに反応した若者たちの熱狂が、かなりの程度まで「真正なものであった」（Lebow 2001: 50）ということは疑いようがない。ただでさえ、ノヴァ・フータという当時最大規模の工業プロジェクトに参加し、働きながら教育や訓練を受けることさえできるという当時の体制側からの宣伝は、農村から新天地を求めてやってきた当時の若者たちにとってはまさに夢のような話だったのである。これらの若者たちにとって、英雄的労働を通じて社会主義の「新しい人間」へと自己を変革させるというヴィジョンが、多かれ少なかれ魅力的に映ったであろうことは想像に難くない。彼らにとっては、『社会主義を建設しよう』の紙面に自らの顔写真と名前、そして成し遂げた仕事が掲載されるかもしれないということが、ひとつの大きなモチベーションの源になっていたのである（Lebow 2001: 50）。

他方、多くの資料・回想が伝えているところによれば、当時のノヴァ・フータにおける労働環境・生活環境は、しばしば劣悪としか言いようのないものであった（Elf 1959: 48-64; Siemieńska 1969: 101-109）。こうした劣悪な環境は、上で紹介したような、希望と熱意に溢れた「社会主義建設」のイメージとはかなりの隔たりがあった。それゆえ、現実のノヴァ・フータの現場は、近代的な都市環境を求めてやってきた少年たちにしばしば幻滅をもたらしたのである。

こうした労働・生活環境の劣悪さへの指摘が当時の公的言説に全く存在しなかったというわけではない。ただし、既に第４章でも紹介したように、この頃の「社会問題」の指摘は、「お役所主義」の批判や、あるいは「階級敵」「外国のスパイ」による破壊工作活動への注意喚起など、物事を当時の支配的言説に沿うような形で単純化・矮小化した形での「社会問題」の指摘に過ぎなかった。

〈日々断固として飲酒癖と闘うべきである〉

われわれの作業員の間で、意図的な飲酒癖の蔓延が、階級敵の活動のひとつの形として行われている。

この方面での敵の活動の近年の出現が示すところによれば、ノヴァ・フータにおいてはその建設の最初の段階においては飲酒癖が蔓延していたものの、ある時期が過ぎるとこの悪癖がかなりの程度まで撲滅されたということが観察できる。あらゆるデータが、近年ではノヴァ・フータの建設現場において暴飲癖は完全に撲滅されたということを示していたのである。だがここ数週間の出来事は、そうしたデータとは違ったことを示している。ノヴァ・フータでは、今年の二月全体での暴飲案件は二六件だったのに対し、三月は前半だけで二三件にも上っているのである。このことが示しているのは、敵は眠ってはいないということである。（……）

（……）

飲酒癖との闘いは、その道程において、よく組織された娯楽場での活動や、映画館・劇場での団体鑑賞などの手段を考慮すべきである。娯楽場は、そこを訪れる労働者が仕事の後の楽しみを見つけだし、ウォッカから遠く離れて自由時間を過ごすことのできるよう、あらゆる必要な備品や援助を受けるべきである。（……）

（Marzec 1951: 4）

ここでは、あらゆるネガティヴな事象が、「社会主義建設」の方針や公式イデオロギーに反する「敵」の活動として捉えられ、そうした社会問題の解決を「敵」との「闘い」という語彙によって呈示する、当時の典型的な語法が強く現れている。こうした語法の中では、そうした公的言説の図式から外れるようなより細やかで複雑な問題、R・シエミエンスカの言葉を借りれば、「人間的な問題」（Siemieńska 1969: 48）に対する注意はほとんど払われていなかった。だが実際には、これらの公的言説上の記事において「サボタージュ sabotaż」や「無駄遣い marnotrawstwo」「お役所仕事 biurokratyzm」「不良行為 chuligaństwo」「ズル休み bumelanctwo」などの決まり文句的な語彙によって取り上げられ、それによって当時の社会主義建設プロパガンダの解釈図式の中で理解されている多くのネガティヴな現象は、より現実に即した言葉に置き換えるならば、普遍的・常態的な労働環境・住環境の劣悪さと、農村から急に都市環境にやってきた労働者たちの間のモラルの真空状態に他ならなかったのである。こうしたノヴァ・フータ建設の暗い側面については、次節で紹介する「雪どけ」以降の言説では正面から取り上げられるようになる。

社会主義建設のプロパガンダに支配された言説は、「雪どけ」の到来と共に徐々に消え失せることになる。次節ではそれら「雪どけ」期の言説を検討するが、その前にあらかじめ注意を促しておきたいのは、これまで紹介したような「偉大な歴史的事業」としてのノヴァ・フータ建設のポジティヴなイメージ、そして、そこで「作り変え」られ、「変容」する「新しい人間」というイメージは、当時の社会主義体制そのものへの評価とは別のものとして、住民たちの間にその後も形を変えて残存し続けた、という点である。例えば、後の第7章で紹介する、筆者が話を聞いたあるノヴァ・フータの住民（音楽家、一九五五年からノヴァ・フータにて文化普及活動に従事）の回想からは、こうした「偉大な事業」としてのノヴァ・フータと、そこで変容する住民たちへの賞賛が垣間見える。

4……混沌と犯罪の町

こうして、輝かしい社会主義建設のプロパガンダのアンチテーゼとして登場したのが、一九五六年を頂点とする「雪どけ」期に現れた一連の言説であった。既にこれまでの章でも触れたが、これら当時新しく登場した言説は、それまで一面的に讃えられていた「社会主義建設」に対して、そうした輝かしい社会主義建設の影に隠れ、それまで表立って指摘されることがなかったようなポーランド社会の「暗部」を描き出そうとした。偉大な社会主義建設という、それまで体制側によって強力にプロパガンダされていたヴィジョンが崩壊し、かわりに社会主義体制の失敗や、その暗い側面に光が当てられることになる。

ノヴァ・フータをめぐる言説も、こうしたポーランド全体の趨勢と無関係ではありえなかった。むしろ、ノヴァ・フータをめぐる議論は、当時のポーランド全体における「暗部の暴露」の流れの中でも非常に大きな役割を果したと言っていい。そこでもやはり、それまで一面的に「ポーランド最初の社会主義の都市」としてユートピア的に描かれていたノヴァ・フータ像が崩壊し、かわりにノヴァ・フータの住民生活の様々な醜悪な側面や、それに対する行政側の無策が強く批判された。既に第5章で見た、『針路、ノヴァ・フータ！』と『居住の場所』におけるノヴァ・フータの描かれ方の落差は、こうしたユートピア像の崩壊を如実に示す例だと言えるだろう。

散文の領域でノヴァ・フータの「暗部」を描き出したものとして有名なのが、後に世界的な紀行文学作家となるジャーナリスト、リシャルド・カプシチンスキの短編ルポルタージュ「これもまたノヴァ・フータの真実だ」（Kapuściński [1955] 1971）である。ノヴァ・フータにおけるモラルの低下や住民の劣悪な生活環境、さらにそうした問題に責任のある当局の「お役所主義」を厳しく批判したこの文章は、ノヴァ・フータの暗部を率直に批判したものとして大きな意義があった。

カプシチンスキはまず文章の最初で、ノヴァ・フータについてのショッキングな現象のひとつとして、売春の横行をはじめとした性的モラルの乱れを挙げる。「聞くがいい。最近ある一四歳の少女が八人の少年に性病をうつした。私たちが彼女と話したとき、彼女は自分の武勇伝についてあまりに野卑に語ったので、思わず吐き気を催したほどだ。（……）人々によればノヴァ・フータには次のようなアパートがあるという。すなわち、最初の部屋で母親が男たちから金を受け取り、次の部屋では娘が客に対してその金額の埋め合わせをするというのである。」（Kapuściński [1955] 1971: 228-229）こうしたショッキングなモラルの乱れを列挙した後、カプシチンスキはこれらの現象の横行に責任があるものとして、行政当局の無為無策を挙げる。例えば、ノヴァ・フータにおいては慢性的にアパートが不足しており、若い夫婦は男女別々に、劣悪な労働者ホテルに住むことを余儀なくされているのである。このように、住居の不足、映画館など余暇の時間に娯楽を提供すべき施設の欠如（ただし居酒屋だけは数多くある）など、要は当局が仕事場以外の場所での住民の生活環境に責任を持たず、劣悪なまま放置していることがモラルの低下につながっているというのである。

カプシチンスキの文章ではそこまで詳細に展開されてはいないが、この労働者の生活の醜悪さと行政側の配慮の欠如の指摘と関連して非常に重要な文脈として登場するのは、農村から直接ノヴァ・フータへとやってきた住民の、農村と都市の価値観や道徳規範の違いによる適応の困難と、倣うべき規範がないことから生ずるモラルの真空状態の指摘である。こうした文脈においては、かつての「社会主義建設」の時代に、熱意と自覚によるいわば内的な動因力によって社会主義の「新しい人間」へと成長していくとされた若者たちは、前近代的な慣習と動物的本能をむき出しに生きる、教育と配慮によって「啓蒙化」「文明化」することが必要な「野蛮人」と見なされることになる。こうした住民生活の獣的で醜悪なヴィジョンを全面に押し出したのが、この時期のノヴァ・フータに関する言説としてもっとも有名な、詩人アダム・ヴァジクによる詩「大人のための詩」（Ważyk 1955）であり、「雪どけ」の批判的言説の代表としてポーランド全体に大きな議論を巻き起こしたこの詩には、こうしたノヴァ・フータの暗いヴィジョンがふんだんに描かれているのである。

村から、地方都市から、彼らは列車に乗ってやって来て、
製鉄所を建て、都市を生み出す。
大地の下から新しいエルドラドを掘り出す。
ピオネールの軍隊、かき集められた人々の群によって。
彼らは店に、物置小屋に、ホテルにひしめき、
ぬかるんだ道を口笛を吹いて歩く。
大規模な移民、こんがらがった野望、
首には紐――チェンストホヴァ〔ポーランド・カトリックの聖地〕の十字架が。
悪態に満ちた三つの階、羽毛の枕、
ウォッカに群がる雌豚、淫売への情熱、
畦の下から引きぬかれた、不信心な魂。
半分目を覚まし、半分気が狂って、
言葉の中で沈黙し、歌を歌い、
中世の闇の中から突然押し出された
放浪する群衆、人間性を失ったポーランドは
十二月の晩の倦怠を吠え立てる。

紐をひっかけたゴミ箱を使って
若者たちは猫のように急いで壁を這い上がる。
女性用ホテル、この世俗の修道院は、
産卵の音でギシギシと音を立て、
後には伯爵夫人は子どもと縁を切る――ここにはヴィスワ川が流れている。

工業を建設する巨大な移民の群れ
それをポーランドは知らない、だが歴史が知っている。
偉大なる言葉の空虚で育てられ
説教者に背いて野蛮なその日暮らしを送る。
石炭ガスの中、ゆるやかな苦悶の中、
彼らから労働者階級が精錬される。
たくさんのゴミども。さしあたっては雑穀飯。

（Ważyk 1955: 1）

このように、「大人のための詩」においては、「社会主義の理想郷」の住民のイメージとは程遠い、野卑で薄汚れた移民たちが、当局からの適切な導きもないまま放縦で野蛮な生を送る様子が、露悪的と言ってもいいような筆致で描かれている。ヴァジクの詩は、ポーランドの「社会主義建設」が、いわば中身を伴わない空虚な「張子の虎」に過ぎないものであるということを痛烈に批判すると同時に、そこに住む人々の悲惨な生のありさまを生々しく描き出したものだった。ノヴァ・フータはここでは、まさにそうした「非人間的なポーランド」の象徴として扱われているのである。

こうして、ヴァジクやカプシチンスキに代表されるこの時期のノヴァ・フータに関する言説は、「労働者ホテル」に代表されるような劣悪な住環境とそこにおけるモラルの低下（とりわけ性的な乱れ）、さらには、そうした問題に責任のある行政当局の怠慢への批判へと向かっている。それまで一面的に「ポーランド最初の社会主義都市」として明るいヴィジョンのみで語られていたノヴァ・フータは、ここに来て酔っぱらいと不良少年、売春婦が跋扈する混沌と犯罪の町というイメージを与えられるのであり、こうした犯罪の町というイメージは、現在にいたるまでノヴァ・フータに関するイメージのひとつとして生き残っているのである。そして、そうした不定形で危険な群衆としてのノヴァ・フータ住民をうまく管理・馴致できない行政当局への批判が、この時期の批判的言説のメインテーマとして登場することになる。注意しておかなければならないのは、ノヴァ・フータに関する以上のような批判は、単にノヴァ・フータに限らず、先にも述べたように当時のポーランドにおける批判的言説の大きな流れと軌を一にしていたということである。だが、ノヴァ・フータにおいて特徴的だったのは、そうした批判が向けられた社会問題の多くが、農村からの大規模な人口流入および、建設初期に特徴的だった彼らの生活環境の悪さ（とりわけ労働者ホテルでの生活）に起因していたということであり、つまりは単に社会主義体制の失敗という以上に、より広い文脈におけるポーランドの近代化・都市化と、そこにおける住民の変容というプロセスの中に位置づけられるということである。

実際、製鉄所や町が完成し、最初は暫定的に労働者ホテルに住んで働いていた人々が徐々にノヴァ・フータに恒久的に根を下ろすようになるにつれて、ノヴァ・フータの住民コミュニティは徐々に恒常化・安定化へと向かっていくことになる。そしてそこでは、かつて「社会主義の新しい人間」の誕生としてとらえられていた「自己の変容」のテーマが、より一般的な形での住民生活の近代化・文明化のプロセスとして再定義されていくことになる。次節で見てみよう。

5……近代化と生活レベルの上昇

こうして、当初は大規模な建設と人口流入によって、様々な意味で混沌としていたノヴァ・フータの住民社会も、製鉄所と町が一通り完成した一九五〇年代末ごろには徐々に安定化していくことになる。製鉄所では既に一九五四年には最初の溶鉱炉が操業を開始し、ノヴァ・フータの町も五〇年代後半にはそこで住民が生活を営む独立した「町」としての体裁を急速に整えていった。期間限定の労働者としてやって来ていた者たちの一部はノヴァ・フータに根を下ろす事を決め、それらの多くはノヴァ・フータで妻を見つけて結婚するか、あるいは田舎に残してきた妻子を呼び寄せるなどして、新天地で新しい家庭と生活の地盤を築いていったのである。

住民生活の恒常化は、ノヴァ・フータで発行されていた地域紙の紙面の変化からも見て取ることができる。先に紹介した『社会主義を建設しよう』は、一九五七年には『ノヴァ・フータの声』*Głos Nowej Huty* という後継紙へと名称変更されることになるのだが、この紙名の違いが既に、そこで取り扱われる話題や関心の変化を如実に示していると言えよう。実際、先に紹介した一九五〇年代初頭の記事と、一九五〇年代末ごろの記事を比べると、そこでは扱われる記事の主題や内容において大きな変化があるのが見て取れる。かつてのような、「社会主義建設」に向けたスローガン的な呼び掛けは減り、かわりに製鉄所の運営・達成に関するより事実的な記述や、日常的な住民生活に関わる記事、さらには、映画や演劇の情報といった娯楽記事などが目につくようになるのである。

こうして、ノヴァ・フータ独特の地域コミュニティが形作られていった。その特徴は、農村出身者が圧倒的に多いということ、平均年齢が非常に若いということ、そして、住民の圧倒的多数が製鉄所で働く労働者もしくは何らかの形で製鉄所関係の仕事をしている人間である、ということであった。

こうした恒常化と安定化のプロセスと平行して、ノヴァ・フータをめぐる言説においても、五〇年代末はひとつの転機であった。シェミエンスカは、ノヴァ・フータに関する新しい言説の始まりを一九五七年頃と位置づけている（Siemieńska 1969: 55）。この頃から六〇年代にかけて、この新しく形成されたコミュニティに対する関心から、社会学的な調査・研究が多くなされるようになるのである。[65] 先にも述べたとおり、ノヴァ・フータはゼロから新しい都市とその住民を作る、という、言わば大きな社会実験の場であったのだが、その結果創りだされたコミュニティがどのようなものであったかということに関心が抱かれたのである。こうして、ノヴァ・フータをめぐる言説は、都市化と近代化という、当時ポーランド全土で起こっていた大きな時代の流れを代表するものとして取り扱われていくことになる。[66]

本章でも折に触れて言及してきたR・シェミエンスカの本『新しい町での新しい生活』（Siemieńska 1969）は、こうした関心に基づいて六〇年代に書かれた代表的な著作のひとつである。彼女は、都市化のプロセスにおける農村出身者の都市環境への適応の過程に注目し、それまで全く都市とは違った生活を送っていた農村出身の若者が、ノヴァ・フータにおいてどの程度「都市的な」生活に適応し、そこでどのような新しい価値観や生活スタイルを形成しつつあったかを分析している。既存の大都市の場合においては、移民は単にそこに既に存在している住民生活や都市環境に適応すればいいが、他方ノヴァ・フータは、ゼロから新しく出来上がりつつある都市の中、住民が自分たち自身で新しい規範や生活スタイルを模索し、確立しなければならなかったという点で特徴的であった。そのためノヴァ・フータの社会は、依然としてそれまでの農村生活の規範や伝統・生活スタイルおよび交友関係を多くの面でひきずっていたのである（Siemieńska 1969: 352-362）。シエミエンスカは、このような農村出身者によって構成された町というアイデンティティが、住民の間に「ノヴァ・フータはわれわれの町」という一体感をもたらしていると論じている（Siemieńska 1969: 356）。

一方、住民の側から見た場合、このノヴァ・フータの発展とそこへの適応の過程は、自分たちの生活の近代化と生活水準の向上の過程に他ならなかった。実際、彼らの多くは人口過剰な農村から食い扶持を求めて新天地へとやって来たのであり、彼らにとってはノヴァ・フータで職を得、そして人によっては教育や職業訓練すら受けて、恵まれた福利厚生のもと自分たちの生活を切り開いていくということは、大きな社会的上昇移動を意味したのである。実際、一九五〇年代後半頃のノヴァ・フータ住民の回想録は多くの場合、一種

（65）例えば、ポーランド科学アカデミー（クラクフ支部）の大会報告要旨集を見ると、一九六三年からは社会学部会の中に「ノヴァ・フータセクション」が設けられ、以後数年間にわたってまとまった数の報告がなされている（*Sprawozdania* 1963）。

（66）「産業社会形成の理論、移民の理論、農村住民の適応の理論、労働社会学に関連した問題、社会統合と社会解体の理論、そして新旧の文化的価値の衝突の理論にとって、ノヴァ・フータの誕生に伴う社会的発展プロセスの再構成は大きな意味を持つ。」（Dobrowolski 1961: 158）。

のサクセス・ストーリーとして再構成されている（Siemieńska 1969: 90）。それら回想録のなかの一つのタイトル、「しかし一番大変だったのは最初だった」（Elf [1959] 1971）に示されているとおり、そこにおいて典型的に見出されるのは、貧しい農村から新しい世界を求めてノヴァ・フータにやってきて、初期の様々な苦労や困難に耐えつつも、最終的には様々な教育や職業訓練を経て、ノヴァ・フータで生活の地歩を築いていく、というものである。ここでは、ノヴァ・フータにやって来た自らの経験が、様々な困難や苦労に打ち勝ちながら、生活の向上を勝ち得ていくという成功物語として再構成されるのであり、こうした成功物語としてのライフヒストリーは、ノヴァ・フータの多くの住民が共通して持つ集団的アイデンティティのようなものとして機能してきたように思われる。

こうして、この時期、「社会主義建設」の頃から一貫して存在してきた「自己の変容」という主題は、新たな形式を手に入れることになる。もはやかつてのように、熱意にあふれた若者から自動的に生まれてくる「新しい人間」は想定されなくなり、かわりに、より一般的な近代化・文明化の文脈における生活レベルの向上や、そこにおける住民の意識・価値観・慣習の「都市化」「近代化」のプロセスが、いかにスムーズに行われうるかということが重要になってくるのである。

経済的・物質的裕福さという面から見た場合、当時のノヴァ・フータはポーランドでもかなり恵まれた地域のひとつであったと言うことができる。シェミエンスカによれば、一九六四年のノヴァ・フータでは、住民一人あたりのラジオ所有台数はクラクフよりも少ないものの、テレビ保有台数においてはクラクフを上回っていたという。また、一九六〇年から六六年の間に、ノヴァ・フータ住民の所有するラジオの総数は三割増、テレビに至っては実に15倍も増加したという（Siemieńska 1969: 31）。当時のノヴァ・フータで進んで

図18　ノヴァ・フータの「中央広場」、1950年代。
クラクフ歴史博物館（Museum Historyczne Miasta Krakowa）所蔵。

いた生活レベルの向上と近代化は、近年のノヴァ・フータ住民の回想録（*Moja Nowa Huta* 2009）からも窺い知ることができる。こうして、ノヴァ・フータは、確かにもはや「未来の社会主義の理想都市」ではなかったかもしれないが、しかし依然として「ユートピア」ではあった。ヨーロッパ最大規模の製鉄所の支援のもと、恵まれた給与と福利厚生、そして、活気あふれる暖かなコミュニティに囲まれたノヴァ・フータは、そのまま、ポーランドの「近代化」の文脈を象徴するものであったと言えるかもしれない。

6……反体制運動から体制崩壊へ——ユートピアの終わり

その一方、この時期以降、ノヴァ・フータ住民による体制側への反抗や抵抗が徐々に顕在化していくことになる。住民による体制側への最初の明示的な集団的抵抗は、早くも一九六〇年四月に、ノヴァ・フータにおける教会建設をめぐって起きた軍と住民との間の衝突事件であった。そもそも、一九五〇年代初頭の建設当初の体制側の意図においては、「ポーランド最初の社会主義の町」であったノヴァ・フータは、同時に「教会のない町」になるはずであった。当時の公式イデオロギーにおいて、カトリシズムは社会主義体制と対立するものであるとされていたからである。他方、職を求めてノヴァ・フータへと大量にやってきた農民出身者のほとんどは、素朴なカトリック信者であり、当然のことながら教会への強い必要性を感じていた。ノヴァ・フータ町内に教会がなかったため、彼らは、近隣のモギワ村 Mogiła などの小さな教会へと足を運ばざるを得ず、ノヴァ・フータにも教会を作って欲しいという要求は、ノヴァ・フータ住民の間で高まっていたのである（加藤 2005）。

こうした声の高まりを受け、「雪どけ」後の一九五七年、当局からようやく教会建設の許可が下りた。教会は、当時の「カール・マルクス通り」と「マヤコフスキー通り」の角（それぞれ現在の「ルジミエルスカ通り」と「十字架の守護者通り」）に立てられることが決まり、建設予定地には十字架が立てられた。ところが、一九六〇年、当時再び保守的傾向を強めていたポーランド政府は、教会建設の中止と、十字架の撤去を決定、怒ったノヴァ・フータ住民が十字架を守るために多数集結し、暴動状態となって軍と衝突したので

図19　レーニン製鉄所、ノヴァ・フータ、1950年代。クラクフ歴史博物館（Museum Historyczne Miasta Krakowa）所蔵。

ある。[67]

一九六〇年の暴動は、ノヴァ・フータという「ユートピア」に本格的に亀裂が入った最初の出来事であったかもしれない。そもそも、ノヴァ・フータの建設初期から、体制側の呈示する「社会主義建設」のヴィジョンと、実際に建設に関わる労働者の欲望・願望との間には、一種の矛盾が存在していた。K・ルボウの分析によれば、体制側の掲げる「社会主義建設」への邁進は、ノヴァ・フータの労働者の側からすれば、単純に自分たちの生活レベルを上げ、より高い給与をもらえるようになるためにがんばる、ということに他ならなかったのである。ノヴァ・フータ建設にかける彼らの情熱がどれだけ真正なものであったとしても、それはいわば利己的な動機からのものであり、当然ながら「社会主義建設」の高邁な理念は、彼らの関心の埒外にあった（Lebow 2001: 210-211）。他方、その多くは素朴なキリスト教的環境に育ったこれら農村出身の労働者とその家族にとって、カトリック信仰は「社会主義建設」と何の矛盾もなく共存しうるものだった。こうして、一九六〇年の暴動は、体制側の呈示する「ユートピア」と、住民側の抱くイメージにおけるそれとの間の根本的な矛盾を露わにしていたのである。

その後、体制崩壊が近づくにつれて、この矛盾はどんどん顕在化していき、「ポーランド初の社会主義の都市」だったはずのノヴァ・フータは、最終的には反体制運動の大きな拠点となる。ノヴァ・フータの製鉄所は、一九八〇年に始まる「連帯」運動の中でも最も大きな役割を果たした抵抗運動の中心地のひとつであった（Terlecki et al. (red.) 2002）。こうした反体制運動の盛り上がりには、七〇年代後半から続くポーランドの経済的苦境と国民生活の悪化に加え、先に述べた住民の間の強いカトリック信仰が大きな役割を果たした。一九七八年には、元クラクフ大司教だった枢機卿カロル・ヴォイティワがヨハネ・パウロ二世としてローマ教皇に即位、一九七九年にはノヴァ・フータ近郊のモギワを訪問した（Gryczyński et al. (red.) 2009）。カトリック信仰とローマ教皇の存在は、ノヴァ・フータに限らずポーランド全体の反体制運動の大きな精神的支柱であったが、教会建設という悲願をめぐってずっと体制側と対立してきたノヴァ・フータにおいては、とりわけその存在感は大きなものだったのである。

こうして、「社会主義建設」の理念と共に、そこにおける豊かな物質的生活への期待を両輪として呈示されてきたノヴァ・フータのユートピアのあり方は、徐々にその矛盾を現すことによって内破していき、最終的に一九八九年の体制転換へとつながることになるのである。

このことに関連して筆者が思い出すのは、後の第7章でさらに詳しく紹介することになる、筆者が話を聞いたノヴァ・フータ住民の女性M（五〇代）の言葉である。社会主義時代のノヴァ・フータの恵まれた物質的生活や、製鉄所による福利厚生などの援助を賞賛する彼女が言うには、社会主義体制は、その政治的な問題点や自由の抑圧にも関わらず、ある意味で非常に「人間的な」環境、そこで人々が生きて行くのにふさわしい環境を与えてくれたのだという。ただし、同時にその体制は経済的システムに大きな矛盾を抱えていたため次第に立ち行かなくなり、住居の欠乏、生活必需品の欠乏などといった問題が噴出し、結局崩壊につながったのだと彼女は分析している。

（67）Franczyk (2009) 参照。結局、この教会はもともとの建設予定地とは場所を移した上で、一九六七年に建設が始まり、その完成は一九七七年のことであった。この教会は現在、「主の方舟教会」Arka Pana と呼ばれている（Arka Pana の公式ホームページ（http://www.arkapana.pl/）参照）。

図20(上)　遊ぶ子どもたち、ノヴァ・フータ、1950年代。
クラクフ歴史博物館（Museum Historyczne Miasta Krakowa）所蔵。

図21(下)　ノヴァ・フータの団地の一室、1950年代。
クラクフ歴史博物館（Museum Historyczne Miasta Krakowa）所蔵。

この彼女の語りには、根本的な矛盾がある。なぜなら、経済的システムが矛盾を抱えつつも、同時にそこに生きる人々に豊かな物質的・財政的援助を行うシステムなどというのは、早晩破綻することが目に見えているからである。他方、彼女や、「スターリンが死んだ時はみんなで大喜びした」という彼女の母（八〇代）にとって、「社会主義建設」のイデオロギーや理念は、何ら重要性を持つものではなかった。ノヴァ・フータが住民たちにとって「ユートピア」として意味を持ったのは、あくまでそこにおける社会的上昇移動と生活レベルの向上という夢と期待の範囲内のことであった。経済システムが困窮し、そうした期待が果たされなくなっていくに連れて、そこに育まれた「ユートピア」も急速に崩壊していったのである。

7……ユートピアへの熱望、ユートピアへの幻滅

以上、一九五〇年代から六〇年代を中心として、ノヴァ・フータの歴史とそれをとりまく当時の言説の変遷を追ってきた。「社会主義建設」のプロパガンダの最盛期におけるノヴァ・フータの「ユートピア」としてのイメージおよびそこにおける主体の変容への期待は、「雪どけ」と共に根本的な修正を迫られることになったが、だがそこには修正された形での社会主義的「ユートピア」のあり方およびそこに生きる主体のあり方が、形を変えつつも一貫して存在してきたと言える。それは、必ずしも当初社会主義体制が意図した形での「ユートピア」ではなかったが、だがそれでも、住民たちの夢や集合的記憶、そして新たなアイデンティティへの希求を特有な形で吸収し、それを具現化することによって育まれてきた、ひとつのユートピアだったといえる。同時にそこでは、ユートピアへの熱望とそれへの幻滅の間の絶えざる揺れ動きが見られる。

前節で概観した、最終的に体制崩壊へと向かうノヴァ・フータの反体制運動の流れは、そうした揺れ動きを典型的に表している。

一九八九年、円卓会議をもってポーランドの社会主義体制は幕を閉じる。急激なグローバル化と自由経済の導入によって、ノヴァ・フータとそれを取り巻く環境は激変し、それとともに、一九四九年に始まるノヴァ・フータという「ユートピア」は、今度こそ完全に終焉を迎えたと言えるだろう。ノヴァ・フータというユートピアが終わった現在において、新たなユートピア的希求、本書の述語に従えば「ポスト・ユートピア」的な希求は、いかなる形をとりうるのか。そこにおいて、これまで本書が述べてきたようなかたちで「過去に寄り添う」ことはいかにして可能なのか。次章ではいよいよこの主題について本格的に論じてみたい。

第7章

ポスト社会主義期におけるユートピアの記憶
――ノヴァ・フータでの調査から

1……はじめに――ノヴァ・フータの現在

前章では、ノヴァ・フータの歴史を当時の言説とともに紹介することで、ノヴァ・フータが社会主義体制下においてどのようにとらえられ、そこにおいて想像されたユートピアおよび主体のありかたがどのようなものであったか、そして、そうした想像されたものとしてのユートピアと現実のノヴァ・フータにおける生との間にはどのような差があったのかを検討してきた。本章では、社会主義体制崩壊後の現在のノヴァ・フータを対象として、「ユートピア以後」の時代に過去のユートピアを想起するということはいかなる意味を持つのか、そこにはどのような可能性があるのか、そして、現在においてユートピアを創造的なものとして再考するためにはどのような想像力や実践が求められているのかを探求したい。

まずあらかじめ、前章を引き継ぐ形で、体制転換後のノヴァ・フータの現状およびそれをめぐる言説や表

図22(上)　現在のノヴァ・フータの街並み（2010年9月撮影）

図23(下)　ノヴァ・フータの「団地」の一室から見下ろした中庭（2012年2月撮影）

象のありかたを紹介した上で、本章の目指すところを明確にしておきたい。一九八九年の体制転換後、ポーランド国内の他の大規模工業地帯などと並んで、ノヴァ・フータの製鉄所もまた老朽化や国際競争力の低さから大きく採算が落ち込んだ。[68] それに伴い、ノヴァ・フータの市民生活も大きく様変わりした。かつて仕事から公的福祉まで、生活のあらゆる部分を支えていた製鉄所の存在感が失われてしまったのである。

こうした体制転換に伴う経済的困難に加えて、一九八九年以後のノヴァ・フータはポーランドの公的言説の中で非常に特異な扱われ方をすることになる。かつては「社会主義のユートピア」として称揚されていたものが、今や「社会主義の遺物」「クラクフで最も醜い場所」などとして、社会主義体制の「負」のイメージを全面的に背負わされることになったのである。特筆すべきは、ノヴァ・フータにおける治安の悪さに関する言説である。ノヴァ・フータはポーランドにおいては、ワルシャワのプラガなどと並び称される「治安の悪い町」として全国的に悪名を馳せている。だが、こうした「犯罪者の町」というイメージとは裏腹に、現実のノヴァ・フータはごく穏やかな町であり、地元住民に聞いても、また自分で実際に歩いてみても、治

(68)　一九九〇年、「レーニン製鉄所」Huta im. Lenina というかつての製鉄所の名称は廃止され、かわりに製鉄所には「タデウシュ・センジミル製鉄所」Huta im. Tadeusza Sendzimira という名が与えられた（センジミルはポーランド出身で多くの革新的製鉄技術を発明した技師）。製鉄所は最盛期の一九七〇年代には年間約六六〇万トンの鉄鋼生産を誇っていたが、一九九〇年代前半には生産高は約二五〇万トンにまで低下した（*Monografia* 1994: 55）。これには、設備の老朽化、八〇年代からの騒乱による生産への悪影響、体制転換によるソ連市場の喪失およびポーランド経済全体の混乱が影響している。現在のセンジミル製鉄所は、世界最大の鉄鋼メーカー、アルセロール・ミッタル社によって所有・運営されている（http://www.arcelormittal.com/poland/start.html）。

安の悪さなどほとんど感じないほどである。現に、公的な犯罪発生率の統計から見ると、ノヴァ・フータはクラクフ市域の中で決して犯罪が最も多い地域とは分類されない（Urząd Miasta Krakowa 2008: 27）。こうした、言説上におけるノヴァ・フータの「汚さ」「危険さ」と、現実におけるその「美しさ」（美的感覚には個人差があるだろうが、少なくとも私にとってノヴァ・フータ中心部は非常にきれいな町だとすら言える。図22・23も参照）、「安全さ」の間のギャップは、社会学的にみて非常に興味深い現象である。この一例からみても、ノヴァ・フータが現在のポーランドにおいていかに特異な表象のされ方をされているかがよく分かるだろう。

このように、現在のノヴァ・フータは、社会主義の「過去」の経験をどのように捉え直すか、また、そのような過去を現在の人々の生とどのようにつなげうるか、といったことを考える際に格好のフィールドであると言える。かつて社会主義のユートピアとして讃えられ、また現実においても、体制側が呈示したユートピア像とはなるほど確かに異なる形ではあったが、だが依然として住民の夢や欲望の受け皿でありつづけたノヴァ・フータの「ユートピア」は、ここに来て完全に崩壊し、それとともにそこに生きた人々の夢も既に過去のものとなったように思われる。若年層を中心にノヴァ・フータからの人口流出が激しいとされており、それゆえ現在のノヴァ・フータを訪れると、一番多く目につくのは高齢者の姿である。このような中にあって、過去の社会主義の文脈や記憶が、現在のノヴァ・フータにおける生を捉え返す際にどのような重要性を持っているのか、また、過去のユートピアの経験を、いかに現在における新たな生の可能性やコミュニティ再生に生かしていくのかといったことは、ノヴァ・フータに限らず同様の経験をしてきたポスト社会主義諸国の今後を考える上で重要なテーマであろう。

こうした文脈で注目に値するのは、ポスト社会主義的状況のなかで人々が被るようになった新たな受苦のかたちと、それに伴った過去へのノスタルジアである。体制転換とともに人々を襲った新自由主義とグローバル化の波は、それまでの人々の日常生活や慣習・価値観、生存戦略に対して大きな変更を迫り、それによって多くの人々が新たな状況の中で疎外感を感じることになった。例えば、ノヴァ・フータでの住民生活、労働およびコミュニティの調査に基づいて多くの論文を書いている[69]A・ステニング（Stenning 2005b）は、Z・バウマンの後期資本主義に関する理論を援用する形で、ポスト社会主義における「移動性」Mobility の問題に着目している。ノヴァ・フータの住民へのインタビュー調査から彼女は、ポスト社会主義期において（国外などへの）旅行の「権利」は自由化されたにも関わらず、社会主義時代の当局によって提供された頻繁な旅行ツアーなどを利用できる可能性がなくなってしまったことによって、逆説的にも多くの（それほど豊かではない）住民たちにとっては現在のほうが移動が難しくなってしまっている、ということを発見した。グローバリゼーションの波が急激に押し寄せた現代のポーランドにおいて、「軽い近代」におけるこうした自己責任と自己リスクの論理への抵抗感は、日々の生活の中で強く感受されているのであり、しかもそれはかつての社会主義時代の日常生活を重要な参照項とすることによって成り立っている。それゆえ、ステニングも強調しているように、ポスト社会主義の現在を十全に理解するためには、社会主義という「過去」の文脈を理解することが必要不可欠なのであり、また過去の社会主義時代における体験は、現在の状況を住民たち自身が解釈するための重要な参照項として未だアクチュアルなものなのである（Stenning 2005b: 123）。

（69） 例えば、（Stenning 2000, 2005a, b, c, d）などを参照。

こうした、過去の文脈を参照することによって解釈される現在における受苦は、必然的にある種のノスタルジアを呼び起こさざるを得ない。文化人類学者のＤ・ベルダール（Berdahl 2010）は、統一後のドイツにおける東ドイツへのノスタルジア（「オスタルギー」）の現象を分析しながら、それらを「単なる」陳腐なノスタルジア、あるいは「東ドイツの過去の抑圧を美化するもの」として無視・批判するドイツの主流言説とは逆に、そうしたノルタルジアの現象が現在のポスト社会主義のドイツにおいて持っている積極的な意義を強調する。そうしたノスタルジアは、統一後のドイツ社会において否定されてきた東ドイツの過去の集合的記憶への言及を通じて、新自由主義と消費文化に支配された新しい秩序に対する一種の対抗的記憶・対抗言説を形作ると同時に（Berdahl 2010: 55-58）、とりわけ近年は積極的に消費文化の中に取り込まれることによって、そうした新しい秩序を追認・自然化するものでもある（Berdahl 2010: 131）。こうして、ポスト社会主義における社会主義の記憶は、資本主義の「他者」としての社会主義の記憶をめぐる複雑な文化的交渉の場を形成することによって、現在のグローバル資本主義の世界秩序に対する一種の批評の可能性を提供しているのである（Berdahl 2010: 132）。

実際、これまで本書でたびたび言及してきたＳ・ボイム（Boym 2002）も言うように、一般的な語の意味において、「ノスタルジア」という言葉にはやや悪いコノテーションが含まれているものであろう。それはあるときは現在から目を背ける無意味な過去への感傷であったり、最悪の場合には「国民の起源」や「伝統」への無批判な回帰を目指す過激なナショナリズムを生み出すものであったりもする（Boym 2002: 41-45）。だが他方、ノスタルジアにはまた別の、創造的に現状を批判することを可能にするような側面も存在すると、ボイムは論じる。「反省的ノスタルジア」reflective nostalgia と彼女が呼ぶそうしたノスタルジア（Boym 2002:

49-51）を、本書での文脈に即して解釈するならば、それは、過去の「ユートピア」への幸福な回帰がもはや絶対的に不可能であるということ（あるいはそもそも、現在においてそのような幸福な形で想起される「ユートピア」なるものが実は一度も存在しなかったということ）を冷徹に認識しつつ、その上でなお、現在の只中において「ユートピア」的な次元を絶えず追い求め続ける、という、絶えざる自己反省と現在の創造的再解釈の終わりなきプロセスに他ならない。

現在のノヴァ・フータが、あるいはより広く言えば現在のポスト社会主義諸国が、自らの過去の「ユートピア」と向き合う中で、そのような創造的次元が果たして存在しうるのか、あるいはそれが存在しうるとしたらそれはどのような想像力と実践のありかたにおいてなのか、以上のような問いかけが本章のテーマとなるであろう。以下本章では、まずノヴァ・フータの住民の記憶のなかでノヴァ・フータがどのようにとらえられているか、次いで現在のポーランドの表象空間のなかでノヴァ・フータがどのようなまなざしを被っているかを概観した後に、再び最初の問いかけに立ち戻ってみたい。

2……ノヴァ・フータの記憶とポスト社会主義――住民の語りから

では、古くからノヴァ・フータに住む住人たちのなかで、ノヴァ・フータの過去はどのようにとらえられ、それは現在の生においてどのような意味を持っているのだろうか。本節では、筆者がインタビューを行った住民の中から三人の語りを中心にとりあげ、検討を行ってみたい。ここで分析の焦点となるのは、ノヴァ・フータの過去やそこにおける自身の記憶への言及が、現在における自らの経験を解釈・構造化する際にどのような役割を果たしているのかということである。ここでとりあげる三人は、それぞれそうした具体的な解釈のあり方に関しては異なっているものの、「過去」を重要な準拠点とすることによって現在を捉え返すという点においては共通している。

（1）Rさんの語り――社会主義体制と生活の向上

まず最初に紹介したいのは、二〇一〇年時点で八〇歳代の元労働者の男性、Rさんの語りである（以下Rと表記）。Rの語りを特徴付けるのは、戦前の凄まじい貧困の記憶と、戦後社会主義の到来によってその貧困から脱出できたという成功体験であり、そのような自身の成功体験に裏付けられたノヴァ・フータおよび社会主義ポーランドへの評価は、しばしば現在のポーランドにおいて支配的な社会主義時代へのネガティヴな意味付けと衝突することになる。(70)

Rは一九三〇年、クラクフの郊外に位置し、現在ではノヴァ・フータの行政区画の一部となっている村プレショフ Pleszow で生まれた。プレショフでの戦前の暮らしは赤貧とも言えるようなものであったという。とりわけRの家族はほとんど誰も定職につくことができない状態が続き、一家の財政状態は食べ物にも冬の燃料にも困るほどであった。戦前の彼の記憶は全般的に非常な貧しさと苦労に彩られている。彼の父は戦争で一時的にハンガリーに抑留されるが、一九四〇年に帰国しその後すぐ、ドイツ軍が経営していた近所のタバコ工場で仕事を得る。仕事もあり、食べ物も手に入れることが可能だったため、皮肉にも戦時下（ドイツ占領時代）の暮らしは、全般的に戦前よりもずっと楽だったという。

戦後、ソ連の支配下で新政府が発足すると、プレショフの村でも地主の土地や財産の没収が行われ、Rの家族のような貧しい家庭はその没収された財産の分配によってささやかな恩恵を得た。プレショフで大きな土地を持っていた地主は主に二つの家であったが、どちらも財産を没収されたという。その結果Ｒの父も一ヘクタールの土地を、叔母は雌牛一頭を分配された。ただし、土地の方は後のノヴァ・フータ建設の際に政府に接収されてしまうことになる。とはいえ、この最初の時点から既に、Ｒのような農村の貧困層にとって新政府の印象が良かったのは確かなようである。

ノヴァ・フータが建設された後は家族の皆が仕事を得た。Ｒも軍隊に行った後すぐにノヴァ・フータで仕事を得、最終的に一九九〇年に引退するまで製鉄所の冷間圧延場で働くことになる。彼は何の役職にもついていないごく普通の労働者であったが、いわゆる「作業班長」であったため、引退後もそれなりに良い待遇を受けて過ごしていると言う。実際、彼は月額二五〇〇ズウォティ（インタビュー当時で約七万円）の年金を受け取っているそうだが、これはポーランドの標準的な年金額を考えるとかなり恵まれているほうだと言える。(71)

(70) 以下で言及・引用するＲの語りのデータは、二〇一〇年九月八日および九月二三日に筆者によって行われたインタビューにおいてＲが語ったものである。インタビューは全て、Ｒの自宅において、筆者とＲの間で直接ポーランド語によって行われた。インタビュー時間は、合わせて約二時間であった。

(71) 二〇一〇年度のポーランド社会保険庁（ＺＵＳ）発給の退職年金の平均は、月額約一六九八・三五ズウォティであった（Social Insurance Institution (ZUS) 2011: 37）。また、（社会保険庁発給に限らない）二〇〇九年度のポーランドの年金受給額の平均（農業従事者の年金を除く）は、約一六五一ズウォティであった（Central Statistical Office (GUS) 2010: 178）。

今現在私は、退職年金をもらっていて、ええと、こう言わないきゃいけないのかな、今はそういう新しいノーメンクラトゥーラ〔が受け取っている年金〕は、「共産主義の年金」komunistyczna emerytura と呼ばれているんだが、私は二五〇〇ズウォティ受け取っているよ。今、退職で受け取る年金の額といえば、人によっては八〇〇とか九〇〇とかの人もいるからね。つまり私はかなりいい年金をもらっているということだよ。でも私は一度も何らかの指導的な地位についたことはなくて、ただ労働者として働いたことがあるだけなんだが、ただし私は「作業班長」brygadzista だったから。

彼自身が、旧共産主義体制の恩恵を受けて受給される高額年金という非難の意味を込めて言われるものだと推測される「共産主義の年金」という言葉を使って自らの境遇を説明したことに現れているように、こうした彼の経済状況は、近年のポーランドにおいては反発を生みやすいものであろうことは想像に難くない。こうした事情は、後に見るように、彼の現在のポーランドの支配的言説に対する不信感を生むことになる。

このように、自身が金銭面において恩恵を受けたということもあり、Rの社会主義時代に対する評価は総じて非常に高い。例えば、Rは一九七〇年代のギエレク政権を非常に高く評価する。積極財政を行ってポーランドの財政を破綻させたギエレクは、現在のポーランドにおいて一般的には否定的に評価されるが (Roszkowski 2006: 316-321)、Rによればギエレクのおかげで製鉄所においても日本やアメリカからの最新機材が数多く導入され、それは製鉄所における大きな技術的進歩につながったという。もちろん、現代の一般的な見方からすれば、このようにかつての製鉄所の技術レベルを懐かしむかのような述懐は、ある意味で滑稽ではある。というのも、現代の我々は、かつての巨大製鉄所がその非効率性ゆえに、社会主義体制崩壊に伴う市場の自由化によって競争力を一挙に失い、没落していったのをよく知っているからである。だが、Rの視点から見れば七〇年代のギェレクによる投資はまぎれもなく「良いこと」だったのである。というのも、ノヴァ・フータの技術的発展は、その現在における帰結がいかなるものであろうとも、彼にとっては社会主義体制下における自身の社会的昇進とまさに重なりあうようなプロセスだったからである。

このように、彼のノヴァ・フータにおける生の経験は、戦前の赤貧からの脱出とその後の社会的上昇および安定した経済生活という、ポーランドの「近代化」のプロセスの中における成功体験として構成されている。Rの社会的上昇に関する自負は、彼の妻（既に死去）や家族に関する発言からも伺える。Rによれば、彼の妻はシュラフタ（中世ポーランドの貴族階級）の血筋であったが、ノヴァ・フータに働きに出てくることによって、労働者階級出身のRと出会い結婚したのだという。また、彼らの子どもが現在では大学教授などの高い社会的地位に就いているということも、再三Rの口から語られた。こうして、戦前の貧困層出身の自分が戦後の体制の中で社会的上昇を果たし、それによって良家出身の妻を得て、さらに子どもが大学教授にまでなったということは、彼にとって大きな誇りなのである。

こうして彼の語りにおいては、社会主義体制の「達成」が高く評価されているが、他方、現在のポーランド社会においてかつての社会主義体制がネガティヴにしか評価されていないということ、及び現在のポーランドにおける政治・経済的現状にたいしては激しい怒りが示されている。

ねえ君、この新しいシステムの中では、人々はかつてあったことを広めたくないんだよ。〔筆者：なんですって?〕戦前にどうだったかということを、一般に広めたくないんだよ。というのも戦前にはすさまじい貧困があったのに、それについてわれわれの国ではどこでも、何も語られない。ただ今現在どれだけ良いかということが語られるだけだ。でも今この瞬間ある状態にどのようにして至ったのかということについては何も言われない。でしょ？　残念ながらそういうわけなんだよ。

戦後は、いろんなものが建設され、建設され、その後「連帯」がやってきて、――彼らが将来そんなに良くなると思っていたかどうかは分からないが、だが明らかなのはそんなに良くはならなかったということだ。というのも、炭鉱夫たちは、仕事の地位が奪われないために共産主義と闘った。（……）自分たち〔の生活や労働環境〕が改善するように。炭鉱や造船所が閉鎖されるなんて夢にも思わずに（……）。そして何が起こった？炭鉱夫たちは、造船所の労働者たちは何のために死んだんだ？

ここにおいてとりわけ特徴的なのは、彼の「ソ連」や「ロシア」に対する考え方であろう。現在のポーランドの表象空間では例えば、ロシアやウクライナ、ベラルーシといった旧ソ連諸国は、旧社会主義体制の支配や抑圧、さらにはそれを引きずった後進性や貧しさなどを強く連想させることによって、否定的にイメージされることが多いが、彼は逆にこれらの国々に対してしばしば強い共感を示し、ポーランドでこれらの国の人々が悪く言われるのが悲しい、と発言した。

私は四回クリミアに行ったことがある。私はクリミアがとても気に入っていて、そしてあの人々がとても好きなんだ。彼らは本当に感じのいい人たちなのに、ここ〔ポーランド〕の人たちは一度もあそこに行ったことがなく、何もわかっていない。彼らがどれだけ感じのいい人々か。本当に、ここで例えば政治家などが言っているのとはぜんぜん違うんだ。全く正反対だ。〔筆者：政治家はどのように言っているのですか？〕悪くだよ！悪く言っているんだ！　ベラルーシや、ウクライナや、ロシアについて、全般的に。だが〔そういうふうに言う人は〕全くあそこに行ってないんだ。あそこに行くべきだよ、自分の目で見るために。

また、現在のポーランドにおける西側の消費文化の隆盛に関しても、彼が強い拒否感を示したことにも現れているように、彼にとってノヴァ・フータでの成功体験の記憶は、そうした過去の社会主義の恩恵を忘れ去り、ある意味で「堕落した」現在を送る体制転換後のポーランドへの批判・非難と表裏一体のものとなっているのである。

（2）Mさんの語り――「団地」の暖かなコミュニティ

ノヴァ・フータでの安定した生活は、また別の形でも理想的に回顧されうるものとなる。例えば、筆者が話を聞いたある女性Mさん（以下Mと表記）とその母にとって、かつてのノヴァ・フータは、温かい人間関係にあふれた安心できるコミュニティとして想起されるものである。(72)

Mは一九五九年、ノヴァ・フータで生まれた。Mの両親は一九五四年にノヴァ・フータにやってきたとい

(72)　以下で言及・引用するMの語りのデータは、二〇一〇年九月一〇日に筆者によって行われたインタビューにおいてMが語ったものである。インタビューは全て、Mの自宅において、MおよびMの母と娘の同席のもとに約三時間にわたって行われた。全てのインタビューは筆者が直接ポーランド語によって行った。

う。彼女とその幼い娘、そして母親が住んでいる団地は、ノヴァ・フータの中でも最初期に建設された団地（Osiedle Wandy）であり、彼女たちが住んでいる建物は中でも最初に建設された建物として有名である（現在でも存命している母親は、現在その建物に住んでいる住人の中でも最長老のひとりだという）。彼女たちが強調するのはノヴァ・フータのアパートOsiedle（共同住宅、団地）での生活の安定と人々の親近さ、暖かさである。このようなものとしてまず第一に、建物そのものの育む人間関係や近隣コミュニティが挙げられる。例えば、各々の団地の内部には中庭podwórkoがあるが、社会主義時代にはその中庭が住民たちの一種の共有スペース、触れ合いの場として、重要な役割を果たしていたのである。また、各々の団地にはひとつずつ保育園があり、同じ団地の子どもは同じ保育園に通っているなど、団地の中の人間関係は非常に緊密であったので、ほとんどの住人が互いに顔見知りだった。このように、Mにとっては社会主義時代の生活は、そこにおけるこうした人間同士の直接的な触れ合いと、それによって育まれる安全なコミュニティを想起させるものである。モノはなかったが、人々は暖かかった、というわけである。特徴的なのは、そうした過去の暖かいコミュニティのあり方に対して、彼女が現代の希薄な人間関係を並置し、それによって後者を批判しているという点である。例えば彼女は、現代の子供たちがコンピューターでばかり遊ぶのを嘆き、「昔はみんな中庭で遊んでいたものだ」と述懐する。

だからこの中庭は私の遊び場だったのよ。中庭が夏にどんなふうだったかはもう話したわよね〔前段落を参照〕。お母さんが子供たちの子守をしていたわ。冬は自分たちで〔中庭に〕スケート場を作ったのよ。（……）そして子供はみんな外に出て、ホッケーをしたり、かまくらを作ったり。（……）私たちは〔今よりも〕楽しく遊ぶことが出来たわ。〔当時は〕コンピューターもなかったし、コンピューターの前で座ってゲームをすることもなかったけど、遊びはあそこ〔中庭〕にあったのよ。冬も、夏も、ここの中庭で遊んでいたのよ。（……）人々の間にはいつも仲違いがあったし、口げんかや口論があったけど、でもとてもよい雰囲気だったし、ああいった政治的状況すらなければ、社会主義体制は人が生きて行くための〔ふさわしい〕環境を作り出せたと言えるのよ。（……）だから、社会主義時代にあったものが全て悪かったと言うことはできないわ。

Mたちが強調する社会主義時代の良かった点のもうひとつは、製鉄所が与えてくれる仕事や生活の安定と、それに支えられた快適な生活である。社会主義体制は全ての人々に仕事を保証していたし、公共料金も全て非常に安かった。それだけではない。先にも述べたように、ノヴァ・フータの製鉄所は、単に仕事や給料のみならず、文化生活から娯楽・休暇にいたるまで従業員のあらゆる生活の面倒を見ていたのである。例えば、子どもは毎年夏、山や海でのサマーキャンプに連れて行かれたが、こうしたキャンプの費用は今と比べて大変安いもので、しかもそうした子どものサマーキャンプは現在の一、二週間といったように短いものではなく、なんと四週間もあったという。子どもだけではなく、大人や家族連れも、製鉄所がポーランド各地の保養所に所有する「休暇の家」での夏の休暇を楽しむことができた。無論、これらの施設は恐らく現代と比べて恐ろしく質素なものだったろうし、またこのようにして旅行できる場所も限られていたはずだが、それでも国（製鉄所）がこのようにして、万人に何らかの休暇や娯楽を与えており、人々もそれを享受していたというのは事実である。ここでも、過去の安定した経済生活が、何でも自己負担・自己リスクのもとで行わなければならない現在のポーランドのあり方と対置されている。

また、こうした近隣コミュニティの人間関係の暖かさや経済生活の全般的安定に加えて、彼女たちにとっての社会主義時代はそこでの生活の安心感・安全感と強く結び付けられて想起されることとなる。興味深いのは、こうした安全さ・安心感が、しばしば現実にそうだったよりはやや美化され、誇張された言い方によって表現されているふしがある点である。例えば、Mの母は現在と比べて社会主義時代の治安の良さを強調し、「昔のノヴァ・フータには『不良少年 chuligani』などいなかった」「警察が非常に良く取締をしていた」と語るが、当時の資料が語るところによれば、実際には当時もこれら不良少年は大きな社会問題となっていて、警察はしばしばそれにたいしてあまり有効な手を打てていなかったとされる[73]。このように、実際のところ現代に比べて社会主義時代のノヴァ・フータがどれだけ治安が良かったのか、客観的には定かではないのだが、ここで重要なのはそうした客観的な事実関係ではない。むしろ重要なのは、彼女たちの実感において社会主義時代の治安がこのように非常に安全なもの、安心出来るものとして想起されているということであり、こうした回想上の治安の良さは、失業率の少なさや経済的安定といった、社会主義時代の生活全般の安定性と強く関連して想起されているということである。

それゆえ、Mは社会主義体制は、その政治的な問題点や自由の抑圧にも関わらず、ある意味で非常に「人間的な」環境、そこで人々が生きて行くのにふさわしい環境を与えてくれたのだと強調する。Mは、一方では社会主義は「政治的自由がなかった」「受け入れられるものではなかった」と強調しつつ（現に彼女の父は反体制活動に強く関与していたという）、他方ではその生活は非常に「人間的だった」「時間の流れが今よりもゆるやかだった」と強調するのである。

こうして、彼女たちにとっての社会主義時代の生活は、全般的にその安定性、安心・安全、そして直接的なふれあいによるコミュニティのあたたかさによって特徴付けられることになる。そこで対立するものとして引き合いに出されるのは、一九八九年の体制転換以後、「後期資本主義」へと急激に突入したポーランド社会における生活の不安定さ、人間関係の希薄さ、治安の悪化といった現象に対する不満である。ステニング（Stenning 2005a）が指摘するように、ここではバウマンの論じる「重い近代」から「軽い近代」へ、という対立が住民たち自身によって痛切に知覚されているのであり、不安定さとリスクが増した現在と比較参照することによって、安定した過去の生活が輝きを帯びたものとしてまなざされるのだといえよう。

(3) Ｆさんの語り――社会主義体制下の文化振興

最後に紹介したいのは、ノヴァ・フータの文化センターで音楽関係の文化普及活動を行っていた音楽家Ｆさん（以下Ｆと略記）の語りである。[74] 彼の語りは、社会主義体制下のノヴァ・フータにおける「文化」や「啓蒙」といった問題、あるいは文化的活動の自由といった問題についての語りとして非常に興味深い側面を持っている。彼は、自身がノヴァ・フータでの活動を始めた当時のことを「偉大な時代だった」と回想している。彼いわく、これほど大規模な町が急速なテンポで発展し、そこに住む人々がこれほど急速なテンポで変容を遂げたということは、それまで前例のない、特別なことだったのであり、彼にとってのノヴァ・フー

(73)　本書第４章を参照。
(74)　以下で言及・引用するＦの語りのデータは、二〇一〇年九月八日に筆者によって行われたインタビューにおいてＦが語ったものである。インタビューは全て、「ノヴァ・フータ文化センター」のカフェにおいて、筆者とＦの間で直接ポーランド語によって行われた。インタビュー時間は、約一時間四〇分であった。

タは、まさにこうした巨大な文化的変容が起こった特別な場所として位置づけられているのである。

歌手であり作曲なども行う職業音楽家であったFは、ノヴァ・フータに来る前はダンサーである妻と共にポーランドでは有名な民族舞踊団「マゾフシェ」Mazowsze に在籍していた。一九五五年にノヴァ・フータに移り住み、当時創設されたばかりだった「文化の家」（現在の「ノルヴィッド文化センター」の場所）において、ノヴァ・フータの労働者への文化普及活動に従事することになる。当時ノヴァ・フータの労働者の生活の面倒を見ていた製鉄所は、こうした文化普及活動にもふんだんな援助を行っていたのである。ここで彼が強調するのは、ここで普及の対象とされた「文化」とは、決していわゆるイデオロギー的で教条的な「社会主義文化」ではなく、より広く一般的な意味で人々に教養を与えることを目的としていたということである。当時ノヴァ・フータに全国から集まってきていた人々の多くは地方の寒村の出身であり、彼らはしばしば最低限の教育や文化的素養すら持たず、読み書きができないことすら珍しくなかった。これらの人々は、まさにFが行っていたような啓蒙活動の恩恵を最大限に受けたのである。Fにとってのノヴァ・フータは、まさにこうした巨大な文化的変容が起こった特別な場所として位置づけられている。Fがノヴァ・フータの最大の魅力として挙げるのは、ノヴァ・フータという町独特の「懐の深さ」chłonność である。

> だからここでは前例のないくらい本当に多くのことが起こったんだ。私がここにやってきた時、本当にここの社会環境に夢中になったんだ。なぜかっていうと、あの *chłonność* が私を虜にしたんだ。〔筆者：*chłonność* とは？-〕*chłonność*、つまり、われわれが彼らに提案したこと全て、〔音楽の〕グループ〔を作ること〕や、いろいろなパーティや、コンクール、ダンスコンクールや歌のコンクール、リサイタルのコンクール、これら全てに

〔ノヴァ・フータの労働者は〕とても喜んで参加したんだ。

こうした、急速に変化する町の熱意と若さこそが、Ｆをこれほどまでにノヴァ・フータに惚れ込ませたものであったのだろう。

社会主義体制における文化統制や文化的活動に対する圧力に関しても、Ｆは一般的にポーランドで思われているステレオタイプとは異なった見方を提示しようとする。Ｆが最も愛好している音楽ジャンルはジャズ音楽であり、実際ノヴァ・フータでの文化普及活動においてもＦはジャズバンドを結成したり、ジャムセッションを行うなどしていたそうであるが、意外なことにこうした活動に際して当局からの介入や弾圧はほとんどなかったという。当時ジャズ音楽は「敵国（アメリカ）の音楽」「不良の音楽」とされていて、体制側から弾圧される傾向にあったにもかかわらず、である。実際、Ｆの知人にも、ジャズ音楽をやったために音楽学校から追い出されたと主張するものがいたそうだが、Ｆによれば彼が放校されたのはジャズをやったこととは何の関係もなく、単に彼が酒乱だったからだという。このように、社会主義体制下のノヴァ・フータにおける文化活動は、現在一般の人々が思っているほど制限を受けていたわけではないのだということを彼は再三強調している。これと関連して、現在のポーランドの言説において一面的な「悪」のスティグマを押されている「党」に関しても、Ｆの見方はかなり中立的であると言える。Ｆによれば、こうした文化的活動に責任をもつ党の様々な部署にいる人々の多くは決してファナティックなイデオロギー原理主義者などではなく、単なる出世主義者や、ごく普通の現実主義者に過ぎなかったのである。そうした現実主義的な党の役人たちにとって、人々を仕事の後に楽しませ、文化的な娯楽を与えるのに役立つことなら、たとえそれがジャズであろうと大歓迎だったというわけである。現にF自身も党員であったが、それは決して社会主義建設をしたいというイデオロギー的な理由からではなく、ただ当時の社会において生き延びるために入党していたに過ぎなかったのである。Fの父は戦前の警察官僚であり、新体制下では敵対階級だとされたため、もしFが党に入っていなかったらろくな仕事もなかったろうし、音楽にもこれほど従事できなかっただろうとFは主張する。

ポーランドにおけるノヴァ・フータの位置づけについて、とりわけその階級的特徴や歴史的経緯から対立しがちなクラクフとの関係に関しても、Fはノヴァ・フータを強く擁護する立場を取る。高い文化的地位を誇るクラクフに比して、ノヴァ・フータは一般的には文化レベルの低い町、「こそ泥の町」として常に馬鹿にされがちだったが、[75] Fはこうした風潮を強く嘆いている。

だが同時にあなたに言わなければならないのは、クラクフの社会環境は、エリートのものだ、でしょう、（……）国の首都で、だからクラクフ人は他にはないくらい高慢なんだよ（笑）、ノヴァ・フータ人に対して見下した態度をとるんだ。例えば［クラクフの］誰かが部屋を借りたいと思った時、こう言うんだ「ただしノヴァ・フータ以外で！」（笑）。これが［クラクフとノヴァ・フータの］関係だったんだよ。それはわれわれにとって残念なことだったし、辛いことだった。というのも、私だってインテリの家庭の生まれだけど、この［ノヴァ・フータの］社会環境をただちに受け入れたし、前にも言ったように、まったくのところ、それに夢中になったんだよ。

Ｆによれば現実には、社会主義時代を通じてノヴァ・フータは非常に高い文化レベルを有していたのであり、実際海外で行われた多くの音楽コンクール、舞踏コンクールなどにおいて、ノヴァ・フータはしばしば優勝していたのである。

私の妻はバレエのグループや、歌のグループを運営していたんだが、それらのグループはしょっちゅう〔国際〕コンクールで大賞を取っていたんだ！「ノヴァ・フータ！」すごいだろう？　というのも一方では、ポーランドのノヴァ・フータといえば、泥棒の町で、住民のレベルは低く、いろいろなことが起こるし……〔筆者：そのように言われていたのですか？〕ああ、そうとも。まあ、美化しすぎずに正直に言えば、もちろんそういう例〔犯罪など〕もあったさ。（ため息）〔人々は〕酒を呑むし、酒を呑むとどんなふうに振る舞うかは明白でしょう。喧嘩が起こったり、不和が生じたり。でもね、言われたり書かれたりしたようなことはこの社会環境にはなかったんだ。

こうして、Ｆの語りからは、ノヴァ・フータという町における文化普及活動に携わった自身の立場から、その環境と人々を非常にポジティヴに回想する発言が目立つ。Ｆの語りのはしばしから伺えるのは、ある意

(75)　クラクフ市は中世においては歴代のポーランド王が住まう首都であり、また第二次大戦でも戦争による町の破壊をまぬがれたことから、現在ではポーランド随一の歴史都市・観光都市として世界的に有名である。また、ポーランドの文化的中心であるクラクフの住民は、ポーランドの中でも伝統的に保守的で、インテリ層・ブルジョワ層が非常に多いとされる。このような事情から、「労働者階級の町」であるノヴァ・フータは、クラクフとは非常に異質な存在であると言える。

味で非常に啓蒙主義的でオフィシャルな「文化普及活動」のイメージであり、それゆえ現代の我々の目からみるとナイーヴとも言えるような文化への態度であるが、だが同時にそこで我々が注目しなければならないのは、当時田舎からノヴァ・フータに大量に流入し、急速に変化する都市環境に適応しようとしていた若い労働者たちにとっては、そうした啓蒙主義的な理念や文化はある意味で本気で信じられていたのであり、それゆえそうした新しい理念や文化を吸収していくということは、彼らのライフコースにおける社会的上昇という文脈において、非常に大きな重要性を持っていたのだという現実の一端がFの語りから垣間見えるということである。F自身の言葉にあるように、こうした啓蒙活動は決して狭い意味での「社会主義建設」のイデオロギー的内容に限定されるものではなく、より広い文脈における戦後ポーランドの近代化のプロジェクトの一環であった。ノヴァ・フータという環境と、そこにおける住民の文化的変容や近隣コミュニティの安定化は、そうしたポーランド全体の近代化プロセスのまさに縮図であったのである。

Fの語りから垣間見えるのは、このようなかたちで社会主義時代に育まれたノヴァ・フータ特有の文化への自負と、それを正当に評価しないクラクフの主流文化への対抗意識である。

以上、ノヴァ・フータに古くから住む住民三人を中心に、住民の記憶の中におけるノヴァ・フータでの生が、現在の生とどのように対置されているかを紹介した。これらの語りから明らかなように、体制転換後に多くの住民たちが抱いている「ノスタルジア」のようなものは、決して単なる無意味な懐古などではない。むしろ逆に、これらの住民たちの意識のなかにおいて、こうした過去の記憶は、現在のポーランドにおける様々な問題を積極的に批判し、捉え返すためのリソースとして機能している。

本書の立場から見て、三人の語りにおいて批判される「現在」および、そこで参照点として語られる「過去」は、それぞれ現在のポスト社会主義における過去の捉え返しにおいていかなるアプローチがありうるのかというヒントを与えてくれるものである。Ｒの語りが垣間見せてくれるのは、現在において支配的な歴史的評価に抗し、より大きな歴史的スケールからポーランド戦後史を見ようという態度である。そこで典型的に批判対象として想定されているのは、戦前のすさまじい貧困や社会問題を忘却しつつ、それを改善した社会主義体制を絶対的な「悪」として非難し、他方では「戦前のポーランド」というありもしなかった理想郷への「回帰」を志向する社会の傾向である。他方、Ｍやその母の語りの中に典型的に見て取れるのは、地域・近隣コミュニティの密接なつながりの中で生きられた、私的で親密な経験の総体としての「社会主義」の評価、失敗してしまった「ありえたかもしれない」社会主義への希求である。それゆえ、これらの見方は、それぞれ異なった形ではあるが、本書が言うところの「ポスト・ユートピア」的な想像力の可能性の萌芽を示していると言うこともできるだろう。他方、Ｆの語りから垣間見えるのは、そうした過去のポスト・ユートピア的な捉え返しが、ノヴァ・フータという地域コミュニティの新たなアイデンティティの創造に繋がっていくような契機である。すなわち、ノヴァ・フータの過去の記憶にもとづいた自負や、ノヴァ・フータへと外部から向けられるまなざしへの反発が、「ノヴァ・フータ住民」という住民たち自身の積極的なアイデンティティ形成に寄与し、それによって新たな対抗言説を生み出す可能性が、そこには感じられる。

もちろん、他方でこれらの社会主義の過去を懐かしみ、時には賞賛するような語りが、容易に単なる懐古的なノスタルジア、ボイムの言うところの「回復的ノスタルジア」restorative nostalgia へと堕してしまう可能性もまた否定できない。Ｒの語りは当然ながら、社会主義時代に大きな社会的上昇を果たした自らのライフヒストリーへの自負から来るものであるし、Ｍの語りは、「昔は何でも良かった」という形での現在性の否定と理想的な過去への回帰を希求するようなナイーヴさをはらんでいる。他方Ｆの語りの中にもまた、非常にナイーヴな形での啓蒙主義的ユートピア主義への欲求が垣間見えることは疑いようがない。その意味で、こうした語りの中に垣間見える想像力のありかたが、まさに「現在」という時におけるクリティカルな過去の再活性化として新たな可能性を産みうるものなのか、それとも単なる安易な懐古に過ぎないものとして終わってしまうのかは、こうした想像力が彼ら相互の間で、あるいはノヴァ・フータを取り巻く外部の様々なまなざしや言説との間で、いかなる相互作用を切り結んでいくのかという問題と切り離して考えることはできないだろう。

こうして、ノヴァ・フータという場所における過去の「ユートピア」の記憶が、現在においていかなる新たな可能性を生み出しうるかを検討するためには、必然的にノヴァ・フータへと向けられる外部からの視線と、住民たち自身の記憶との間の相互交渉という側面への着目が必要になってくる。次節では、そうした視点を念頭に置きつつ、現在のノヴァ・フータをとりまく言説と表象の絡み合いを検討したい。

3……記憶と表象――ノヴァ・フータへの錯綜するまなざし

社会主義体制が崩壊し、過去のものとなったことで、社会主義体制による国家建設プロジェクトの代表格とも言えるノヴァ・フータの持つ意味や位置づけも大きく変化をこうむることになった。一方で、ノヴァ・フータは「連帯」の反体制運動の大きな拠点のひとつとなったことで、社会主義体制による自由の抑圧とそれに対する抵抗、という文脈の中に位置づけられることになる。とりわけ、教会建設をめぐる住民と体制側との間の長い対立と交渉の歴史や、念願かなってようやく自分たちの教会を建設することができたという共同経験は、この地の大きなアイデンティティのひとつとなっている。他方、体制転換に伴う製鉄所の業績悪化とそれによる失業者の増加は、ノヴァ・フータの治安の悪さに関するイメージを増大させることとなり、ノヴァ・フータはポーランドの中でもきわめて犯罪の多い地区として語られることとなる。先にも述べたとおり、統計上ではこうしたノヴァ・フータの治安の悪さに関する言説にはあまり裏付けが無いにも関わらず、「ノヴァ・フータは危険」というのはクラクフではもはや常識となっているとさえ言える。こうした治安の悪さに関する言説や、さらには社会主義体制にまつわる負のイメージのため、現在の一般的なノヴァ・フータのイメージはきわめてネガティヴなものであると言えるだろう。

こうしたポーランドにおけるノヴァ・フータにまつわる一般的な言説に対する住民の感情は、当然ながら複雑なものとなる。ノヴァ・フータという町への愛郷心とそれから発するクラクフへの強い対抗意識、そして、上記に挙げたようなノヴァ・フータへのネガティヴな意味付けへの反発は、逆に自分たちの町の歴史と現在により一層の関心を持つことを促し、それをより魅力的に、ポジティヴに捉えなおす契機住民たちの間に強く喚起したように思われる。実際、「ノヴァ・フータ文化センター」Nowohucki Centrum Kulturyや「ノルヴィッド文化センター」Centrum Kultury im. C. K. Norwidaなどの施設を中心として、ノヴァ・フータではそうした自分たちの歴史・生活を捉え返そうという様々な文化的・社会的活動が、他所に比べて比較的活発であるという印象をうける。

加えて二〇〇〇年代以降の近年になって、ノヴァ・フータを一種の「文化遺産」、すなわち保存すべき何らかの価値を有したものとしてまなざすような動きが進展してきている。ノヴァ・フータの社会主義リアリズム様式の特徴的な建築物、人々の「社会主義建設」の経験、さらにはカトリック教会や「連帯」の抵抗運動に関する記憶・体験などといったものを、歴史的に貴重な文化財として、あるいは、観光客の注目を引くことのできる資源として積極的に評価し、保存・紹介していこうという機運が徐々に高まってきたのである。ノヴァ・フータの中心部の社会主義リアリズム様式の町並みは、早くも二〇〇四年に国の文化遺産リストに登録された。二〇〇五年には、クラクフ歴史博物館の分館として、ノヴァ・フータの歴史を紹介する目的で「ノヴァ・フータの歴史」Dzieje Nowej Hury博物館が当地に作られ、企画展示およびガイドツアー、各種イベントなどの活動を行なっている。また、マウォポルスキ県文化会館では、二〇〇四年から二〇〇六年にかけて「nowa_huta.rtf」と題したプロジェクトを行い、住民の積極的な参加を募集しつつ、住民の回想録や物品の展示、ノヴァ・フータのポスターの募集などの企画を行った。さらに二〇〇九年はノヴァ・フータ建設五〇周年にあたったため、映画上映やコンサートなど、様々な催し物が開かれた。また、ノヴァ・フータとは直接関係はないものの、ノヴァ・フータの古い映画館「シフィアトヴィド」跡に、国の文化省およびクラクフ市の共同運営による「ＰＲＬ博物館」Muzeum PRL-uが開設され、現在正式オープンを目指して作業を進めているところである（本書「はじめに」も参照）。

このノヴァ・フータの「文化遺産化」とでも呼ぶべき動きをめぐっては、いくつか指摘しておくべきことがある。第一に、このノヴァ・フータの「文化遺産」化は、近年の「文化遺産」をめぐるグローバルな規模における文脈、および「社会主義の遺物」の保存をめぐるポーランドのナショナルな規模における文脈という、二つのより大きな文脈の中で理解する必要があるということである。まずグローバルな文脈に関して言えば、ここ数十年の西欧社会を中心とした「文化遺産」概念の拡大、特に「産業遺産」や「近代化遺産」への世界的な注目の高まりを指摘しておくべきだろう。西欧先進諸国では既に一九七〇年代以降から、社会の「脱工業化」に伴って閉鎖した炭鉱や工場などの産業遺構を活用した文化政策が積極的に推進されるようになり、さらに一九九〇年代に入るとこれら「産業遺産」はユネスコの「世界遺産」という国際的な制度の中で積極的に価値付け、序列づけされていくようになる（木村 2014: 49-52）。体制転換後急速に脱工業化・グローバル化への道を歩んだポーランドにおいて、かつてのポーランドの産業化・近代化の象徴であるノヴァ・フータが「文化遺産」としてまなざされるようになったことは、明らかにこれらグローバルな「文化遺産」言説の影響を受けてのものである。実際、「ノヴァ・フータの歴史」博物館を核として提唱されている「ノヴァ・フータ分散型博物館」というアイデア（すなわち、ノヴァ・フータの都市環境・自然環境全体をひとつの大きな「博物館」として活用するというアイデア）は、二十世紀後半の西ヨーロッパ（特にフランス）における「エコミュージアム」の発想をじかに参照することによって成り立っているのである（Salwiński i Sibila 2008）。

さらに言えば、社会主義時代の建築物を何らかの形で再評価・保存しようという動きは近年、なにもノヴァ・フータに限らずワルシャワをはじめとしたポーランド全土で見られる全国的な趨勢になりつつある。特に二〇一〇年代以降、ノンフィクション作家フィリップ・スプリンゲルの著作『不幸な生まれ』（Springer 2012）のヒットなどを契機として、社会主義時代のいわゆる「モダニズム様式」の建築物への関心は確実に高まっている。[76] ノヴァ・フータの「文化遺産化」は、こうしたグローバルな規模における言説やナショナル

---

(76) 先にも述べた通り、ポーランドでは一九五〇年代前半まで「社会主義リアリズム」の建築様式が国家によって強く

な規模における言説が、地元のローカルな言説と交錯する中で起こっているということを理解する必要がある。

第二に、特に「ノヴァ・フータの歴史」博物館を中心としたノヴァ・フータに関する一連の博物館的な展示・企画は、多くの場合ノヴァ・フータの都市建設とそこでの住民の体験を、当時及び現在の政治的評価とは切り離された「歴史的体験」として中和化しようとする傾向があるということである。そこでは、社会主義体制の評価といったような異論を巻き起こしやすいテーマは慎重に避けられ、住民の個人的な回想・ライフヒストリーや地域誌、町の建築様式、さらには歴史的に重要な事件などが、なるべく中立的なやり方によって収集・紹介されている印象をうける。[77] 逆説的なことに、ここでは社会主義時代の遺物や記憶を「文化遺産」として保存する実践は、「社会主義体制」とそれら保存される対象との間の意味論的つながりをなるべく薄めることによって可能になっているということができる。[78]

このように公的な展示の場において社会主義体制の評価が慎重に避けられ、カッコに括られている一方で、そうした社会主義体制の評価をめぐる意見の対立は、解決されることがないまま住民の間に沈潜しているようにも思われる。「連帯」時代に反体制運動に関わった人々を中心として、多くの人々が現在のポーランドにおける社会主義体制へのネガティヴな評価を内面化し、そのような観点からノヴァ・フータの歴史を回顧する一方、前節で紹介したとおりノヴァ・フータにおいては、他所と比べて非常に多い割合で、社会主義体制そのものを非常にポジティヴに、ノスタルジアを伴って回想する傾向が（とりわけ高齢者層を中心として）あるのも事実である。このような住民の間における意識の差は、住民間に何らかの対立を生む可能性をすら孕んでいる。[79] さらにはここにノヴァ・フータのコミュニティの再活性化や町おこしという文脈も入り混

じることによって、ノヴァ・フータの過去をどのようにとらえるべきかというテーマは、複雑な様相を呈し

推し進められていた。クラクフのノヴァ・フータやワルシャワの「ＭＤＭ」地区、ティヒ市の「Ａ団地」などは当時の社会主義リアリズム建築の例である。ただし一九五〇年代後半以降、社会主義リアリズム建築は下火になり、かわりにル・コルビュジエなどの影響を受けたモダニズム建築が主流となる。また、これには当時の高層住宅建築における技術革新、すなわちポーランドで「大パネル工法」(Wielka Płyta) と呼ばれたプレハブ工法の普及も関連していた。

フィリップ・スプリンゲルの『不幸な生まれ』はまさにこれらモダニズム建築を扱って、それらの美的・芸術的・および歴史的価値を再発見した著作であり、出版当時のポーランド社会で非常な好評を博した。タイトルの『不幸な生まれ』とは、建築的価値が高いにも関わらず、社会主義体制のネガティブなイメージと結び付けられることで人々から嫌悪され、誰からも顧みられることなく破壊されてしまったポーランドのモダニズム建築について表現したものである (Springer 2012)。

(77)　ただし、現在開設準備中の「ＰＲＬ博物館」は、ワルシャワの「ポーランド国立歴史博物館」のクラクフ分館という位置づけであり、それゆえ「ノヴァ・フータの歴史」博物館や地域の文化センターといった、地元のセクターとの公的なつながりや協力関係はほとんどないと言ってよい（「ノヴァ・フータの歴史」博物館のキュレーターへの二〇一〇年九月一七日のインタビューから）。また、「ＰＲＬ博物館」の展示・イベントにおいては「ノヴァ・フータの歴史」博物館よりもずっと踏み込んだ形で社会主義体制に対する批判的表現がなされる傾向が強いように思われる。それゆえ、展示・イベントの内容や、そこにおけるノヴァ・フータの表象の仕方によっては、今後地元住民の間に反発を巻き起こすことがあるかもしれない。本書「はじめに」で私が描写した奇妙な場面は、その一例である。

(78)　菅原 (2016) におけるティヒ市の事例も参照。この事例にも示されているように、社会主義時代の遺物の保存が社会主義に対する直接的な言及を避けたり、あるいは社会主義体制との意味論上のつながりを切断したりすることによって可能になっているというのは、社会主義遺構の「文化遺産化」に際して比較的よく見られる現象のように思われる。先に紹介したスプリンゲルの『不幸な生まれ』も、まさにこれらの建築物が「不幸な生まれ」なのだ、すなわち「たまたま」社会主義体制下で作られてしまっただけで、建築そのものとしては価値があるのだ、と主張することによって、これらモダニズム建築の価値を「救出」しようとしているということができるだろう。

(79)　例えば、クラクフ市ノヴァ・フータ再活性化プロジェクトの報告書に紹介された、「レーニン像」をめぐる住民間の

図24(上)　「クレイジー・ツアー」のガイドと「ポーランド・フィアット125」（2010年9月撮影）

図25(下)　「クレイジー・ガイド」で訪れる当時を再現したアパート（2010年9月撮影）

ていると言えるだろう。

とりわけ、旧東欧諸国で近年見られるようになってきた、社会主義時代の文化・風俗をキッチュでエキゾチックな対象として消費するようなまなざしは、ノヴァ・フータにも着実に押し寄せつつあり、こうしたトレンドがより一層進めば、住民の強い反発を招く可能性もあるかもしれない。このような、外部からの「社会主義」の消費のまなざしと、地元住民の間の意識の齟齬が最も顕著に見出される例は、近年ノヴァ・フータで人気を博している「共産主義ツアー」であろう。ノヴァ・フータの町を観光客を連れてガイドしながら、共産主義時代の生活を紹介するという趣旨のこうしたツアーを行っている団体は、ノヴァ・フータでは現在二つ存在するが、本章ではそのうち先に活動を開始した「クレイジー・ガイド」Crazy Guides を取り上げる。(80)

「クレイジー・ガイド」は、「社会主義時代のノヴァ・フータの生活を紹介する」というコンセプトのもとで、地元出身の若者を中心に運営されているツアー業者である。「クレイジー」というその名称から容易に推察できるように、彼らが行っているツアーの主眼は、過去の社会主義体制をキッチュで滑稽な消費物として、わかりやすく「売る」ことに置かれているように思われる。観光客の多くはアメリカや西ヨーロッパからの外国人旅行客であり、普段のツアーは英語で行われる。「クレイジー・ガイド」のツアーにおいて特徴

意見の相違は興味深い。一九七三年にノヴァ・フータ中央部の「市庁舎広場」に建立されたレーニン像は、体制転換と共に撤去されてしまったが、ノヴァ・フータ住民の中には、広場の一種のシンボルとしてレーニン像の復活を望む者が少なくないという。他方、こうした意見に対しては、当然ながら強い反発を示す住民もいる（Bukowski i Smagacz-Poziemska 2009: 60-62）。

（80）「クレイジー・ガイド」については（Stanek 2007）も参照。

的なのは、社会主義に関するわかりやすいステレオタイプや記号がふんだんに利用されているということである。以下、筆者が実際に参加した「クレイジー・ツアー」の主な行程を列挙してみる。(81)

・共産主義時代のクラシック・カー（「トラバント」や「ポーランド・フィアット125」など。図24を参照）に乗ってのノヴァ・フータ市内ドライブと名所巡り（中央広場、製鉄所の入り口、「主の方舟」教会、など）。
・共産主義時代からそのまま残るレストラン「スタイリッシュ」Stylowaでのコーヒーブレイクと、ノヴァ・フータの歴史に関する講義
・当時の住民生活を再現した住居（団地のアパートの一室。図25を参照）の見学と、そこでの映画鑑賞（アンジェイ・ムンク監督の映画『針路、ノヴァ・フータ！』のＤＶＤ）。キュウリのピクルスを食べながらポーランド・ウォッカで乾杯。

このように、ツアーの至る所で、トラバントやプロパガンダ映画など、社会主義自体に特徴的なアイコンやステレオタイプが登場し、ツアー参加者はそれらを楽しむことになる。中でも、当時の住居を再現したアパートに観光客を迎え入れる行程においては、こうしたステレオタイプが最大限に利用されているように思われる。決して広いとは言えないアパートの中には、古いテレビや時代遅れの洗濯機など、現在ではしばしば滑稽にしか見えないような様々な物品が置いてあり、観光客はそうしたものの使い方や用途に関して、まるで何らかの「歴史村」か何かにやってきたかのように注意深く説明を受けるのである。

このように、「クレイジー・ガイド」の戦略は、エキゾチックで滑稽な「異文化」としての社会主義（あ

るいはそのパロディ）を観光客に提供することを目的としているという点で一貫している。そして肝心のノヴァ・フータの歴史や住民の生活・記憶については、かなり一面的な説明（つまり、全体主義vs反体制運動、というような）を行っているような印象を受けた。当然のことながら、こうした姿勢は必ずしも地元住民に好意的に受け止められるわけではない。現に、筆者が話を聞いた多くの人々、とりわけ、地元で何らかの社会的活動を行なっている人々からは、こうした「共産主義ツアー」に関する否定的な意見が聞かれた。とりわけ複数の人々から聞かれた否定的意見は、「アパートの一室で酔っぱらいがウォッカを片手に観光客をもてなす」という部分に関するものである。「ノヴァ・フータ＝アル中の労働者の町」というステレオタイプを利用したこうしたパフォーマンスは、ノヴァ・フータのネガティヴな部分だけを切り取り、悪印象をもたらすものでしかない、というのである。実際、Ł・スタネクによれば、ノヴァ・フータ住民の間には、このような観光化が進むことによって、自分たちがまるで「動物園の猿のように」観光客から好奇の目を向けられることに強い嫌悪感が存在しているという（Stanek 2007: 304）。

地元住民からの否定的意見とは対照的に、「クレイジー・ガイド」は現在、開業当初には周囲の人々も、また自分たち自身も「誰も予想していなかった」ほどの成功を収めつつあり、ツアーの問い合わせは日々増

（81）二〇一〇年九月六日参加。ツアーは個人ツアー、すなわちガイドと筆者の一対一の形式で行った。ただし、筆者はあらかじめ自身の参加目的（社会学の調査）を明かしてツアーを依頼しており、それゆえ筆者に対して行われたガイドや説明は、普通の観光客に対するそれとはやや違うと予想される。だが、ガイドの説明によれば、行程自体は他の観光客相手でもだいたい同じであるとのことであった。

えている状況であるという。[82] それまで周囲の人間が誰も目を付けていなかったノヴァ・フータのこうした形での利用価値に注目し、成功を収めたという点で、彼らはノヴァ・フータを外部からのまなざしに対してどのように見せ、売り出すかということに関して、先見の明を持っていたと言えるだろう。実際、彼らのこうした発想は旧東欧地域で近年広がりつつある「共産主義ツーリズム」のトレンドと軌を一にするものでもある。

4……ある映画製作の実践から

以上、ノヴァ・フータにおいて社会主義的ユートピアという過去がどのように想起され、また新しいポーランドの表象空間の中でどのような意味を持ちつつあるかということを紹介した。本章の目的は、このように過去の「ユートピア」を現在において絶えず捉え返すことが、どのような新しい創造的次元に結びつきうるかということを検討することであった。ここではこの最初の問いかけに立ち返り、簡単な示唆を示したい。

本章を受けてここで指摘できる第一のことは、社会主義的ユートピア建設という歴史と、そこにおける人々の生活の記憶が、今なお住民たち自身にとって持つ大きな意味である。社会主義体制側のプロパガンダがどのようなものであったにせよ、またその意図がどれだけ不十分にしか達成されなかったにせよ、ノヴァ・フータの住民の多くは確かにこの地に「夢」を持ってやってきたのであり、そこでの苦労と成功体験、および共通の体験を共有しているという連帯感こそが、この地の住民のアイデンティティの大きな部分を形作っていると言える。第二に、住民たちの語りの解釈から垣間見えたのは、ある意味で創造的な、本書の立場から言えば「ポスト・ユートピア的」な想像力のあり方の萌芽であった。それと関連して、現在のノヴァ・フータで一種の凝集性を生むものとして、外部からノヴァ・フータへと向けられるネガティヴなまなざしへの反発、もっと言ってしまえばクラクフへの対抗意識が積極的な意義を持つ契機も確認された。ノヴァ・フータの住民の民度の低さや治安の悪さといった言説は、先に見たように社会主義時代から存在するが、そうした言説は現在、社会主義時代の負の遺産というイメージと結びつくことであまりに一般的なノヴァ・フータのイメージになってしまった。だが、こうしたイメージへの反発は近年、逆に住民の側からの対抗言説を生み出す契機になりつつあるのである。

こうした対抗言説の立ち上げとコミュニティ再生のプロセスにおいては、本書で扱ってきたような様々な記憶や意味を背負った「過去」を、いかに現在の只中において、アクチュアルなものとして捉え直すか、ということが決定的に重要である。本章でもたびたび見てきたとおり、ノヴァ・フータという「ユートピア」のあり方は、バウマンの言う「流動的近代」へと急激に突入したポスト社会主義の現在において必然的に日々痛切に感受されることになる、すこぶるアクチュアルなものとなっている。現在のポーランドの支配的言説において居場所をもたないこうした過去の「ユートピア」の記憶をいかにして掬い上げ、それによっていかにして現在に対する批判的想像力を可能にすることができるかという点に、社会主義的ユートピアの試みを現在において再考することの現代的意義があるのではないだろうか。だが他方、これらの記憶の語りが、それ自身がはらむ「理想的な過去」への欲望や素朴な形でのユートピア主義によって、容易に内閉的な懐古

(82)　筆者とガイドとの会話より（二〇一〇年九月六日）。

主義へと堕してしまう危険性、それゆえそれらが現在という時において何らクリティカルな創造性を持ち得ない可能性も同時に指摘できるのである。

これに関連して、本章が指摘したい第三の点は、そうした記憶や語りに垣間見られる想像力がアクチュアルかつクリティカルなものとして、現在という時のなかで意味を持つためには、ノヴァ・フータを取り巻く外部の様々なまなざしと重層的に切り結んでいくような実践が決定的に重要である、ということである。本章で紹介した「クレイジー・ガイド」をはじめとした「共産主義ツーリズム」とでも呼ぶべきトレンドは、確かにノヴァ・フータでは住民の反発を呼びやすいものではあるが、現実に彼らの試みが人気を博し、良くも悪くも外国人観光客にとってのノヴァ・フータのイメージ形成に寄与していることは事実である。上で論じた住民の側のノスタルジアと同様、これら外部から必然的に向けられるエキゾチックなまなざしの存在もまた、ポスト社会主義の現在において「過去」を振り返る際にはもはや無視したり批判したりすれば済むようなものではなくなりつつある。なぜなら、体制転換後の急速なグローバル化の中、これら外部から否応なしに向けられるまなざしは、既に現在のポスト社会主義諸国のローカルな文脈を構成する本質的な一部分となっているからであり、このような状況下において、社会主義的ユートピアという過去の記憶もまた、そうした外部からのまなざしと再帰的に相互作用することで、必然的な問い直しや再解釈を迫られるものであるからである。従って、ここで期待されるべきなのは、そうした外部からのまなざしと、現実に生きられた過去としてのノヴァ・フータの記憶とが現在という時間において互いにぶつかりあい、刺激しあうことで生まれる新たな可能性なのである。そうした、生きられた現在の只中にあくまで身を置きつつ、そこに過去を二重露出のように重ねあわせること、あるいは現在において過去の「ユートピア」に寄り添いつつ、それを絶えざる再解釈のプロセスに置くことこそ、現在という時間において再びユートピア的実践や想像力を甦らせることにつながるのではないか。

本章を終えるにあたり、ノヴァ・フータで現在行われている、ある興味深い映画製作の実践を紹介することで、そこに含まれるこうした可能性の萌芽を示唆しておきたい。「ノヴァ・フータ映画クロニクル」Nowohucka Kronika Filmowaと呼ばれるその試みをあえて本書で取り上げるのは、この映画製作が、本書が主題とする、過去のユートピア的記憶を現在の只中において反復するということの、ひとつの実例を示しているように思われるからである。もちろん、こうした映画製作が、ただちに新しい過去や記憶のとらえかたや、コミュニティの再生につながるわけではない。だが、少なくともそれが指し示す方向性において、この映画製作の試みは本書が目指すものの萌芽を示しているように思われるのである。

この「ノヴァ・フータ映画クロニクル」について概略を説明する前にまず、そもそも社会主義時代のポーランドにおける「映画クロニクル」というものが何だったのかについて説明しておかねばなるまい。当時のポーランドの映画館では、劇場映画と共に、短編映画や短編ニュース映画が併映されたのだが、その週刊短編ニュース映画の名称が、「ポーランド映画クロニクル」Polska Kronika Filmowaである。映画が始まる前の短い時間、ちょうど現在の映画館であれば商業コマーシャルが流されるような場合に、当時の映画館では必ずこうしたニュース映画が流されていたのである。だが、時代の移り変わりと共に、映画館でのニュース映画上映は時代遅れなものとなり、体制転換後の一九九四年を最後に「ポーランド映画クロニクル」はその幕を閉じることになった。

「ノヴァ・フータ映画クロニクル」（以下「クロニクル」と略称）は、ノヴァ・フータというローカルな場において、このかつての伝統を復活させようという試みである。ノヴァ・フータ在住のプロの映画監督であるイエジー・リダン Jerzy Ridan が中心となって二〇〇四年に始まったこのプロジェクトは、その時々に起こったノヴァ・フータの「新しい出来事」を取材・記録し、短編ニュース映画の形式で公開することを目的としている。ノヴァ・フータの「ノルヴィッド文化センター」などの出資で、週一回の頻度で作られるこれらの映画は、現在ノヴァ・フータにある唯一の映画館であるミニシアター「スフィンクス」で上映されることになっている。[83] このようにして、過去の「ポーランド映画クロニクル」の伝統が、ノヴァ・フータという地域に密着した形で再生することになったのである。

この企画の興味深い点のひとつは、それが、「映画」という媒体を通じてノヴァ・フータという地域コミュニティのアイデンティティの再生をはかっている点である。そもそもこれまでもノヴァ・フータのイメージは、良くも悪くも「映像」というフィルターを通して語られ、広まることによって構築されてきたのであり、その意味で、「映画」によって描かれる「ノヴァ・フータ」は、この地のアイデンティティにとって不可欠の構成要素であったとも言えるのである。リダンは筆者とのインタビューにおいて、このプロジェクトが始まった経緯を、次のように説明している。

この広場〔筆者たちがインタビューを行ったレストランが位置する「薔薇通り」の広場〕で〔一九九九年に〕、われわれはノヴァ・フータにまつわる映画の映画マラソンをやったんだよ。というのもノヴァ・フータに関する映画はとても多くてね。約三〇〇本ある。ワルシャワのほうが多いが、二番目はノヴァ・フータだ。その〔上映会の〕アイデアは、次のような理由から来たんだ。ひとつめは、ノヴァ・フータの古い住人は、〔かつてのノヴァ・フータの生活を〕回想したがっていたし、時には〔それら古い映画の中に〕自分自身の姿を見たがったんだ。というのも映画の中に自分自身が写っているのを見つける人もいたからね。だからこれは彼らにとって少しロマンチックな出来事だったんだ。他方、若い世代は、このノヴァ・フータについて、多くを知らなかった。（……）映画の中ではノヴァ・フータの歴史を見ることが出来た。このようにしてそのアイデアは実現し、上映会には常に二、三〇〇〇人もの人が集まった。つまり広場いっぱいの人だよ。上映は晩に始まって、かなり長く続いた。で、そのマラソンの最初の時に、私がそれを運営して、人々と会って話したんだが、その後、二〇〇四年に、どうして現在はこういう映画がこんなに少ないんだ、という考えが浮かんでね。どうしてテレビでこういう映画が流されないんだろうと。そのときこういうアイデアが浮かんだんだ。クロニクルをつくろうとね。

こうして、「クロニクル」は、それが発想された当初には、「少しロマンチックな」理由、すなわち、長い間ノヴァ・フータに住んできた高齢住民たちの過去へのノスタルジアという理由が大きく働いていたことは疑いようがない。だが、このプロジェクトの興味深いところは、単に懐かしさから過去の伝統を復活させようというだけのものではないということである。リダンは続けてこう言う。

(83)「クロニクル」は、「スフィンクス」での上映に加え、ポーランド国営テレビＴＶＰのクラクフ地域放送でも放送されている。また、過去の全ての「クロニクル」は、公式サイト http://www.kronika.com.pl/ で視聴することが可能である。

「クロニクル」は何のためのものなのか？　ここに、ノヴァ・フータに関する映画の一覧がある。これはドキュメンテーションだ。歴史だ。だが、五〇年後には、「クロニクル」もまた歴史を持つことになるだろう。全ては記録され、保管され、専門的な年鑑に載り、アーカイヴ化されるだろう。だからこれは歴史の一部なんだよ。人々の人生やその他もろもろのね。そして遠い将来、もう既にわたしや、多分あなたももう生きていないような頃に、ひょっとしたら誰かがこれらの「クロニクル」を参照することがあるかもしれない。その時、〔参照すべき資料は〕豊富にあるだろう。

さらに、以下に引用する「クロニクル」の事務担当の女性によって書かれた文章は、「クロニクル」に内在するこうした未来への欲望をより明確に伝えている。

マリア・マラティンスカ〔ポーランドの映画批評家〕は、（……）以下のように書いています。「ノヴァ・フータは、その誕生からカメラがずっととらえていた〔ポーランドで〕唯一の都市である。いや、それ以上だ。ノヴァ・フータは、いわばこれらのカメラのために特別に作られた都市だったのだ。ノヴァ・フータは、構想され、建設され、そして現存する都市だが、映画記録者たちの自意識の中においては常に、そしてただその自意識の中においてのみ、この場合は全く客観的（オビエクティヴヌイ）ではないカメラのレンズ（オビエクティヴ）が見たいと望んだとおりに、映像に定着させられなければならなかったのだ。」実際に、ノヴァ・フータを描いたおびただしい量の映画資料が存在しますが、それらは長年の間公的な政治の必要のために作られたものでした。しかしながら、このプロパガンダの醜い装いを剥ぎとってみると、多くの映画の中に、当時の実際の生活の断片、人々の感情やドラマ、そして何よりも歴史の大きな曲がり角が描かれているのを見ることができます。後にはさらに、「連帯」の時期に撮られた映画もありました。それらはしばしば隠しカメラで、必ずしもプロのカメラではないカメラで撮られたものです。そしてその後は、もはや何も撮られていません。変化の時期の後、映画監督たちはクラクフで最も大きく、最も議論の的となってきた地区への興味を失ってしまったのです。これは良くないことです。というのもまさにこの場所において、変わりゆく時のパラドックスを、その良い部分も悪い部分も全て含めて、最も鮮鋭な形で見ることができるからです。そしてもしかしたら、今日撮られている映像は、何年か後には貴重なドキュメントとしての価値を持つようになるかも知れないのです。(Starewicz-Caban)

ここに述べられているように、この「クロニクル」のプロジェクトにおいては、住民の現在の日常生活を「映像」という形で記録し、それをこれまでのノヴァ・フータに関する一連の映像記録に連なるものとして残すことで、ノヴァ・フータのコミュニティのアイデンティティをある意味で再創造することが目標とされているように思われるのである。そこで当然背景となるのは、ここでも述べられている通り、体制転換後のノヴァ・フータにおける「変わりゆく時のパラドックス」、すなわち、ポスト社会主義の現在における様々な新たな経験や受苦のかたちである。このようなかたちで、映像資料というメディアを通じていわば自分たちの現在を歴史的視野の中に位置づけ直すことで、ノヴァ・フータという町の経験は、ポスト社会主義の現在の中で、過去との連続性のもと、新たな解釈枠組みとアイデンティティにむかって開かれていくことが可能になる。

このプロジェクトがもうひとつ、非常に興味深いものとなっている理由は、それが過去の「ポーランド映画クロニクル」から着想を得、それを直接的に模倣しているという点であろう。すなわち、社会主義時代のポーランドにおいてノヴァ・フータに関する映像が多く撮られたということ、そして、そうした映像の一部を「ポーランド映画クロニクル」という形で、映画館に行った人々みんなが見ていた、という、社会主義ポーランドにおける映画経験を直接の参照元としているのである。だがそれは模倣と言っても、単に過去への感傷的なノスタルジアからかつて存在した伝統をそのまま反復するというだけのものではない。もちろん、それは確かに一種の「反復」ではあり、すなわち過去の経験を何らかの形において参照・想起するという要素を含んでいる。だがここにおける「反復」は、過去とは文脈や意味付けが大幅に変化することによって成り立っているのである。そうした想起―反復は、過去の理想的な再現や、過去と現在の無批判で超歴史的な単純化にはつながらない。むしろここでは、過去においてノヴァ・フータに関する映画が多く作られ、それを自分たち自身が映画館で見たという体験が、現在のそれとはまったく異なる状況・環境と直接的に衝突させられるのであり、それによって「反復」は、その意味を微妙にずらしていく。そこでは「過去」は、「現在」を批判的に意味付け、生きていくための積極的な地平を開くものとなるのである。

もちろん、私がここで論じたような「クロニクル」の意義は、あくまで理念的な次元にとどまるものであり、それゆえこうした実践がただちに何らかの新しいムーブメントを生んだり、新しい創造的可能性を生むものになるというわけではないだろう。だが、既に述べたようなノヴァ・フータという場所特有の過去の経験と、それに基づいた自分たちの現在のあり方への関心が、ポーランド国内のみならず世界的に見てもユニークなこの試みを生む土壌になったことは疑いようがない。

本章で紹介した「クロニクル」の可能性は、本書がこれまで再三にわたって論じてきた、過去の「ユートピア」の経験に「寄り添う」という可能性、あるいは、それを現在の只中において創造的な次元を持ったものとして捉え直す、という試みの、ひとつの方向性を指し示しているのかも知れない。次の終章では、これまでの議論を総括した上で、こうした試みの可能性について、本書での結論を呈示してみたい。

終章

新たなユートピア的想像力の復権に向けて

1……総括――「雪どけ」のポーランドを現在と重ね合わせるという試み

以上、「雪どけ」からポスト社会主義へと至るポーランドを舞台として、社会主義のユートピア的プロジェクトとそこにおける想像力の可能性、および、その現代的な意義について考察してきた。比較的独立性の高い二つの部から構成される本書ではあるが、既に第1章において述べた通り、これら二つの部を結び、本書にある種の一貫性を与えているのは、「ユートピア」および「ポスト・ユートピア」に関する問題関心である。終章ではこの問題関心に従って本書全体の議論をまとめることを目指すが、その前にさしあたって本書のこれまでの議論を簡単に概観しておこう。

本書の第1部（第2章～第5章）は、「雪どけ」期のポーランドにおける文化変容と、そこに存在した既存の「スターリニズム」の枠を超え出るような社会的想像力の可能性を検討したものである。「雪どけ」期に起こった一連の社会的意識や想像力の変容は、それまでの「社会主義建設」のユートピア的ヴィジョンの中において語られなかったものや、そうした既存の枠をはみ出る新たな「価値」の探求へと向かっていたという点で、それ自体ユートピア的な次元を有していた。そこでまなざしが向けられたのは、あるときは私的で真正な声としての「わたし」であったり、またあるときは社会主義のプロジェクトに抗するような個人的な「性愛」であったり、さらには社会主義体制の中で目を向けられることのない「内なる他者」としての不良少年であったりした。第3章と第4章は、これら「雪どけ」期の文化変容の中から、とりわけポーランド映画における「性愛関係」と「少年非行」に焦点を絞って、それぞれ論じたものである。これら二つの主題は、そこにおける主人公である「女性」や「若者」が、いずれも戦後ポーランドの「社会主義建設」の言説の中で中心的な役割を果たすべきものとして大きな意味を背負わされていた一方、そうした公的な言説の中には取り込むことが不可能なような多様な欲望や意味の受け皿にもなっていたという意味で、とりわけ「雪どけ」期の言説において特徴的なものだったということができる。

これらの主題を取り扱うに際して本書でたびたび注意を促したのは、これら「雪どけ」期における文化的噴出を、単に「抑圧的な社会主義体制」に対する、「自由」で「西欧的」な価値観の勝利、という通俗的な見方によって捉えることの危険性である。これら当時の文化的・社会的文脈の中で登場した新たな価値観・社会的想像力を、そうした「西側―東側」といった安易かつ本質主義的な二項対立の中で捉えるのは誤りである。むしろ、そうした新たな社会的想像力が、当時の社会主義のユートピア的プロジェクトを乗り越えるために新たな価値や欲望を希求していたと同時に、過去の「失敗」に終わったユートピアのあり方に批判的に「寄り添う」ことによってそうしていたということが重要なのであり、それゆえそうした希求のありかたとして現在においてもなおその潜在力を保った、アクチュアルなものとして捉えることが可能である。

こうして本書の視点は、「雪どけ」期のポーランドを、現在のポスト社会主義の世界ともある意味で根底においてつながっているようなものとして取り扱うことで、それを現代と「重ね合わせる」ことを試みる方向へと向かっていくことになる。第5章の議論は、こうした意図を背景として、「雪どけ」期のポーランドの文化的特徴を「ポスト・ユートピア」という言葉によって捉え返すことを目指した。そこでは、それ以前の「社会主義建設」のユートピア的イメージがゆらぎ、かわりに、そうしたユートピア的ヴィジョンへの幻滅によって彩られた暗い現実が前景に出てくることになる。こうした、ユートピアへの夢とそれへの幻滅の間の揺れ動きと、そこに見られる社会的想像力のダイナミズムこそ、この章で強調したかったものである。同時にこの章では、ポスト・ユートピア的な想像力というものがどういうもので、そこにどのような可能性があるのかということに関しても、一定の答えを出すことを目指した。かつてのユートピアがもはや無効となってしまった地点において、それでもなお、新たな価値を希求するということはどういうことなのか。それは、現在の只中において新たな価値を希求しつつも、それを絶えざる過去・現在・未来に関する反省的思考と再解釈のプロセスの中で行うということなのである。「雪どけ」の社会的想像力は、こうしたポスト・ユートピア的な想像力のあり方をその内部に胚胎していたのであり、その意味で、「雪どけ」の文化変容は、ポスト社会主義の現在と連続線上にあるようなものとして本書において捉え返されている。

第2部では、それまで論じてきた「雪どけ」を離れ、ノヴァ・フータをめぐる記憶と言説の分析へと焦点を移すが、これらの章を経て最終的に目指されるのはまさに、こうしたかつての社会主義体制下におけるユートピアへの夢とそれへの幻滅、そして、そこにおける既存のシステムを超えた新たな価値の追求を導きの糸として、現在のポスト社会主義的状況を生き延びるための手がかりを探ることである。第6章は、第7章に向けての予備的考察として、一九四九年から八九年の体制転換へと至るまでのノヴァ・フータをめぐる代表的な言説を紹介しながら、「現存した」ユートピアとしてのノヴァ・フータを描き出した。そこで形作られた「ユートピア」のあり方は、当初体制側が思い描いていたユートピアの形とはいささか異なるものではあったが、だがそれでも、安定した社会的条件と恵まれた物質的条件のもと、そこで育まれた生活は、ひとつの「ユートピア」のかたちと言いうるものであった。そうしたユートピアとしてのノヴァ・フータが体制転換と共に今度は完全に終わったということを受けて、続く第7章では、ポスト社会主義のノヴァ・フータを舞台に、過去を創造的に再解釈することを通じて現在においてポスト・ユートピア的な想像力を活性化させることの可能性を論じた。ポスト社会主義のノヴァ・フータにおける記憶のありかたは、まさにこうしたかつてのノヴァ・フータの社会生活を参照点とすることによって、グローバル資本主義の波に急速に飲み込まれた現在のポーランドへの不満や批判を指摘すると同時に、今ここにある秩序や社会のあり方を批判的に捉え直し、新たな視野を提供するための重要なリソースとなっているのであり、その意味で、本書の言う「ポスト・ユートピア」的な可能性を持ったものであると言うことができた。また、外部からノヴァ・フータへと向けられるネガティヴなまなざしに対しても、これらの記憶は住民の側からの対抗的言説を用意する重要な土台となりうる。

第7章では、こうした住民たちの間の記憶におけるノヴァ・フータと並んで、外部からノヴァ・フータへと向けられる「保存」のまなざしやエキゾチックなまなざしに対しても分析を加えた。こうした外部からノヴァ・フータを消費するようなまなざしは、当然のことながら住民の反発を招きうるものではあるが、他方、こうした外部からのまなざしの存在もまた、ポスト社会主義のノヴァ・フータをめぐる文脈の不可欠の構成要素となっていることも事実である。こうして、本書では、住民によって生きられた過去としてのノヴァ・フータの記憶が、現在という時の中の絶えざる再解釈のプロセスにさらされることで生まれてくる新たな可能性こそが重要なのであると主張する。そのような可能性のひとつの萌芽として、第7章の最後では「ノヴァ・フータ映画クロニクル」という映画制作の試みを紹介した。そこにおいて見出しうるのは、過去という時間にまさに現在において寄り添うということ、そして過去を現在において反復しつつもその意味を現在という時の中でずらしていくことによって生まれてくるであろう、新たな可能性への期待である。

2……結論――ユートピアから未来へ

社会学的研究としての本書の問いは次の二点であった。すなわち一点目として、社会主義的ユートピア建設という、二〇世紀の「近代」において大きな重要性を持っていた出来事と、そこに存在した人々の希求や想像力を、現在の視点からいかにして再び意味のあるものとして捉え直すことができるかということ。そして二点目として、現在のグローバル化したポスト社会主義の世界、もはやかつてのユートピアへの希求が無効となったと思われている現在において、いかにして過去のユートピアを「思い出すこと」を通じて新たなユートピア的想像力の可能性を見出すことができるかということである。第一の問いに対して本書は、ポーランドの「雪どけ」を研究対象として選び、そこにおける俗に「反体制的」と呼ばれてきたような表現や表象を分析した。その中で本書が主張したのは、このようにかつての社会主義体制における文化を「体制側―

反体制」という二項対立図式によって理解してしまうことの不毛さであり、本書はむしろそこに、社会主義建設のユートピアへの熱狂とそれへの幻滅の間の揺れ動きの中で生まれた、新たなユートピア的想像力のありかたとその可能性を見出すことこそが重要なのであると主張する。第二の問いに対しては、ポスト社会主義のノヴァ・フータをフィールドとして、そこにおける住民たちの記憶とそれに基づいた対抗言説や新たなアイデンティティ立ち上げの契機を見出すと同時に、そうした住民たちの記憶が外部からノヴァ・フータへと向けられるまなざしと相互作用することを通じて生まれてくるであろう新たな可能性の萌芽を呈示した。『ノヴァ・フータ映画クロニクル』の例に見られるように、そこにおいて期待されるのは、過去を現在において絶えざる再解釈にさらしつつ反復することによって、現在の支配的意味秩序を崩し、新たな希求や価値を創出するような可能性である。

そして本書は、これら二つの回答を、「ポスト・ユートピア」というキーワードによって互いに結びついたものとして、ひとまとまりに取り扱う。「雪どけ」期のポーランドにおける文化変容は、社会主義建設のプロジェクトという既存のシステムへの幻滅の中、その枠を超え、それとは異なる別の可能性を探求しつつ、過去の社会主義建設のユートピアに言及し、それを再解釈することで、現在に対する創造的思考を見出そうとする、ポスト・ユートピア的試みであった。同様に、ポスト社会主義の現在において求められているのは、現状の社会秩序に甘んじず、過去の絶えざる再解釈と現在におけるそれの活性化によって、あり得たかもしれない過去の別の可能性、別の「近代」の道筋を再発見し、それによって既存の社会秩序の枠組みを超え出て行くような想像力のありかたである。

このようにまとめると、実はこれまでの本書の作業そのものが、ひとつの「ポスト・ユートピア的」な想像力の発現の試みであったということができる。すなわち本書は、「雪どけ」期のポーランドの社会的想像力のありかたを、ポスト社会主義の現在の社会状況及び人々の生と「重ね合わせる」ことで、現在の中に新たな「ポスト・ユートピア的」な想像力の可能性を見出す試みそのものであった。この「重ねあわせ」においては、単なる懐古的な理想像として過去が想起されるのではなく、むしろ現在の只中に異質な「過去」が直接的に持ち込まれ、反復されることによって、現在という時の意味を変えていくことに意味がある。それはちょうど、第7章で紹介した、『ノヴァ・フータ映画クロニクル』の実践から導き出されるような「重ねあわせ」のやり方である。『クロニクル』においては、あくまで「現在」のノヴァ・フータが撮られつつも、そこには常に暗黙のうちに「過去」が呼び出され、「現在」と「過去」が映像のうちでいわばダブらされている。二重露出で上から重ね合わされた映像が、元の映像の意味を魔術的に変質させてしまうように、この上から重ね合わされた「過去」は、現在における人々の生に新たな意味を付け加え、その文脈と意味秩序を変容させる力を持つ。そこでは、「現在」における支配的な意味秩序は、それとは異なる「過去」の様々な想像力や欲望、実践のありかたと直接的に重ねあわされることで、その偶有性を顕にするのである。

＊＊＊

さて、これまで社会主義およびポスト社会主義のポーランドを舞台として、ユートピアの過去を思い出すということ、過去の創造的想起を通じた現在の支配的秩序の問い直しについて論じてきたわけだが、本書をしめくくるにあたり、他ならぬ「日本」の「社会学者」である「私」が、これまでポーランドをフィールドとして思考を進めてきたことの意味について改めて考えておきたい。

現在の日本の状況は、ある意味でまさに本書が論じ続けてきた「ユートピアが終わった後」の状況そのものであると言えるのではないだろうか。すなわち、「高度成長」「技術立国」「ジャパン・アズ・ナンバーワン」などのスローガンで表現されるような、戦後一貫して追い続けてきた「豊かさ」と「テクノロジー」に基づいたユートピアの夢の時間が既に崩壊し、加速度的に黄昏へと向かいつつあるのが今の日本の偽らざる現状であるというのは、恐らく多くの人々が感じていることなのではないだろうか。そうした日本の「黄昏」の象徴とも呼べる出来事が、二〇一一年の東日本大震災に続いて起こった福島第一原発事故であった。それは、日本の「技術大国神話」が文字通りの「神話」と化してしまった決定的な瞬間であった。ソ連におけるチェルノブイリ原発事故（一九八六年）がその後のソ連崩壊（一九九一）のさきがけとなったのとまさに符合するように、福島第一原発事故は戦後の日本の「ユートピア」が決定的な座礁を迎えた、まさにその象徴だった。

そのような中、現在の日本においては、「過去」というものが人々の危機にさらされたアイデンティティを補強・修復するためにますます頻繁に動員されるようになってきている。一方では、自らを「坂本竜馬」や「維新志士」になぞらえる政治家や政党の存在から、「昔の日本人は偉かった」式の高度成長期の華々しい技術開発に対する賞賛の言説、さらにはいわゆる「昭和ノスタルジア」に至るまで、「明治維新」や「高度成長」に対するノスタルジアの高まりを見て取ることができる。他方では、これら過去へのノスタルジアといわば表裏一体のものとして、第二次世界大戦時の従軍慰安婦や南京大虐殺などにおける日本の加害性を否認する歴史修正主義的言説や、ありもしなかった日本の「美しい伝統」を強調・賛美するような「保守派」

言説、さらには中国・韓国や「サヨク」（そこには、いわゆる本当の「左派」「左翼」だけでなく、自分たちと意見を異にするあらゆる人々が含まれる）へのヘイトスピーチを繰り返す、いわゆる「ネトウヨ」的言説がますます力を持つようになってきている。

近年の日本に徴候的に見られるこれらの傾向が、互いに補い合いながら、全体としてS・ボイム（Boym 2002）の言う「回復的ノスタルジア」を構成しているということは明らかだろう。ボイムによれば「回復的ノスタルジア」とは想像上の「起源」である「われわれの」共同体を復活させようという欲望であり、それを妨害する想像上の「敵」——「われわれ」でない存在——と戦おうとする「陰謀理論」によって強化されるものである。「回復的ノスタルジア」を特徴づけるのは過去から矛盾なく続く一貫した自己像を維持したいという欲望であり、そのために歴史の両義性や複雑性は縮減され、「善（われわれ）–悪（やつら）」の戦いという単純なプロットへと切り詰められる（Boym 2002: 41-48）。

それに対して本書が呈示するものが、ボイムが「回復的ノスタルジア」と対置して論じている「反省的ノスタルジア」であり、それは本書の視点から言えば「ポスト・ユートピア的想像力」とでも呼ぶべきものであった。すなわち、ユートピアの終わった地点に立ち、ユートピアが終わったことを認識しつつも、なおユートピアを思い出すこと、ただし、ナショナルな「大きな物語」としてのユートピアを素朴に懐かしがったり、そこに戻ろうとしたりするのではなく、あくまで複数形の「ユートピア」を、すなわち過去の実現されなかった無数の可能性の断片からなるユートピアを現在に「重ね合わせる」ことによって、現在の支配的秩序の偶有性を暴き出し、それによって「あったかもしれない現在」と同時に「あったかもしれない未来」を同時に示すような想像力である。

このように過去のあり得たかもしれない可能性を発掘し、そこから現在へ、そして未来へと新たな線を引き直すことによって、われわれは「ここではないどこか」にある新しい未来へ向けて開かれていくことだろう。そうした試みには、単なる空想や想像力の戯れにとどまらない、現実的な政治的ポテンシャルがある。それはまさに、「はじめに」で紹介した映画『大理石の男』の中で主人公の映画監督アグニェシュカが試みたことであり、さらにはこの映画を通じてアンジェイ・ヴァイダ自身が現実に成し遂げたことでもあった。すなわちこの『大理石の男』という映画は、一九五〇年代の既に忘れ去られ、失敗に終わった「労働英雄」「労働競争」の記憶と、そこにおいて蠢いていた当時の労働者たちの無数の欲望や理想、夢、想像力を、マテウシュ・ビルクートという一人の人物に仮託することで「現在」において再び呼び起こし、それによって「現在」における新たな希望、新たな夢を準備しようと試みたのだった。そしてこのヴァイダの試みは、その後の現実のポーランドの民主化運動において、一九八〇年代の「連帯」運動という形で結実することになる。(82)

Z・バウマンがいみじくも述べた通り、ある社会に「ユートピアが存在しないということ、ユートピアがもはや信じられなくなったということは、非合理主義と反啓蒙主義に道を開くものである。ユートピアの欠如が生み出すのは空虚であり、真っ暗で底のない深淵である」(Bauman 1976: 36)。現代のわれわれの社会に広がる様々な傾向は、まさにこうしたユートピアの衰退に伴う「非合理主義」と「反啓蒙主義」そのものである。現在の「真っ暗な深淵」から抜け出すために我々に求められているのは、新たなユートピア的想像力の復権であり、「歴史への意志」「歴史への展望」(Mannheim 1929 [1952] = 1979: 380)を取り戻すということであり、それは言わば、現在の私たちにとっての「マテウシュ・ビルクート」を見つけ出すという作業に他ならない。ただ、具体的な社会変革と未来への開かれのプロセスが、現代日本でいったいどのような形をとりうるのかを論じることは、残念ながら現在の私の手には余る作業である。それはすなわち、映画監督ならぬ社会学者としての私が、私なりの『大理石の男』に相当するものを、現代の日本で書くという作業になることだろう。いつの日か私にもヴァイダのような大仕事ができることを願いつつ、今は筆を擱きたい。

(82)『大理石の男』については、(菅原 2015) でより詳細に分析を行っているのでそちらを参照のこと。

参考文献

Adamski, Franciszek, 2002, *Rodzina. Wymiar społeczno-kulturowy*, Krakow: Wydawnictwo Uniwersytetu Jagiellońskiego.

Arendt, Hannah, 1951, *The Origins of Totalitarianism*, New York: Harcourt Brace.（= 1981, 大久保和郎訳『全体主義の起源（全三巻）』みすず書房。）

Bartoszewski, Władysław, 1957, "'Kanał' czy film o Powstaniu Warszawskim? ," *Stolica* 23 (1957): 22.

Bauman, Zygmunt, 1976, *Socialism: The Active Utopia*, London: George Allen & Unwin Ltd.

———, 1991, *Modernity and Ambivalence*, Cambridge: Polity Press.

———, 2000, *Liquid Modernity*, Cambridge: Polity Press.（= 2001, 森田典正訳『リキッド・モダニティ——液状化する社会』大月書店。）

Bądkowska, Stefania, 1957, "Niszczyciele mitów czyli o nowych 'Czarnych Dokumentach'," *Film* 9 (1957): 10.

Berdahl, Daphne, 2010, *On the Social Life of Postsocialism: Memory, Consumption, Germany*, Bloomington, Indiana University Press.

Biuletyn Informacji Publicznej Miasta Krakowa. (http://www.bip.krakow.pl/) [Accessed November 4, 2011.]

Błoński, Jan, 1961, *Zmiana warty*, Warszawa: Państwowy Instytut Wydawniczy.

Buck-Morss, Susan, 2000, *Dreamworld and Catastrophe: The Passing of Mass Utopia in East and West*, Cambridge: MIT Press.（= 2008, 堀江則雄訳『夢の世界とカタストロフィ——東西における大衆ユートピアの消滅』岩波書店。）

Boym, Svetlana, 2002, *The Future of Nostalgia*, Basic Books.

Bukowski, Andrzej i Marta Smagacz-Poziemska, 2009, *Raport końcowy ze spotkań konsultacyjnych dotyczących zmian w przestrzeni Placu Centralnego i Alei Róż,* Krakow. (http://www.rewitalizacja.krakow.pl/pliki/17431) [Accessed August 25, 2010]

Carroll, Noël, 1996, "Nonfiction Film and Postmodernist Skepticism," David Bordwell and Noël Carroll, *Post-Theory: Reconstructing Film Studies*, Madison: University of Wisconsin Press, 283-305.

Central Statistical Office (GUS), 2010, *Mały rocznik statystyczny Polski (Concise Yearbook of Poland)*, Warsaw. (http://www.stat.gov.pl/cps/rde/xbcr/gus/PUBL_oz_maly_rocznik_statystyczny_2010.pdf) [Accessed December 1, 2011]

Chłopek, Maciej, 2005, *Bikiniarze. Pierwsza polska subkultura*, Warszawa: Żak.

Codogni, Paulina, 2006, *Rok 1956*, Warszawa: Prószyński i S-ka.

Cyprian, Tadeusz, 1956, *Chuligaństwo wśród młodzieży*, Poznan: Państwowe Wydawnictwo Naukowe.

Czechot, Z. G., 1957, "Film 'Kanał' czyli nieco o odpowiedzialności historycznej," *Ekran* 9 (1957): 3.

Dabert, Dobrochna, 2003, *Kino moralnego niepokoju.* Poznań: Wydawnictwo Naukowe UAM.

de Certeau, Michel, 1980, *Arts de faire*, Paris: Union générale d'éditions. （＝ 1987, 山田登世子訳『日常的実践のポイエティーク』国文社。）

“Do przyjaciół w Rożnicy,” 1953, *Nowa Kultura* 51/52 (1953): 10.

Dobrowolski, Kazimierz, 1961, “Socjologiczne zagadnienia Nowej Huty,” *Sprawozdania z posiedzeń komisji naukowych*, Polska Akademia Nauk (Oddział w Krakowie), 157-163.

Dunn, Elizabeth C., 2004, *Privatizing Poland: Baby Food, Big Business, and the Remaking of Labor*, Ithaca, NY: Cornell University Press.

“Dyskusja o ‘Kanale’. Listy do redakcji,” *Ekran* 19 (1957): 10-11.

“Dyskusja o młodzieży,” 1954, *Nowa Kultura* 5 (1954): 4-5.

Edemariam, Aida, 2007, “Professor with a Past” The Guardian, 28 April 2007, https://www.theguardian.com/books/2007/apr/28/academicexperts.highereducation [Accessed: 16 June 2017]

Elf, [1959] 1971, “Najgorszy był jednak początek,” Stefan Kozicki i Zbigniew Stolarek (red.), *Krajobraz ogni. Antologia reportaży o Nowej Hucie*, Warszawa: Iskry, 46-74.

Fidelis, Małgorzata, 2010, *Women, Communism, and Industrialization in Postwar Poland*, New York: Cambridge University Press.

Fiejdasz, Małgorzata, 1998, “ ‘Czarna Seria’ w Polskim Filmie Dokumentalnym,” *Kwartalnik Filmowy* 23: 42-61.

Foucault, Michel, 1975, *Surveiller et punir, naissance de la prison*, Paris: Gallimard. （＝ 1977, 田村俶訳『監獄の誕生』新潮社。）

———, 1976, *La volonté de savoir*, Paris: Gallimard. （＝ 1986, 渡辺守章訳『性の歴史Ⅰ　知への意志』新潮社。）

Franczyk, Jan L., 2009, “Triumf i upadek komunistycznej utopii,” *Konferencja naukowa “Nowa Huta: Miasto–Społeczeństwo-Transformacje,”* 4 czerwca 2009.

Friedrich, Carl J. and Zbigniew K. Brzezinski, 1965, *Totalitarian Dictatorship and Autocracy (Revised Edition)*, Cambridge, MA: Harvard University Press.

Fukuyama Francis, 1992, *The End of History and the Last Man*, New York: Free Press. （＝ 1992, 渡部昇一訳『歴史の終わり』三笠書房。）

Ghodsee, Kristen, 2011, *Lost in Transition: Ethnographies of Everyday Life After Communism*, Durham: Duke University Press.

Giddens, Anthony, 1990, *The Consequences of Modernity*, Cambridge: Polity Press. （＝ 1993, 松尾精文・木幡正敏訳『近代とはいかなる時代か？——モダニティの帰結』而立書房。）

———, 1991, *Modernity and Self-Identity: Self and Society in the Late Modern Age*, Stanford: Stanford University Press.（＝ 2005, 秋吉美都・安藤太郎・筒井淳也訳『モダニティと自己アイデンティティ——後期近代における自己と社会』ハーベスト社。）

———, 1992, *The Transformation of Intimacy: Sexuality, Love and Eroticism in Modern Societies*, Cambridge: Polity Press.（＝ 1995, 松尾精文・松川昭子訳『親密性の変容——近代社会におけるセクシュアリティ、愛情、エロティシズム』而立書房）

Gillis, John R., 1974, *Youth and History: Tradition and Change in European Age Relations, 1770-Present*, New York: Academic Press.（＝ 1985, 北本正章訳『若者の社会史——ヨーロッパにおける家族と年齢集団の変貌』新曜社。）

Gontarczyk, Piotr, 2006, "Towarzysz „Semjon". Nieznany życiorys Zygmunta Baumana," *Biuletyn IPN* 6 (66): 74–83.

Gooderham, Peter, 1982, "The Komsomol and Worker Youth: The Inculcation of 'Communist Values' in Leningrad during NEP," *Soviet Studies* 34(4): 506-528.

Gorsuch, Anne E., 2000, *Youth in Revolutionary Russia: Enthusiasts, Bohemians, Delinquents*, Bloomington: Indiana University Press.

Groys, Boris, 1988, *Gesamtkunstwerk Stalin*, München, Wien: Carl Hanser Verlag.（＝ 2000, 亀山郁夫・古賀義顕訳『全体芸術様式スターリン』現代思潮新社。）

Gryczyński, Adam, Wincenty Zakrzewski, Krzysztof Jankosz (red.), 2009, *Nowa Huta – nowa ewangelizacja. Jan Paweł II w Mogile*, Kraków: Opactwo Cystersów w Mogile.

Halbwachs, Maurice, 1950, *La mémoire collective*, Paris: Presses Universitaires de France.（＝ 1989,『集合的記憶』、小関藤一郎訳、行路社。）

———, 1952, *Les cadres sociaux de la mémoire*, Paris: Presses Universitaires de France. (= 1992, "The Social Frameworks of Memory," in *On Collective Memory*, translated by Lewis A. Coser, Chicago: The University of Chicago Press)

Hall, Stuart and Tony Jefferson (eds.), 1976, *Resistance through Rituals: Youth Subcultures in Post-War Britain*, London: Hutchinson.

Haltof, Marek, 2002, *Polish National Cinema*, Oxford and New York: Berghahn Books.（＝ 2006, 西野常夫・渡辺克義訳『ポーランド映画史』凱風社。）

長谷正人、二〇〇三「占領下の時代劇としての『羅生門』——『映像の社会学』の可能性をめぐって」長谷正人・中村秀之編『映画の政治学』青弓社、23—60頁。

———、二〇一〇『映画というテクノロジー経験』青弓社。

Havel, Václav, 1985, "The Power of the Powerless," Václav Havel (et al.), *The Power of the Powerless: Citizens Against the State in Central-*

Eastern Europe, Armonk: M.E. Sharpe, 23-96.

Hellbeck, Jochen, [1996] 2000, "Fashioning the Stalinist soul: The diary of Stepan Podlubnyi, 1931-9," Sheila Fitzpatrick (ed.), *Stalinism: New Directions*, New York: Routledge, 77-116.

———, 2006, *Revolution on My Mind: Writing a Diary Under Stalin*, Harvard University Press, 2006.

Hłasko, Marek, [1957] 2004, *Ósmy dzień tygodnia*, Warszawa: Wydawnictwo Elf.

石塚道子・田沼幸子・冨山一郎編、二〇〇八『ポスト・ユートピアの人類学』人文書院。

石田佐恵子、二〇〇九「ムービング・イメージと社会——映像社会学の新たな研究課題をめぐって」『社会学評論』60 (1)：7—24頁。

伊藤守編、二〇〇六『テレビニュースの社会学——マルチモダリティ分析の実践』世界思想社。

伊東孝之、一九八八『ポーランド現代史』山川出版社。

伊東孝之・井内敏夫・中井和夫編、一九九八『ポーランド・ウクライナ・バルト史』山川出版社。

Kałużyński, Zygmunt, 1966, *Salon dla miliona*, Warszawa: Czytelnik.

Kapuściński, Ryszard, [1955] 1971, "To też jest prawda o Nowej Hucie," Stefan Kozicki i Zbigniew Stolarek, *Krajobraz ogni. Antologia reportaży o Nowej Hucie*, Warszawa: Iskry, 228-237.

Karabasz, Kazimierz, 1985, *Bez fikcji. z notatek filmowego dokumentalisty*, Warszawa: Wydawnictwo Artystyczne i Filmowe.

加藤久子、二〇〇五「社会主義ポーランドにおけるカトリック教会をめぐる報道——ノヴァ・フタでの教会建設過程に注目して」『東欧史研究』27：90—103頁。

木村至聖、二〇一四『産業遺産の記憶と表象：「軍艦島」をめぐるポリティクス』京都大学学術出版会。

Kochanowicz, Joanna, 2000, *ZMP w terenie. Stalinowska próba modernizacji opornej rzeczywistości*, Warszawa: TRIO.

Kosiński, Krzysztof, 2006, *Oficjalne i prywatne życie młodzieży w czasach PRL*, Warszawa: Rosner & Wspólnicy.

Krafft, Jan, 1955, "Uwaga, Dobry Film! ," *Po Prostu* 24 (1955): 5.

Krzywicki, Anrdzej, 2009, *Poststalinowski karnawał radości. V Światowy Festiwal Młodzieży i Studentów o Pokój i Przyjaźń, Warszawa 1955 r.*, Warszawa: Wydawnictwo TRIO.

Kuroń, Jacek i Jacek Żakowski, 1995, *PRL dla początkujących*, Wrocław: Wydawnoctwo Dolnośląskie.

Kurz, Iwona, 2005, *Twarze w tłumie. Wizerunki bohaterów wyobraźni zbiorowej w kulturze polskiej lat 1955-1969*, Izabelin: Świat Literacki.

———, 2006a, "Dziwki, anioły i rycerze. A 'moment nowoczesny' w polskim filmie po 1956 roku," not published paper from the author.

———, 2006b, "Obraz Powstania Warszawskiego w filmie. Przykład *Kanału*," not published paper from the author.

Lebow, Katherine A., 2001, "Public Works, Private Lives: Youth Brigades in Nowa Huta in the 1950s," *Contemporary European History* 10 (2): 199-219.

———, 2013, *Unfinished Utopia: Nowa Huta, Stalinism, and Polish Society 1949-56*, Ithaca and London: Cornell University Press.

Lubelski, Tadeusz, 1992, *Strategie autorskie w polskim filmie fabularnym lat 1945-1961*, Krakow: Uniwersytet Jagielloński.

———, 2009, *Historia kina polskiego. Twórcy, filmy, konteksty*, Katowice: Videograf II.

Ludkiewicz, Stanisław, 1954, "W sprawie młodzieży," *Nowa Kultura* 2 (1954).

Łapiński, Zdzisław i Wojciech Tomasik (red.), 2004, *Słownik realizmu socjalistycznego*, Kraków: UNIVERSITAS.

Madej, Alina, 1997, "Zjazd filmowy w Wiśle, czyli dla każdego coś przykrego", *Kwartalnik Filmowy* 18.

Mannheim, Karl, [1929] 1952, *Ideologie und Utopie*. Frankfurt am Main: Schulte Bulmke Verlag.（= 1979, 高橋徹・徳永恂他訳「イデオロギーとユートピア」高橋徹編『世界の名著〈68〉マンハイム／オルテガ』中央公論社、93—382頁。）

Manovich, Lev, 2001, *The Language of New Media*, Cambridge and London: The MIT Press.

Manturzewski, Stanislaw, [1955] 1989, "W zaklętym kręgu drętwej mowy. Idzie figus targową ulicą...," Wiesław Władyka (red.), 1989, *Na czołówce. Prasa w październiku 1956 roku*, Warszawa: Państwowe Wydawnictwo Naukowe, 121-140.

Marzec, Edwin, 1951, "Z pijaństwem trzeba walczyć zdecydowanie i codziennie," *Budujemy Socializm* 13 (1951): 4.

Matykiewicz, Aleksandra, 2006, "Nowa Huta. Socrealistyczna utopia," Krzysztof Stępnik i Magdalena Piechota (red.), *Socrealizm. Fabuły - komunikaty - ikony*, Lublin: Wydawnictwo UMCS, 405-413.

Michałek, Bolesław, 1960, *Szkice o filmie polskim*, Warszawa: Wydawnictwa Artystyczne i Filmowe.

Miczka, Tadeusz i Alina Madej (red.), 1994, *Syndrom Konformizmu? Kino Polskie Lat Sześćdziesiątych*, Katowice: Wydawnictwo Uniwersytetu Śląskiego

Mikułowski Pomorski, Jerzy, 1999, "U genezy powołania nowego miasta. Między pogłoską a dedukcją," Praca zbiorowa, *Narodziny Nowej Huty. Materiały sesji naukowej odbytej 25 kwietnia 1998 roku*, Towarzystwo Miłośników Historii i Zabytków Krakowa, 95-120.

Miłosz, Czesław, 1953, *Zniewolony umysł*, Paris: Instytut Literacki.（= 1996, 工藤幸雄訳『囚われの魂』共同通信社。）

Moja Nowa Huta 1949-2009, 2009, Kraków: Muzeum Historiczne Miasta Krakowa.

Monografia Huty im. Tadeusza Sendzimira w Krakowie 1954-1994, 1994, praca zbiorowa, Wydawnictwo Huty im. T. Sendzimira.

Mrożek, Sławomil, 1950, “Tutaj wszyscy są młodzi,” *Budujemy Socializm* 1 (1950): 6.

沼野充義、二〇〇三『ユートピア文学論 徹夜の塊２』作品社。

Oleksiewicz, Maria, 1956, “Kiedy będzie ‘Koniec Nocy’ ? Entuzjastyczny list z Łodzi,” *Film* 49 (1956): 14.

Ołaniecki, Zbigniew, 1952, “Polska kinematografia dokumentalna w 1951,” *Kwartalnik Filmowy* 5-6: 161-176.

“Opinie czytelników o filmie ‘Kanał’ ,” *Film* 27 (1957): 15.

Osęka, Piotr, 2001, “Święto inne niż wszystkie. Propaganda i rzeczywistość V Światowego Festiwalu Młodzieży i Studentów w Warszawie,” Tomasz Szarota (red.), *Komunizm. Ideologia, system, ludzie*, Warszawa: Wydawnictwo Neriton, 352-365.

———, 2008, *Marzec ’68*, Kraków: Znak.

“Pamiętnik uczennicy,” 1953, *Nowa Kultura* 48 (1953): 3-4.

Pawełczyńska, Anna, 1956, “O niektórych przyczynach chuligaństwa”, Jerzy Sawicki (red.), *Chuligaństwo. Studia*, Warszawa: Wydawnictwo Prawnicze, 89-127.

Ray, Larry, 2009, “At the End of the Post-Communist Transformation? Normalization or Imagining Utopia?,” *European Journal of Social Theory* 12(3): 321-336.

Ricoeur, Paul, 1986, *Lectures on Ideology and Utopia*, New York: Columbia University Press.（＝ 2011, 川崎惣一訳『イデオロギーとユートピア——社会的想像力をめぐる講義』新曜社。）

Roberts, Graham, 1999, *Forward Soviet!: History and Non-fiction Film in the USSR*, London and New York: I. B. Tauris.

Roszkowski, Wojciech, 2006, *Historia Polski 1914-2005*, Warszawa: Wydawnictwo Naukowe PWN.

Salwiński, Jacek i Leszek J. Sibila, 2008, *Nowa Huta, Przeszłość i wizja. Studium muzeum Rozproszonego*, Kraków: Muzeum Historyczne Miasta Krakowa.

佐藤真、二〇〇一『ドキュメンタリー映画の地平——世界を批判的に受けとめるために（下）』凱風社。

清水真、二〇〇七「短波国際放送「ラジオ・フリー・ヨーロッパ」の方針転換に関する考察——宣伝放送から国際放送への性格変容」『応用社会学研究』49：73—84頁。

Siemieńska, Renata, 1969, *Nowe życie w nowym mieście*, Warszawa: Wiedza Powszechna.

Słabek, Henryk, 2009, *O społecznej historii Polski 1945-1989*, Warszawa: Książka i Wiedza.

Social Insurance Institution (ZUS), 2011, *Social Insurance in Poland: Information, facts*, Warsaw. (http://www.zus.pl/pliki/ulotki/Ubezpieczenia%20spoleczne%20informacje%20fakty%20wer%20angielska.pdf) [Accessed December 1, 2011]

Sprawozdania z posiedzeń komisji naukowych, 1963, Krakow: Polska Akademia Nauk (Oddział w Krakowie).

Springer, Filip, 2012, *Źle urodzone. Reportaże o architekturze PRL-u*, Kraków: Karakter.

Stachówna, Grażyna, 1998, "Pożegnaia czas już przekroczyć próg. Wątki melodramatyczne w filmach 'Szkoły Polskiej' ," Ewelina Nurczyńska-Fidelska i Bronisława Stolarska (red.), *Szkoła Polska: Powroty*, Łódź: Wydawnictwo Uniwersytetu Łódzkiego, 49-61.

Stanek, Łukasz, 2007, "Nowohuckie symulacje: polityka, tożsamości i konsumpcja przestrzeni w Nowej Hucie," Martin Kaltwasser, Ewa Majewska i Kuba Szreder (red.), *Futuryzm miast przemysłowych. 100 lat Wolfsburga i Nowej Huty*, Krakow: Korporacja Ha!art, 292-305.

Starewicz-Caban, Anna, "Jedyna taka kronika w Polsce," unpublished essay from the author.

Stawiński, Jerzy Stefan, [1956] 2010, "Kanał," *Kanał*, Warszawa: Prószyński i S-ka, 93-164.

Stenning, Alison, 2000, "Placing (Post-)Socialism: The Making and Remaking of Nowa Huta, Poland," *European Urban and Regional Studies* 7(2): 99-118.

———, 2005a, "The Transformation of Life, Work and Community in Post-socialist Europe: A Westerner Studies Nowa Huta," *Geografia Polonica* 78(1): 123-135.

———, 2005b, "Post-Socialism and the Changing Geographies of the Everyday in Poland," *Transactions of the Institute of British Geografers*: 113-127.

———, 2005c, "Where is the Post-socialist Working Class?: Working-Class Lives in the Spaces of (Post-)Socialism," Sociology 39(5): 983-999.

———, 2005d, "Re-placing work: economic transformations and the shape of a community in post-socialist Poland," *Work Employment & Society* 19(2), 235-259.

菅原祥、二〇一五「労働英雄を思い出すということ——アンジェイ・ワイダ監督『大理石の男』を中心に」『スラヴ学論集』18：85—120頁。

———、二〇一六「『社会主義の計画都市』の現在と過去の記憶——ポーランド、ティヒ市の調査から」『開智国際大学紀要』16：19—32頁。

Szacka, Barbara, 2006, *Czas przeszły, pamięć, mit*, Warszawa: Wydawnictwo Naukowe SCHOLAR.

Szanter, Stanisław, 1948, *Socjologia kobiety*, Warszawa: Wydawnictwo B. Kądziela.

Szczepańska, Anna, 2006, "Miłość erotyczna w polskiej prozie produkcyjnej", Krzysztof Stępnik i Małgorzata Piechota (red.), *Socrealizm.*

Fabuły, komunikaty, ikony, Lublin: Wydawnictwo Uniwersytetu Marii Curie-Skłodowskiej, 67-80.

Sztompka, Piotr, 1993, *The Sociology of Social Change*, Oxford: Blackwell. (=2005, *Socjologia zmian społecznych*, przekładany przez Jacek Konieczny, Kraków; Znak.)

———, 2000, "The Ambivalence of Social Change: Triumph or Trauma? ," *Wissenschaftszentrum Berlin für Sozialforschung, discussion paper*.

Szymborska, Wisława, 1951, "Nowa Huta," , *Budujemy Socjalizm* 7 (1951): 2.

Taylor, Charles, 2004, *Modern Social Imaginaries*, Durham: Duke University Press.（＝ 2011, 上野成利訳『近代――想像された社会の系譜』岩波書店。）

Terlecki, Ryszard, Marek Lasota i Jarosław Szarek (red.), 2002, *Nowa Huta: miasto walki i pracy*, Kraków: Instytut Pamięci Narodowej.

Toeplitz, Jerzy, 1952, "O Bojowy Film Dokumentalny: Po Naradzie Twórczej w Wytwórni Filmów Dokumentalnych," *Film* 19 (1952): 5.

Toeplitz, Jerzy (red.), 1974, *Historia Filmu Polskiego Tom 3*, Warszawa: Wydawnictwa Artystyczne i Filmowe.

———, 1980, *Historia Filmu Polskiego Tom 4*, Warszawa: Wydawnictwa Artystyczne i Filmowe.

冨山一郎、二〇〇八「ユートピアたち――具体に差し戻すということ」石塚道子・田沼幸子・冨山一郎編『ポスト・ユートピアの人類学』人文書院、341―376頁。

Traverso, Enzo, 2002, *Il totalitarismo*, Mondadori Bruno.（＝ 2010, 柱本元彦訳『全体主義』平凡社。）

Uczennice i uczniowe Liceum Instruktorów Świetlicowych i Teatralnych w Różnicy, 1953, "U nas w Rożnicy inaczej," *Nowa Kultura* 50 (1953): 1-2.

Urząd Miasta Krakowa, 2008, *Lokalny Program Rewitalizacji „starej" Nowej Huty*, Kraków: Urząd Miasta Krakowa. (http://www.rewitalizacja.krakow.pl/pliki/14240) [Accessed November 4, 2011.]

Wajda, Andrzej, 1991, "Moment deziluzji. Spotkanie z Andrzejem Wajdą", *Kino* 7(1991).

Wajda, Andrzej (et al.), 1996, *Wajda - Filmy.* Warszawa: Wydawnictwa Artystyczne i Filmowe.

Ważyk, Adam, 1955, "Poemat dla dorosłych," *Nowa Kultura* 34 (1955): 1-2.

Wilk, Hubert, 2009, "Piotr Ożański – prawda o "Człowiek z Marmuru". Przyczynek do refleksji nad losami przodowników pracy" , *Polska 1944/45-1989. Studia i Materiały* 9: 31-45.

Winter, Michael, 1993, Ende eines Traums: Blick zuruck auf das utopische Zeitalter Europas, Stuttgart: Verlag J. B. Metzler.（＝ 2007, 杉浦健之訳『夢の終焉――ユートピア時代の回顧』法政大学出版局。）

Władyka, Wiesław (red.),1989, *Na czołówce. Prasa w październiku 1956 roku*, Warszawa: Państwowe Wydawnictwo Naukowe.

Wróblewski, Andrzej Krzysztof, 1964, "Bez pomników," Stefan Kozicki i Zbigniew Stolarek (red.), 1971, *Krajobraz ogni. Antologia reportaży o Nowej Hucie*, Warszawa: Iskry.

Zblewski, Zdzisław, 2001, *Leksykon PRL-u*, Kraków: Znak.

————, 2008, *Abecado PeeReLu*, Krakow: Znak.

Żdżarski, Wacław, 1957, "Dwugłos o »Kanale« ," Słowo Powszechne 104 (1957): 6.

あとがき

なぜポーランドに興味を持ったのか、なぜ社会学者なのにポーランド研究をしているのか、とよく聞かれることがある。正直なところ、私にもよく分からない。初めて「ポーランド」という国を意識したのは、中学生の頃にＳＦ作家スタニスワフ・レムの作品を知った時だったろうか。当時ＳＦ小説にハマっていた十代の頃の私は、いわゆる「青背」と呼ばれるハヤカワＳＦ文庫の名作群を、主に一九五〇年代の英米ＳＦを中心に貪るように読んでいたのだが（特にレイ・ブラッドベリは私のお気に入りの作家だった）、そんな私が読んだラインナップの中でも異彩を放っていたのだが、レムの『ソラリスの陽のもとに』だった。その頃私が読んでいた牧歌的な「黄金時代」のアメリカＳＦの中で、レムの作品は異彩を放っていた。当時中学生だった私は、読者のストレートな理解や共感を拒むこの作品の難解さに困惑を覚えつつも、同時にその「分からなさ」を征服したいという強烈な欲望に取り憑かれたのだったと思う。

高校に入ってからも、ポーランドという国は似たような形で私の前に立ちはだかった。今度は本書でもたびたび紹介した映画監督、アンジェイ・ヴァイダとの出会いである。はじめて観たヴァイダ作品は、当時たまたまＮＨＫの衛星放送で放送していた『婚礼』で、これは劇作家スタニスワフ・ヴィスピアンスキによる一九〇一年の戯曲をヴァイダが映画化した作品だった。ポーランドの国民的歴史に関わる様々なシンボルや隠喩がちりばめられたこの作品は、当時ポーランドという国に関してほとんど何の知識もなかった私にとって、文字通り理解不能であった。にも関わらず、映画の中に描かれた摩訶不思議な世界にどうしようもなく惹きつけられている自分がいた。今思うと、あの時既に私の将来は決まっていたのだろう。

このように振り返ってみると、私はこれまで常に、こちらの理解を拒むポーランドという国に対して、ただ勝手に一人相撲を取り続けてきただけだったような気もする。初めてポーランドを訪れた経験も、私にとってはやっぱりそんな「一人相撲」だった。大学三回生のとき、私はなけなしの貯金をはたいてあこがれの国・ポーランドへのはじめての一人旅（そして初めての海外一人旅）を果たしたのだったが、その経験は一言で言うと「幻滅」であった。二〇〇〇年代初頭のポーランドは、私が映画を通じて馴染んでいた、あのかつての「壁の向こう側」の薄暗くも神秘的な国ではもはやなかった。体制転換を経てあまりにも「普通の国」になってしまったポーランドに拍子抜けしたのを今でも覚えている。そこで懲りなかったのは何故なのか、自分でもよくわからないのだが、その苦い思い出の残った初旅行から三年後、今度は二年間の留学のためにポーランドに再びやって来ることになった。以来、私の一人相撲は今日に至るまでずっと続いている。

だがそれにしても、自分がこれだけ長い間ポーランドと関わり合うことになろうとは、正直私自身、思ってもみなかった。口癖のように「ポーランドに行くのはもう飽きた。他の研究をしたい」と愚痴を垂れつつも、結局私はポーランドと日本を何度も往復することによって研究者としての自分が形作られたのだと思っている。それはすなわち、「ポーランド」と「日本」という、全く違う二つの世界を（本文の中で使った比喩を今一度用いれば）まるで二重露出のように重ねて見ることで、自らの思考が鍛えられてきたのだと思っているからだ。本書は、そんな私にとって初めての著書であると同時に、これまでの研究生活のひとつの区切りでもある。

＊＊＊

本書は、京都大学大学院文学研究科に提出し、二〇一二年に学位を受けた博士論文『社会主義的近代におけるユートピア的想像力の文化社会学的研究――社会主義およびポスト社会主義のポーランドにおける表象と記憶』を大幅に加筆・修正したものである。第1章、第2章、終章は本書が初出であるが、その他の章の初出は以下の通りである。

第3章「社会主義ポーランドの『雪どけ』と性愛の表象――映画『地下水道』を中心に」（『京都社会学年報』第一七号、四三―六五、二〇〇九年）をもとに加筆修正。

第4章「社会主義文化における非行少年へのまなざし――『雪どけ』期のポーランド映画における『ちんぴら』像の検討から」（『ソシオロジ』第五三巻三号、五五―七一、二〇〇九年）をもとに加筆修正。

第5章「社会主義体制における現実の表象――ポーランド・ドキュメンタリー映画の検討から」（『フォーラム現代社会学』第九号、一一三―一二五、二〇一〇年）をもとに加筆修正。

第6章・第7章「ポスト社会主義期における社会主義的『ユートピア』の記憶と現在――ポーランド、ノヴァ・フータ地区を事例として」（『社会学評論』第六四巻一号、二〇一三六、二〇一三年）を二分割し、それぞれを大幅に加筆修正。

また、本書を執筆するにあたっては、本書のもとになった博士論文の執筆や、さらにその土台になった修士論文の執筆から数えると、実に長い年月、実に多くの方にお世話になった。全てのお名前を挙げることは到底不可能だが、可能な限りここでお礼を述べておきたい。

まず、京都大学大学院文学研究科の社会学研究室でお世話になった諸先生方（松田素二先生、伊藤公雄先生、落合恵美子先生、太郎丸博先生、田中紀行先生）、そして研究室事務の松居和子さんには、学部在学中から実に長い間、さまざまな形で助けていただいた。ここで厚く御礼を申し上げたい。特に松田素二先生には、博士論文の主査をしていただいたというだけではなく、修士課程の頃から一貫して、研究者としてどうあるべきか、どのようにものを考え、どのように文章を書くべきかということについて、実に多くのことを学ばせていただき、深く感謝している。

また大学院では先生方だけではなく、研究室の多くの諸先輩および友人たちに、研究の面だけでなくさまざまな面で本当にお世話になり、また共に多くの楽しい時間を過ごさせていただいた。ここで改めて御礼を申し上げたい。

ポーランドでも多くの方にお世話になった。ポーランド留学中の受け入れ教員だったヤギェウォ大学のタデウシュ・ルベルスキ（Tadeusz Lubelski）教授、および同大学講師のヨアンナ・プレイスネル（Joanna Preizner）氏のお二人には、ポーランド映画研究を本格的に始める際に多くの貴重なアドバイスをいただいた。

また、ワルシャワ大学のイヴォナ・クシュ（Iwona Kurz）氏からも、氏の未出版原稿を個人的に送っていただいたことが、本書第3章の執筆に際して大変役立った。厚くお礼申し上げたい。

ノヴァ・フータでは、インタビュー調査に協力してくれた調査対象者の方々のみならず、私をそれら調査対象者の多くに紹介してくださった地元紙の記者クリスティナ・レンチョフスカ（Krystyna Lenczowska）氏にも厚く御礼申し上げたい。また、ノヴァ・フータ出身の若い世代であるカロリナ・ブレイヴォ（Karolina Brejwo）、アンナ・ブレイヴォ（Anna Brejwo）、アレクサンドラ・ノヴァク（Aleksandra Nowak）には、（「調査者―被調査者」という関係性ではなく）同世代の気の置けない友人としてさまざまな形で助けていただいた。

また、立命館大学の西成彦先生、そして西先生が長年に渡って京都で主催されていた「ポーランド語・イディッシュ語勉強会」のメンバーの皆様にも感謝の念を捧げたい。特に佐々木ボグナさんには難しいポーランド語の解釈などをたびたび相談させていただき、大変お世話になった。また、ポーランド留学時代に苦楽を共にした「同志」であるポーランド文学研究者の田中壮泰さんにも、改めて感謝の念を捧げたい。

そして、妻亮子と、本原稿の脱稿時点でまだ妻のお腹の中にいる我が娘（名前はまだない）に、私の初めての著書である本書を捧げる。思えば、私にとってこれまでのポーランドでの調査研究は、ひとつの長い長い旅のようなものだったという気もするが、子育てというのはきっとまた別の長い旅の始まりなのだろうと思う。ただ一つ違うのは、研究という旅が基本的にいつも孤独な一人旅だったのに比べて、今回の旅にはたいへん心強い仲間がいるということである。いつか家族みんなでポーランドに旅行に行くことが、今の私の一番の夢である。

＊＊＊

最後に、本書の出版に際しては「第一回 髙島國男自遊賞」（主催：㈲京都出版センター）の助成を受けた。関係者の皆様に厚く御礼申し上げる。また、私に本書出版の機会を与えてくださった京都大学学術出版会編集部の鈴木哲也氏に感謝の念を捧げたい。

人名索引

■あ行

■か行

■さ行

■は行

■ま行

■や行

■ら行

■ま行

■や行

■ら行

■わ行

■た行

■な行

■は行

索　引

事項索引

■A～Z

■あ行

■か行

■さ行

著者紹介

菅原　祥（すがわら　しょう）
京都産業大学現代社会学部講師

1981年生まれ。2005年から2007年まで，ポーランド政府奨学金留学生としてヤギェウォ大学（クラクフ市）に留学。2012年，京都大学大学院文学研究科博士後期課程修了。日本学術振興会特別研究員（PD），開智国際大学リベラルアーツ学部講師などを経て，2017年より現職。博士（文学）。

主要論文　「社会主義文化における非行少年へのまなざし――『雪どけ』期のポーランド映画における『ちんぴら』像の検討から」（『ソシオロジ』第53巻3号，2009年），「ポスト社会主義期における社会主義的『ユートピア』の記憶と現在――ポーランド，ノヴァ・フータ地区を事例として」（『社会学評論』第64巻1号，2013年），「労働英雄を思い出すということ――アンジェイ・ワイダ監督『大理石の男』を中心に」（『スラヴ学論集』第18号，2015年）など。

ユートピアの記憶と今
――映画・都市・ポスト社会主義

平成30（2018）年6月5日　初版第一刷発行

著　者　菅　原　　祥
発行人　末　原　達　郎

京都大学学術出版会
京都市左京区吉田近衛町69番地
京都大学吉田南構内（〒606-8315）
電　話（075）761-6182
FAX（075）761-6190
Home page http://www.kyoto-up.or.jp
振　替　01000-8-64677

ISBN978-4-8140-0164-4
Printed in Japan

印刷・製本　亜細亜印刷株式会社
装丁　野田和浩
定価はカバーに表示してあります